dtv

20 Tage im 20. Jahrhundert

Herausgegeben von
Norbert Frei
Klaus-Dietmar Henke
Hans Woller

Jürgen Osterhammel

Shanghai, 30. Mai 1925

Die chinesische Revolution

Deutscher Taschenbuch Verlag

Ein Überblick über die gesamte Reihe findet sich auf S. 278/279

Originalausgabe
Juni 1997

Umschlaggestaltung: christof berndt & simone fischer
Umschlagfoto: Revolutionäre Jugendliche in Hankau
(© Ullstein Bilderdienst)
Gedruckt auf säurefreiem, chlorfrei gebleichtem Papier
Satz: Oreos GmbH., Waakirchen
Druck und Bindung: C. H. Beck'sche Buchdruckerei, Nördlingen
Printed in Germany · ISBN 3-423-30604-1

Inhalt

Shanghai, 30. Mai 1925

»Der 30. Mai [1925] wird einer der großen Tage in der Geschichte des Fernen Ostens werden – wie der Fall der Bastille in Europa.«[1] Der Autor dieser Zeilen bewies eine Weitsicht, wie sie für Beamte des britischen Foreign Office nicht alltäglich war. Er sollte recht behalten. Mit den Ereignissen des 30. Mai, deren explosive Emotionalität nur mit der »Kulturrevolution« vierzig Jahre später verglichen werden kann, begann jene stürmische Epoche der Jahre 1925 bis 1927, die in der Geschichtsschreibung der Volksrepublik China als die »Große Revolution« (*da geming*) bezeichnet wird: die Zeit städtischer Massenproteste unter der Führung eines zunehmend kommunistisch geprägten studentischen Radikalismus. Am 30. Mai 1925 wechselte die chinesische Revolution von der Phase des ungeordneten Unbehagens in die der zielorientierten, organisierten Aktion.

Die Stadt

Der Schauplatz des Geschehens war Shanghai, und als Bastille figurierte die festungsartig gesicherte Louza- [Laozha] Polizeiwache innerhalb der Internationalen Niederlassung. Nicht ein lange etabliertes dynastisches Ancien Régime zog die Erbitterung der Demonstranten auf sich, sondern der westlich-japanische Imperialismus in einer seiner eigentümlichsten Gestalten.

Shanghai hatte seine Einwohnerzahl von etwa 500000 um 1850 auf über 2,5 Millionen um die Mitte der zwanziger Jahre verfünffacht und war zur mit Abstand größten Stadt Chinas aufgestiegen. Es war damit auch zu einer Metropole wahrhaft internationalen Charakters geworden, in der eine kosmopolitische Geschäftsoligarchie politisch den Ton angab.

Im Unterschied zu Hongkong, das seit 1842 als Kolonie der britischen Krone unterstand, wurde Shanghai niemals formell kolonisiert, geriet aber bald *de facto* unter ausländische Kontrolle.[2] Es hatte zu den fünf ersten Offenen Häfen oder Treaty Ports gehört, für die sich westliche Ausländer nach Chinas Niederlage im Opiumkrieg (1839–1842) Privilegien wie das Recht auf freie Handelstätigkeit und die Immunität gegenüber der chinesischen Justiz, also »Extraterritorialität«, verbriefen ließen. Shanghais günstige geographische Lage als hochseegeeigneter Hafen nahe der Mündung von Chinas größtem schiffbarem Fluß, dem Yangzi, und damit als Tor zu einem ebenso riesigen wie fruchtbaren und bevölkerungsreichen Hinterland hatte der Stadt rasch einen Vorsprung gegenüber allen anderen Treaty Ports gesichert.[3] Handel und Schiffahrt blieben stets die Grundlage ihrer Prosperität, die zwischen 1919 und dem Beginn des Japanisch-Chinesischen Krieges 1937 ihren Höhepunkt erreichte[4], doch siedelten sich seit Ende des 19. Jahrhunderts daneben in großem Umfang ausländische Banken und Industrieunternehmen an. Obwohl sich auch einheimische Unternehmer erfolgreich an Shanghais Industrialisierung beteiligten, befanden sich um die Mitte der zwanziger Jahre zahlreiche der größten Produktionsbetriebe in britischem oder japanischem Besitz. Etwa die Hälfte der Industriearbeiterschaft war bei ausländischen Arbeitgebern angestellt. Besonders auffällig waren die 32 japanischen Baumwolltextilfabriken, die insgesamt 52 Prozent der Spinnereikapazitäten in Shanghais größtem Industriezweig, der Herstellung von Baumwollgarn, auf sich vereinigten und über 60 000 Männer, Frauen und Kinder beschäftigten.[5]

Luxusboulevards, Warenhäuser, Gebäude im spätkolonialen Prunkstil und eine funktionstüchtige Infrastruktur verliehen dem Zentrum von Shanghai das Aussehen einer modernen westlichen Großstadt, doch machten Nicht-Chinesen nur eine winzige Minderheit unter seiner Bevölkerung aus. Nahezu alle von ihnen lebten in den beiden ausländischen Enklaven, die sich an den Huangpu-Fluß anschlossen. Ein offizieller Zensus ermittelte 1925 für die Internationale Niederlassung (ihr offizieller Name war International Settlement) circa 30 000 Ausländer und 810 000 Chinesen, für die Französische Konzession 8 000 Fremde und 289 000 Einheimische.[6] 40 Prozent der Gesamtbevölkerung Shanghais lebte unter ausländischer Verwaltung. Selbst innerhalb der beiden Enklaven machten Ausländer weniger als 3,5 Prozent der Bevölkerung aus. Die größten Gruppen unter ihnen stellten politisch relativ einflußlose Japaner und russische Exilanten. Das ökonomische und politische Schwergewicht lag bei den etwa 8000 Briten in der Stadt. Britisch war auch die Mehrheit unter der Aktivbürgerschaft der Internationalen Niederlassung: jenen 2700 »ratepayers«, die über hinreichend Grundbesitz verfügten, um sich als Wähler des neunköpfigen Stadtrats (Shanghai Municipal Council, SMC) zu qualifizieren, der Regierung des zentralen Distrikts der Weltstadt Shanghai.[7] Der SMC wiederum beschäftigte einen Verwaltungsstab von etwa tausend Ausländern, zumeist Briten. Übte in der benachbarten Französischen Konzession der Generalkonsul eine nahezu unumschränkte Gewalt aus, so nahmen in der Internationalen Niederlassung ausländische Regierungsvertreter offiziell keine Hoheitsfunktionen wahr, auch wenn der britische Generalkonsul als Repräsentant der wichtigsten militärischen Schutzmacht eine bedeutende Rolle in der Shanghaier Politik spielte. Der SMC, also der Exekutivausschuß einer vorwiegend angelsächsischen Geschäftselite, war keiner übergeordneten Instanz rechenschaftspflichtig, keinem Kolonialministerium oder Parlament in einer der imperialen Metropolen und erst recht nicht der Regierung der chinesischen Republik.

Die Internationale Niederlassung war ein weltweit einzigartiges *imperium in imperio*. Das ausländische Big Business, das den SMC dominierte, erließ hier seine eigenen Gesetze und Bestimmungen, unterhielt seine eigene Polizei, erhob Steuern nach Gutdünken und betrieb ein eigenes Gericht, den Mixed Court, wo seit 1911 an sämtlichen Verfahren, auch an denen zwischen chinesischen Parteien, ausländische Richter und Anwälte beteiligt waren.[8] All dies beruhte auf überaus dürftigen Rechtsgrundlagen, vagen Zugeständnissen, die man dem Kaiserhof seit 1845 schrittweise abgepreßt und abgehandelt hatte. Die chinesische Souveränität über *ganz* Shanghai war auf dem Papier niemals suspendiert worden. Kein »ungleicher« völkerrechtlicher Vertrag sah die Abtretung der Internationalen Niederlassung vor, und die ausländische Präsenz war allein durch privatrechtliche Erbpachtung von Land gesichert, dessen nomineller Eigentümer der chinesische Staat blieb.[9] Da der chinesische Fiskus nur Anspruch auf unbeträchtliche Pachtzahlungen hatte, partizipierte er in keiner Weise an dem immensen Anstieg der Immobilienpreise, der um etwa 1880 einsetzte.

Der 1854 geschaffene SMC hatte es immer wieder verstanden, mit Hilfe der Großmächte die Schwäche der verschiedenen aufeinander folgenden chinesischen Regierungen zu nutzen, um seine Vollmachten auszubauen und das Territorium der Niederlassung zu erweitern, dessen Maximum 1899 erreicht wurde. So war ein einzigartig hybrides System entstanden: eine urbane Herrschaft des quasikolonialen Kapitals, die durch wenige jener Rücksichten gemildert wurde, wie sie in anderen Teilen Asiens und Afrikas ein verantwortungsbewußter, patriarchalischer Kolonialismus mitunter erkennen ließ. Gewiß profitierte auch die chinesische Bevölkerungsmehrheit vom Ausbau der städtischen Infrastruktur und den sanitär-medizinischen Verbesserungen, die unter westlicher Ägide eingeführt wurden und die Niederlassung von der benachbarten chinesischen Altstadt wohltuend abhoben[10], doch waren solche Maßnahmen in erster Linie von dem Wunsch motiviert, die Lebensqualität der ausländischen Bewohner Shanghais zu erhöhen. Noch in den zwanziger Jahren fehlte es – nicht anders als im übrigen China – an elementaren öffentlichen Wohlfahrtseinrichtungen und sozialen Schutzbestimmungen. Bildungsmöglichkeiten für die mittellose Mehrheit unter der chinesischen Bevölkerung zu schaffen, blieb weithin privater Wohltätigkeit überlassen. Schließlich darf nicht übersehen werden, daß rassische Diskriminierung der Einheimischen trotz eines sorgsam gepflegten »kosmopolitischen« Selbstbildes der weißen »Shanghailanders« durchaus gängige Praxis war. So war zum Beispiel der wichtigste Park in der Niederlassung von 1890 bis 1928 für Chinesen (nicht aber für Japaner!) gesperrt. Das legendäre Schild »Kein Einlaß für Hunde und Chinesen!« hat allerdings nie existiert.[11]

Seinen Aufstieg verdankte Shanghai nicht nur den Standortvorteilen, die es zum wichtigsten Kontaktpunkt zwischen China und der Weltwirtschaft und zu einem Migrationsmagneten für ein verarmendes Hinterland werden ließen, sondern gerade auch seinem aus chinesisch-nationalistischer Sicht skandalösen politischen Status. Seit den Tagen des Taiping-Aufstandes in den fünfziger Jahren des 19. Jahrhunderts hatte ein relativ ordentlich verwaltetes Territorium, das unter dem Schutz ausländischer Kriegsschiffe stand, Hunderttausenden von Menschen Zuflucht vor den Wirren im Landesinneren geboten. In den beiden ausländischen Enklaven herrschte zumindest jenes Mindestmaß an Rechtssicherheit, von »rule of law«, das weder der kaiserliche chinesische Staat noch nach dessen Ende die Militärmachthaber und revolutionären Führer, die über die Chinesische Republik herrschten, zu respektieren gedachten. Shanghai wurde deshalb zu einem Zufluchtsort nicht nur für reiche Chinesen, die ihr mobiles Eigentum staatlicher Willkür zu entziehen versuchten, sondern auch für Dissidenten und Freigeister aller Art. Auch wenn man dort vor der Auslieferung an chinesische Behörden niemals völlig sicher war, so bildeten das International Settlement und die Französische Konzession doch Freiräume für radikale Literaten und Widersacher der jeweiligen chinesischen Machthaber. Deshalb entstanden vor allem hier eine moderne Presse und ein unabhängiges Verlagswesen.[12] Eine politische Öffentlichkeit formierte sich in der Internationalen Niederlassung zu Shanghai und strahlte landesweit aus. Vor allem zwischen 1912 und 1937 war Shanghai die »große Bühne der chinesischen Politik«[13].

Daß sich Shanghai zu einer *Kultur*metropole im China des frühen 20. Jahrhunderts entwickelte, lag schließlich auch am erzieherischen Engagement der christlichen Mission. Enttäuscht vom langsamen Fortschritt der Christianisierung unter der Landbevölkerung und angeregt durch neuere missionspolitische Strömungen, die den Akzent von der reinen Evangelisation auf Sozialreform und Erziehungsarbeit verlagerten, konzentrierten manche Missionsgesellschaften ihre Bemühungen seit etwa der Jahrhundertwende auf den Ausbau des höheren Bildungswesens in den großen Städten. Die Shanghaier Missionsuniversitäten erreichten zwar niemals ganz Rang und Prestige der amerikanischen Yanjing-Universiät in Peking, doch zählten zumindest die protestantische St. John's University und die von der Societas Jesu geführte, in der Französischen Konzession gelegene Université de l'Aurore (Zhendan Daxue) zu den führenden Hochschulen des Landes. An der Gründung von Zhendan im Jahre 1898 war maßgebend der Gelehrte und zeitweilige Jesuit Ma Xiangbo (auch Ma Liang, 1840–1939) beteiligt, der 1905 außerhalb des Einflusses der Missionare eine zweite Universität gründete: Fudan, die 1919 zum Zentrum radikaler studentischer Politik werden sollte und heute Shanghais namhafteste Universität ist.[14] Als Ergebnis der Sezession patriotischer Fudan-Studenten entstand 1922 die Shanghai-Universität (bekannt unter der Abkürzung Shangda). Sie widmete sich ausdrücklich der Sache der Revolution und dem Widerstand gegen das Treaty-Port-System; und es war hier, wo Teile der Shanghaier akademischen Jugend von Dozenten wie dem nationalrevolutionären, in späteren Jahren scharf antikommunistischen Theoretiker Dai Jitao (1891–1949) und dem späteren KP-Generalsekretär Qu Qiubai (1899–1935) in Sun Yat-sens Revolutionslehre und den Marxismus eingeführt wurden.[15] Eine nationalistisch politisierte Studentenschaft, eine aufdringliche und selbstherrliche quasi-koloniale Präsenz, ein protestwilliges Industrieproletariat und schließlich eine chinesische Bourgeoisie, der die Privilegien ihrer ausländischen Partner und Konkurrenten zunehmend mißfielen: Aus diesen Elementen braute sich der Konfliktstoff zusammen, den die Ereignisse vom 30. Mai 1925 entzünden sollten.

Der Tag und seine Folgen[16]

Seit den Massenprotesten gegen Chinas entwürdigende Behandlung auf der Versailler Friedenskonferenz, die nach dem 4. Mai 1919 von Peking aus auf Shanghai übergegriffen hatten[17], war die ostchinesische Metropole niemals ganz zur Ruhe gekommen. Im Winter 1924/25 stieg die Spannung erneut an. Die antiimperialistische Agitation, die vor allem von Shangda ausging, wurde schriller; in einer Vielzahl neugegründeter »Nachtschulen des Volkes« fanden Studenten und Arbeiter zueinander. Am 9. Februar 1925 begann eine nahezu vier Wochen andauernde Welle von Streiks in den Baumwollfabriken des japanischen Nagai-Wata-Konzerns, provoziert durch Entlassungen und durch die Brutalität japanischer Vorarbeiter und Manager.[18] Die Streiks, hinter denen die Behörden des SMC nicht ganz zu Unrecht »bolschewistische Agitatoren« vermuteten, führten zur Umwandlung locker organisierter Arbeiterklubs in Gewerkschaften. Zur gleichen Zeit betrieb der SMC den aggressiven Plan, das Territorium des International Settlement auf Kosten chinesischer Stadtteile weiter auszudehnen, Abgaben und Gebühren zu erhöhen und den Zugang von Chinesen zur Börse zu erschweren. Als die Streiks Anfang Mai wieder aufflammten, war daher die große Mehrheit der chinesischen Bevölkerung gegen die Stellung der Ausländer eingenommen. Der neuerliche Streik verlief blutig. Am 15. Mai schossen japanische Vorarbeiter auf Streikende. Einer von ihnen, Gu Zhenghong, starb zwei Tage später. Trauer um den jungen Arbeiter verwandelte den Arbeitskampf in eine umfassende nationalistische Bewegung. Wie so oft in China während späterer Jahrzehnte wurde das Totengedenken zum Kristallisationspunkt politischer Aktion. Studenten nahmen sich des Themas an: Sie organisierten Massenveranstaltungen, an denen bis zu 10 000 Menschen teilnahmen, überschwemmten die Niederlassung mit Flugblättern und sammelten Geld für Streikkassen. Am 23. und 24. Mai verhaftete die Settlement-Polizei sechs Studenten; ihr Verfahren vor dem allgemein verhaßten Mixed Court wurde für den 30. angesetzt. Die Studenten, darunter mehrere Mitglieder der 1921 gegründeten Kommunistischen Partei, die damals in Shanghai erst 295 Mitglieder zählte, trafen nun die Entscheidung, am 30. Mai das International Settlement mit studentischen Agitationsgruppen zu überziehen, die den Anti-Imperialismus in die Höhle des Löwen tragen sollten.

Der 30. Mai 1925, ein Samstag, war ein warmer Frühsommertag. Als sich die Studenten am Morgen sammelten, um ihre Aktionen generalstabsmäßig vorzubereiten, traf die Nachricht ein, am Tag zuvor habe die Polizei in einer japanischen Fabrik in der nordchinesischen Hafenstadt Qingdao mehrere Streikende erschossen. Die Meldung heizte die Stimmung weiter an. Bald waren überall an Wänden, Masten und Straßenbahnen Plakate zu sehen: »Nieder mit dem Imperialismus!«, »Shanghai den Shanghainesen!«, »Boykottiert japanische Waren!«, »Wehrt euch gegen die Erweiterung der Internationalen Niederlassung!« Die Demonstranten trugen Fahnen und Spruchbänder mit solchen und ähnlichen Parolen.[19] Seit etwa 14 Uhr reagierte die Polizei mit Verhaftungen, insgesamt um die vierzig, doch ließen sich die Studenten zur Überraschung der ausländischen Behörden dadurch nicht einschüchtern. Hunderte von Studenten bewegten sich in einem Demonstrationszug auf Shanghais Prachtstraße, der Nanking Road, in Richtung der Louza-Polizeiwache, in der ein Teil der inhaftierten Studenten festgehalten wurde. Da Polizeipräsident Kenneth McEuen sich bereits ins Wochenende verabschiedet hatte (ein Entschluß, der ihn seinen Posten kosten sollte), lag die Leitung der Polizeioperationen in den Händen des Chefs der Louza-Station, Inspektor E. W. Everson. Ihm unterstanden etwa hundert Polizisten – teils Chinesen, teils Sikhs, die mit ihren farbigen Turbanen aus der Menge hervorleuchteten. Es wurde brenzlig, als etwa siebzig der inzwischen bis zu 2000 Demonstranten sich Zugang zum Vorraum der Wache verschafften und die Freilassung der Festgenommenen verlangten. Die Eindringlinge konnten zwar aus dem Gebäude entfernt werden, doch fürchtete Everson nun einen Sturm der Wache und schlimmstenfalls sogar die Plünderung des umfangreichen Waffen- und Munitionslagers.

Was dann auf der Nanking Road geschah, hat sich nie bis in alle Einzelheiten aufklären lassen. Jedenfalls rief Everson um 15.37 Uhr der Menge auf Englisch und Chinesisch die Warnung zu, er werde schießen lassen, wenn man sich nicht zurückziehe. Zehn Sekunden später befahl er die Eröffnung des Feuers. Vier Menschen waren sofort tot, acht lagen sterbend auf dem Pflaster, zwanzig waren verletzt, einer davon sollte nur wenige Tage überleben. Die Opfer waren allesamt junge Männer, zwischen fünfzehn und 36 Jahren alt.[20] Sofort nach den Schüssen brach die Stille des Entsetzens aus. Dann floh die Menge. – Dies war das Ereignis, welches später, je nach Standort der Kommentatoren als »Zwischenfall«, »Tragödie« oder »Massaker« vom 30. Mai (chinesisch: *wu-sa*) bezeichnet werden würde. Es löste die »30. Mai-Bewegung« aus, den umfassendsten Massenprotest, den China bis dahin im 20. Jahrhundert erlebt hatte.

Das Geschehen rief sogleich Erinnerungen an das Massaker von Amritsar wach, wo am 13. April 1919 ein britischer Offizier auf indische Demonstranten hatte schießen lassen; über dreihundert Menschen waren dabei ums Leben gekommen. Nun hatten Ausländer auf chinesischem Boden ein Blutbad unter unbewaffneten chinesischen Studenten und Arbeitern angerichtet. Selbstverständlich gaben Behörden und Zeitungen des ausländischen Shanghai den studentischen »Provokateuren« die Schuld und rechtfertigten das Verhalten der Polizei damit, man habe Schlimmeres verhüten müssen: die Bewaffnung des Mobs. Chinesen aller Schichten und politischen Überzeugungen hingegen weigerten sich, die Ereignisse als unglücklichen Zufall zu sehen. Sie erkannten darin das notwendige Ergebnis des gesamten Systems imperialistischer Vorherrschaft an der Chinaküste. »Imperialismus« war nicht länger ein abstraktes Konzept; er hatte, so schien es, sein menschenverachtendes Wesen offenbart. Nicht befehlsempfangende Polizisten seien die wahren Mörder, ergänzten marxistische Kommentatoren, sondern ihre Auftraggeber: die großen Banken und Konzerne. Hinzu kam das hohe Prestige, das von jeher die Gelehrten in China genossen hatten und das auch auf politisch bewegte Studenten übertragen wurde. Hatte der Tod des Arbeiters Gu Zhenghong die Brutalität des fremden Industrieregimes symbolisch deutlich gemacht, so hatten sich am 30. Mai die Ausländer an Chinas jungen Intellektuellen vergriffen, der Blüte der Nation. Daß nur drei der Getöteten Studenten waren, tat der Empörung über diesen Frevel keinen Abbruch.

Die Studentenführer zögerten nicht, sich derlei Gefühle in der Bevölkerung zunutze zu machen. Im Mittelpunkt ihrer überaus vielfältigen und einfallsreichen Propagandaaktivitäten standen in den Tagen nach dem 30. Mai die Märtyrer des Massakers, die schon bald zu Kultfiguren wurden. In einer Vielzahl von Flugschriften, Zeitungsartikeln, Trauergedichten und Stegreifdramen drehte sich alles um das »Blutopfer« der Gemordeten der Nanking Road. Allenthalben wurden aufwendig inszenierte Trauerzeremonien abgehalten. Für eine Gedenkveranstaltung am 30. Juni wurde sogar in einem Park ein mit Schriftrollen bedeckter Ehrenaltar errichtet, der von zwei Seitenkapellen flankiert war: einer »Bilderhalle« mit Porträts der Märtyrer und ausführlichen Beschreibungen ihres Endes und einer »Halle der blutigen Kleider«, in der die persönlichsten Memorabilia ausgestellt wurden.

Daß aus den Ereignissen vom 30. Mai eine landesweite und lang andauernde Protestbewegung entstand, verdankte sich allerdings nicht allein unmittelbarer Betroffenheit und dem propagandistischen Geschick der Studenten. Hinzu kam zweierlei: Zum einen nahm die Gewalt kein Ende. Während der ersten Junitage wurden bei verschiedenen Zwischenfällen in Shanghai, dem, wie die linke Presse schrieb, »Schlachthof des modernen Imperialismus«, weitere Menschen getötet. In mehreren der kleineren, insbesondere britischen Konzessionsgebiete in anderen chinesischen Städten brachen Unruhen aus; in Hankou, der Großstadt am Mittellauf des Yangzi, wurden zwei Menschen von britischen Soldaten erschossen. Dann kam es am 23. Juni in Kanton vor den auf der Flußinsel Shamian gelegenen Konzessionen Großbritanniens und Frankreichs zu einem Zusammenstoß zwischen britischen und französischen Wachen und einer Menschenmenge, die gegen jene »ungleichen Verträge« demonstrierte, die seit 1842 Chinas Souveränität einschränkten. Er kostete mindestens 52 Chinesen und einen Ausländer das Leben. Wer den ersten Schuß feuerte, hat sich nie ermitteln lassen. Nicht Studenten in den langen Gewändern des chinesischen Gelehrten, sondern junge Militärkadetten in der Uniform der neugegründeten Whampoa-Militärakademie hatten die Demonstration angeführt.[21] Dieses »Shaji-Massaker« löste in Kanton eine ungeheure Empörung aus und machte die südchinesische Metropole noch eindeutiger als zuvor zu einer Basis der nationalen Revolution. Die Untat gab Anstoß zu dem großen Kanton-Hongkong-Streik, der sechzehn Monate dauern sollte. In fast allen Provinzhauptstädten wurden nach dem 30. Mai und erst recht nach dem 23. Juni Demonstrationen organisiert, bei denen erhebliche Schäden an ausländischem Eigentum angerichtet wurden. Britische und japanische Konsuln, Kaufleute und Missionare fanden sich in mehreren Fällen in einer Art von Belagerungszustand.[22] Die 30. Mai-Bewegung führte zu einer nationalen Mobilisierung bis dahin ungekannten Ausmaßes.[23]

Neben die menschliche und patriotische Empörung über die Ereignisse von Shanghai trat – und dies war der zweite Grund für Umfang und Intensität der 30. Mai-Bewegung – das Zustandekommen einer sozial breit fundierten Protestallianz. Die Studenten allein und sogar im Bunde mit Teilen der Arbeiterschaft hätten wenig auszurichten vermocht, wäre es ihnen nicht gelungen, die chinesische Geschäftswelt auf ihre Seite zu bringen. Schon Stunden nach den Ereignissen in der Nanking Road traten nicht nur Studentengruppen und Gewerkschaften, sondern auch Organisationen von Geschäftsleuten zusammen. Auch sie waren der Ansicht, nur ein fest gefügtes Dreierbündnis könne dem imperialistischen Gegner Schaden zufügen. Die Händler und Kaufleute vermochten die Erfahrungen einzubringen, die sie seit dem großen anti-amerikanischen Protest von 1905 in einer Reihe von Aktionen, zuletzt während der 4. Mai-Bewegung von 1919, mit der Waffe des Boykotts gesammelt hatten. Schon am 31. Mai erklärte sich, nicht ohne eine gewisse Nachhilfe der radikalen Studenten, die einflußreiche Allgemeine Chinesische Handelskammer, die Organisation der größeren Kaufleute, Bankiers, Reeder und Industriellen, bereit, eine umfassende Lähmung der ausländischen Aktivitäten in Shanghai zu unterstützen. So blieben am 1. Juni nicht nur 50 000 Schüler und Studenten ihren Klassenzimmern und Hörsälen fern. Die meisten chinesischen Geschäfte in der Internationalen Niederlassung und im benachbarten Stadtteil Zhabei waren geschlossen; die großen Warenhäuser an der Nanking Road wurden am Nachmittag durch öffentlichen Druck ebenfalls gezwungen, die Läden hinunterzulassen. Viele Beschäftigte in den japanischen und britischen Baumwollfabriken verweigerten die Arbeit: Mitte Juni streikten etwa 150 000 von ihnen. Straßenbahn- und Busschaffner, Bedienstete der Elektrizitäts- und Wasserwerke, Diener in den ausländischen Hotels und Klubs und vor allem die Hafenarbeiter sowie die chinesischen Besatzungen auf zahlreichen britischen und japanischen Schiffen schlossen sich bereits in den ersten Junitagen dem Streik an. Der Generalstreik in den Fabriken und im Hafen – nicht die Parolen der Studenten und auch nicht die Verweigerung der Händler – war das, was die Ausländer am ehesten treffen konnte und was sie daher am meisten fürchteten.

Der SMC, zu Zugeständnissen nicht bereit, erklärte den Ausnahmezustand und mobilisierte das Shanghai Volunteer Corps, die Verteidigungsmiliz der ausländischen Gemeinschaft. Bis zum 6. Juni hatten die Großmächte außerdem 22 Kriegsschiffe im Hafen zuammengezogen, darunter drei große britische Kreuzer; über 2000 Marineinfanteristen wurden im Settlement und in der französischen Konzession stationiert. Zu dem Krieg zwischen China und Großbritannien, von dem nach dem Kanton-Massaker vom 23. Juni ein junger, aufstrebender General, Chiang Kai-shek (1887–1975), munkelte, kam es nicht. Doch blieben Streiks und Boykotte, also eine Art von Wirtschaftskrieg, nicht ohne nachteilige Wirkungen auf die Geschäfte besonders von Engländern und Japanern. Die wichtigsten ökonomischen Nutznießer solcher Ausfälle waren weniger die Angehörigen dritter Mächte, also die von den Aktionen direkt wenig betroffenen amerikanischen Firmen, als vielmehr chinesische Unternehmen, denen der Boykott vorübergehend unerwartete Expansionschancen eröffnete. Es verwundert daher kaum, daß zum Beispiel der größte chinesische Zigarettenhersteller kräftig zur Füllung von Kassen beitrug, aus denen die Blockade seines übermächtigen Konkurrenten, der in Shanghai in drei großen Werken produzierenden British-American Tobacco Corporation (B. A. T.), finanziert wurde.[24]

Selbstverständlich verfolgten die einzelnen Gruppen, die sich in der Protestfront zusammengeschlossen hatten, jeweils unterschiedliche Ziele, so daß der Zusammenhalt von Anfang an prekär war. Die radikalste Richtung unter den Studenten mit ihrem Wortführer, dem jungen Shangda-Literaturprofessor Qu Qiubai, interpretierte die

Entwicklung als eine Krise des Weltkapitalismus und wollte dessen Schwäche dazu nutzen, den gesamten Apparat des westlichen Imperialismus in China zu zerschlagen.[25] Sie forderte daher die Aufhebung sämtlicher Beschränkungen der chinesischen Souveränität und insbesondere die sofortige Rückgabe aller ausländischen Niederlassungen und Konzessionsgebiete. Das war selbstverständlich im Sommer 1925 ganz unrealistisch, diente aber immerhin dem taktischen Zweck, die chinesische Großbourgeoisie um die Allgemeine Handelskammer und deren Präsidenten, den millionenschweren Reeder Yu Xiaqing (1867–1945), an einem zu ungünstigen Kompromiß zu hindern. Es wäre freilich ungerecht, wie einige Radikale es 1925 taten und wie die kommunistische Geschichtsschreibung es seither wiederholt hat, die Handelskammer als selbstsüchtigen Erfüllungsgehilfen des Imperialismus zu verunglimpfen: In Yu Xiaqing, nicht in kommunistischen Aktivisten wie Qu Qiubai oder Li Lisan (1899–1967), einem anderen späteren Generalsekretär der KPCh, sah das ausländische Shanghai seinen ärgsten Widersacher. Daß von beiden Seiten eine Art von Wirtschaftskrieg geführt wurde, zeigte sich auch daran, daß der SMC, der eine Art von faktischem Elektrizitätsmonopol für ganz Shanghai besaß, den chinesischen Baumwoll- und Zigarettenfabriken *außerhalb* des Settlement den Strom abstellte.[26]

Gewiß folgten Yu und seine Kollegen zu einem beträchtlichen Teil ihren eigenen Interessen. Sie standen zur ausländischen Wirtschaftspräsenz in Shanghai in einem Verhältnis antagonistischer Kooperation. Einerseits waren sie als offene und versteckte Partner oder gar als Kompradore, das heißt als vertraglich verpflichtete Vermittler von Kontakten zur binnenländischen Geschäftswelt, den fremden Firmen vielfältig verbunden und verdankten ihre Erfolge teilweise solchen Beziehungen, andererseits traten sie als unmittelbare Konkurrenten der Ausländer auf. Yu Xiaqing selbst zum Beispiel war mit seiner Flotte von Yangzi-Dampfschiffen ein scharfer Rivale der beiden großen britischen Reedereien, die unter den Bestimmungen der »ungleichen Verträge« des 19. Jahrhunderts unbehindert auf chinesischen Binnengewässern verkehren durften. Die Shanghaier Großbourgeoisie dachte also nicht an eine Vertreibung der Ausländer, erstrebte aber eine Rolle als gleichberechtigter, nicht länger untergeordneter Partner. Dies ließ sich nur durch eine

Schwächung der ausländischen Position erreichen, und so bildeten denn chinesische Kontrolle über den Mixed Court, chinesische Repräsentation im Shanghai Municipal Council und Verzicht auf die Ausdehnung des Settlement sowie auf die vom SMC angedrohten Erhöhungen der finanziellen Belastung den Kern ihrer Forderungen. Zugunsten der Arbeiter verhandelte Yu überdies zäh für die Erstattung der Streikkosten durch die Ausländer. Die Forderung jedoch nach einem Organisations- und Streikrecht für die Arbeiter Shanghais wies die Allgemeine Handelskammer von Anfang an zurück.[27]

Dieses Verlangen bildete einen der siebzehn Punkte, die schon am 7. Juni von der Vereinigung der Arbeiter, Kaufleute und Studenten (Gongshangxue lianhehui) formuliert worden waren, einer am 4. Juni mit starker, wenngleich nicht dominierender kommunistischer Beteiligung gegründeten Dachorganisation aller Streikgruppen »links« von der Allgemeinen Handelskammer. Das 17-Punkte-Programm[28] war der Ausdruck einer mittleren Position zwischen utopischem Ultraradikalismus und dem maßvollen Nationalismus der Allgemeinen Handelskammer. Nur mit der Forderung nach unverzüglicher Abschaffung der Extraterritorialität, also des schon 1842 gelegten juristischen Grundsteins aller ausländischen Privilegien, wurde ein nationales Ziel formuliert. Alle anderen Programmpunkte waren shanghai-spezifisch: Ende des Ausnahmezustandes, Rückzug des ausländischen Militärs, Bestrafung der Schuldigen, Zahlung von Entschädigungen und so weiter. Auch mit dem Wunsch der Allgemeinen Handelskammer nach Verbesserung der politischen und jurisdiktionellen Stellung von Chinesen im Settlement konnte man sich problemlos identifizieren.

Die formelle Lösung der Krise gestaltete sich als ein komplizierter Prozeß, der außer den örtlichen Konfliktparteien auch die Gesandtschaften und das Außenministerium in Peking sowie die Regierungen in London, Paris und Washington einbezog. Japan, das zu dieser Zeit eine konziliante Chinapolitik betrieb und den Eindruck der Komplizenschaft mit Großbritannien vermeiden wollte, suchte eine separate Beilegung des Konflikts.[29] Der erste Schritt war die Regelung individueller Ausstände: In vielen Fällen geschah dies durchaus zugunsten der Streikenden, die manche ihrer gewerkschaftlichen Forderungen durchsetzen konnten. In der zweiten Septemberwoche kehrten die Arbeiter in die japanischen Baumwollfabriken zurück.

Ende des Monats war auch der Streik in den britischen Betrieben vorüber. Zu dieser Zeit hatte sich die Vereinigung der Arbeiter, Kaufleute und Studenten, innerlich zerstritten, bereits aufgelöst. Die Behörden im chinesischen Teil Shanghais, in wachsender Furcht vor kommunistischer Destabilisierung, begannen mit der Unterdrückung radikaler Bestrebungen. Der vielleicht wichtigste kommunistische Organisator der 30. Mai-Bewegung, Liu Hua, wurde am 29. November von der Settlement-Polizei verhaftet und an die chinesischen Behörden ausgeliefert, die ihn am 17. Dezember hinrichteten.

Aus nationalistischer Sicht waren die Ergebnisse der Protestbewegung bescheiden:[30] Die verantwortlichen Polizeioffiziere wurden entlassen, der Mixed Court wurde zum 31. Dezember 1926 abgeschafft, drei Sitze im SMC wurden für chinesische Ratsherren reserviert (die sie aber erst 1928 einnehmen konnten), und erst im Februar 1930 erhielt die Stadtverwaltung des chinesischen Teils von Shanghai eine einmalige Entschädigungssumme in Höhe von 150 000 US$. An der Grundstruktur des ausländischen Privilegiensystems änderte sich vorerst nichts. Das am weitesten gehende Zugeständnis war das im November 1925 von den Großmächten gegen den Widerstand der ausländischen Öffentlichkeit in Shanghai gegebene Versprechen, China zum 1. Januar 1929 seine 1842 verlorene Zollhoheit zurückzuerstatten. Mit einem solchen Resultat konnten sich immerhin die Herren in der Allgemeinen Handelskammer als Sieger betrachten; sie wurden nun allmählich der Settlement-Oligarchie auch formell inkorporiert. Einige der maßvolleren Ziele des chinesischen Nationalismus waren erreicht worden.

Schwieriger faßbar, aber auf längere Sicht mindestens ebenso folgenreich waren eher atmosphärische Veränderungen. Zum Lösungspaket gehörte die Einsetzung einer Kommission westlicher Richter, die Licht in die Ereignisse vom 30. Mai bringen sollte. Der britische und der japanische Richter sprachen die Settlement-Behörden von jeglicher Verantwortung frei. Der Vorsitzende jedoch, der amerikanische Richter E. Finley Johnson vom Obersten Gericht der Philippinen, verfaßte ein Gutachten, das die rechtliche Anmaßung der Fremden in Shanghai im Prinzip und ihre Politik in der Praxis mit beispiellos schonungsloser Offenheit kritisierte.[31] Damit brach Johnson ein jahrzehntealtes Tabu. Jeder Kenner der immens komplizierten Geschichte des International Settlement wußte, wie schlecht es darum völkerrechtlich bestellt war, und war bedacht, das Thema ruhen zu lassen. Natürlich wurde Johnson in den Shanghaier Klubs als Nestbeschmutzer diffamiert, doch fand seine Analyse aufmerksame Leser in London und Washington, wo man ohnehin die Betonköpfe im Settlement mit wachsendem Mißtrauen betrachtete. Der 30. Mai hatte die *moralische* Überzeugung ins Wanken gebracht, wie sie seit dem Boxeraufstand von 1899/1900 axiomatischen Rang beanspruchte, die »zivilisierten« Mächte benötigten besondere Vorkehrungen, um sich vor der »barbarischen« chinesischen Umwelt zu schützen: Wie zivilisiert waren die Leute des Inspektors Everson gewesen? Und wie konnten die Fremden weiterhin glauben, sie würden einen zivilisierenden Erziehungsauftrag gegenüber einem chaotischen und zurückgebliebenen China erfüllen? Nun hatte Richter Johnson zudem die Unhaltbarkeit der ausländischen juristischen Position in Shanghai (wenn auch nicht in ganz China) offengelegt. Bis 1925 schien das imperialistische Privilegiensystem für die Ewigkeit gebaut, seitdem stellte sich die Frage, wie schnell und in welcher Weise es aufgegeben werden müsse. Der Abbau dieses Systems, der dann nach 1927 von einer neuen, nationalistisch gestimmten chinesischen Zentralregierung unter Chiang Kai-shek energisch und nicht ohne Erfolg betrieben wurde, kam erst durch die 30. Mai-Bewegung auf die historische Tagesordnung.

So wenig die internationalen Aspekte der 30. Mai-Bewegung übersehen werden dürfen, so gewiß waren doch ihre wichtigsten Auswirkungen innerchinesischer Natur. Mit den Vorgängen in Shanghai und mit dem sie fortsetzenden, vom Kantoner Juni-Massaker angeheizten großen Hongkong-Kanton Streik und Boykott (Juni 1925–Oktober 1926) trat die chinesische Arbeiterbewegung aus der Phase loser Assoziation in diejenige kampfkräftiger Organisierung über. Schon 1926 war ein Jahr heftigster industriell (weniger patriotisch) motivierter Arbeitskämpfe. Die Führung der Arbeiterbewegung wurde nun zwar nicht ausschließlich, aber doch vorwiegend von kommunistischen Aktivisten übernommen. Die KP war damit neben der Shanghaier Großbourgeoisie die zweite Gewinnerin von 1925. Sie konnte zwischen Januar 1925 und Januar 1926 ihre Mitgliederzahl auf 10 000 verzehnfachen. 1925, vier Jahre nach ihrer Gründung als kleine konspirative Vereinigung, gelang es der Partei damit erstmals, sich dank geschickter Ausnutzung der Ereignisse in der Nanking Road als politische Kraft mit eigenständiger Massenbasis zu etablieren.

Für die meist aus der Oberschicht stammenden Intellektuellen, die der Bewegung ihre Richtung gaben und von denen vermutlich nur eine Minderheit organisierte Kommunisten waren, bot die 30. Mai-Bewegung eine einzigartige Chance, den Umgang mit den ihnen gesellschaftlich wie kulturell so fremden städtischen »Massen« einzuüben. Insofern war 1925 für viele der Beginn eines Lernprozesses. Für die älteren von ihnen hatte er schon mit der 4. Mai-Bewegung von 1919 angefangen, als bereits eine ähnlich breite Protestfront entstanden und manche Agitationstechnik von 1925 zum ersten Male improvisierend erfunden und erprobt worden war. Neu war 1925 manches: der Einfluß politischer Parteien, die es 1919 in Gestalt disziplinierter Kaderorganisationen noch nicht gegeben hatte; interne Flügelkämpfe, welche die naive Eintracht von 1919 zerstörten und auf die späteren bitteren, ja, mörderischen Zwistigkeiten unter den chinesischen Revolutionären vorauswiesen; die unmittelbare Konfrontation mit der Brutalität ausländischer Mächte, die an die Stelle der eher noch weitgehend unblutigen Auseinandersetzungen von 1919 trat; schließlich ein theoretisches Idiom, das den Feind klarer zu benennen und zu analysieren erlaubte, als dies den noch kaum marxistisch geschulten Intellektuellen von 1919 möglich gewesen war – den »Imperialismus«. Bei aller Mobilisierung der patriotischen Kräfte gegen den äußeren Gegner geriet jedoch – 1925 nicht weniger als 1919 – der Gesichtspunkt der innerchinesischen sozialen Konflikte auffällig ins Hintertreffen. Chinesische Arbeiter, Akademiker und Kapitalisten standen in brüchiger Eintracht zusammen in der Konfrontation mit dem Shanghaier ausländischen Establishment und seinem Machtapparat. Selbst in den radikalsten Publikationen aus der heißen Phase der Agitation war von Klassenkampf nur am Rande die Rede. Wer die beginnende chinesische Revolution im Jahre 1925 aufmerksam beobachtete, dem mußten Unterschiede zur russisch-bolschewistischen Revolution und Ähnlichkeiten mit den gleichzeitigen, sich nach dem Ersten Weltkrieg radikalisierenden antikolonialen Emanzipationsbewegungen in Ländern wie Indien, Indonesien oder Ägypten auffallen: Die chinesische Revolution trug spätestens seit dieser Zeit einen intensiv nationalistischen Charakter.

Kapitel 1

Die Voraussetzungen der chinesischen Revolution

Revolution – Staatszusammenbruch – Modernisierung

Es ist üblich, die neuere Geschichte Chinas unter den Generaltitel der »Revolution« zu stellen. Zumal nach dem Zusammenbruch des Sowjetkommunismus und nach Zweifeln an der Tiefenwirkung der 1789 ausgelösten Entwicklungen, wie sie in der jüngeren Geschichtsschreibung geäußert wurden, scheint von den drei »total revolutions«[1] der Neuzeit – der französischen, der russischen und der chinesischen – nurmehr die späteste und östlichste als Beispiel für die Möglichkeit der gewaltsamen Beschleunigung historischen Wandels durch mobilisierte Unterschichten dienen zu können.

Die chinesische Selbstdeutung unterstützt eine solche Prominenz des Revolutionsgesichtspunkts in der westlichen Geschichtsschreibung. Spätestens seit Mengzi (Menzius, 372–289 v.Chr.) kennt die alte chinesische Staatsphilosophie die Denkfigur der Delegitimation eines Herrschers oder einer Herrscherdynastie durch den Verlust des »Mandats des Himmels« (*tianming*): Gegenüber dem schlecht regierenden oder unwürdigen Monarchen besitzt das Volk ein gewisses Recht auf Widerstand, durch den die kosmische Ordnung wiederhergestellt wird. Erfolgreiche Volksaufstände sind daher in der klassischen Geschichtsschreibung als Durchsetzung des himmlischen Willens beurteilt worden. Eine Umwälzung des politischen Systems an sich war indessen undenkbar. Frühe chinesische Kommentatoren der europäischen Geschichte wandten bezeichnenderweise auf die Französische Revolution das sehr negativ besetzte Wort *luan* (Chaos) an.[2]

Der *moderne* chinesische Begriff der Revolution konnte an die überkommene Terminologie nur oberflächlich anknüpfen. Er ist an das westliche Revolutionsverständnis angelehnt, wie es, gleich so vielen anderen europäischen Vorstellungen, auf dem Wege über Japan vermittelt wurde. Da die japanische Tradition die Idee des gewaltsamen Widerstandes gegen die Obrigkeit nicht kennt, war in Japan die Übernahme des westlichen Konzepts leichter möglich: Man konnte auf die Schriftzeichen des alten chinesischen Begriffs *geming* (»das Mandat entziehen«, jap. Lesart: *kakumei*) zurückgreifen und ihnen die neue Bedeutung des westlichen Revolutionsbegriffs verleihen. Diese semantische Umwertung von *geming* zur Vorstellung des Systemumsturzes wurde auf China zuerst 1895 angewandt, als eine japanische Zeitung die anti-monarchische Bewegung Sun Yat-sens als »Revolutionspartei« (*geming dang*) bezeichnete. Bald darauf wurde der moderne Revolutionsbegriff von Chinesen selbst übernommen: Sun sprach seit 1905 von einer »Volksrevolution« als seinem vorrangigen politischen Ziel.[3] Zur gleichen Zeit trat Liang Qichao (1873–1929), einer der scharfsinnigsten und vielseitigsten Gelehrten und Schriftsteller im China seiner Zeit, dem relativen Range nach vielleicht mit seinem Zeitgenossen Max Weber vergleichbar, für eine umfassende Auslegung des neugeschaffenen Revolutionsbegriffs ein:

»Es gibt weite und enge Bedeutungen von ›Revolution‹: In der weitesten Bedeutung handelt es sich um eine große Veränderung der Gesellschaft in all ihren sichtbaren und unsichtbaren Elementen. In einer weniger weiten Bedeutung bezieht sich [der Begriff] auf eine anders bewegte und von Früherem getrennte Epoche der Politik, einerlei ob mit friedlichen Mitteln oder durch blutige Gewalt erreicht. Seine enge Bedeutung bezieht sich auf eine militärische Aktion gegen die Zentralregierung. Unser chinesisches Reich hat in den letzten Tausenden von Jahren nur Revolutionen von der Art der engeren Bedeutung erlebt.«[4]

Während Sun Yat-sen und die militanten Anti-Qing-Aktivisten seiner Umgebung sich damals noch als Revolutionäre im »engen« Sinne verstanden, als Männer der direkten Aktion, ging es Liang Qichao darum, seine Landsleute darauf hinzuweisen, daß in China ein umfassender Prozeß struktureller Umwandlung begonnen habe. Die sino-marxistische Geschichtsdeutung verwandelte später dieses weit gefaßte und zur Zukunft offene Revolutionskonzept in eine teleologische, am vorausbestimmten Endziel ausgerichtete Vorstellung von Etappen, die mit historischer Zwangsläufigkeit auf dem langwierigen Weg zum schließlichen »glorreichen Sieg der neudemokratischen Revolution«[5] im Jahre 1949 durchlaufen werden müßten. Die Revolution erscheint in dieser Sicht als eine heroische Aufwärtsbewegung von den Volkserhebungen des 19. Jahrhunderts bis zur erfolgreichen Sammlung aller patriotischen und »anti-feudalen/anti-kapitalistischen« Kräfte unter der Führung der Kommunistischen Partei.

Westliche Chinahistoriker haben diese Vorstellung eines trotz mannigfacher Rückschläge unaufhaltsamen Marsches der Revolution selten übernommen. Die meisten von ihnen sehen die Revolution im Sinne von Liang Qichaos »weitem« Begriff als Prozeß der Auflösung der traditionellen Ordnung und der verworrenen Suche nach einer für China angemessenen Form politischer und gesellschaftlicher Modernität. Einig ist man sich darüber, daß es sich bei der chinesischen Revolution um einen ungewöhnlich *langwierigen* historischen Prozeß handelt. Dadurch unterscheidet sie sich von den anderen großen Revolutionen: Die Französische Revolution begrenzt man üblicherweise auf die Jahre 1789 bis 1799, die Russische auf einen Zeitraum von frühestens 1899 bis spätestens 1921. Im chinesischen Fall wird man unbedingt die »erste« Revolution einschließen müssen: die nach ihrer chinesischen Datumsbezeichnung so genannte Xinhai-Revolution von 1911, die zum Sturz des seit 221 v. Chr. bestehenden kaiserlichen Herrschaftssystems führte. Die Ursachen der Revolution von 1911 wiederum müssen mindestens bis zur Jahrhundertwende zurückverfolgt werden. Im Jahre 1900 unterdrückte eine Expeditionsarmee der vereinigten ausländischen Mächte die rückwärtsgewandte und fremdenfeindliche Volksbewegung der Yihetuan (»Boxer«), die von reaktionären Kräften am Kaiserhof unterstützt worden war. Durch die Boxer-Katastrophe wurden die sturen Verteidiger der alten Verhältnisse endgültig diskreditiert. *Alle* Politik in China, selbst die der mandschurischen Qing-Dynastie in ihren letzten Jahren, war fortan in irgendeiner Weise reformorientiert. Zugleich waren die Jahre um die Jahrhundertwende eine Zeit des intellektuellen Aufbruchs und des beschleunigten sozialen Wandels. Gesellschaftliche Veränderungen, die noch in der Gegenwart spürbar sind, etwa die Entstehung von modernen Klassen wie einer Geschäftsbourgeoisie, eines Industrieproletariats und einer städtischen Intelligenzija, setzten in den ersten Jahren des 20. Jahrhunderts ein.[6] Die Epoche der chinesischen Revolution im zeitlich *engeren* Sinne kann daher auf die Jahre von etwa 1900 bis zum Jahre 1949, als die Volksrepublik gegründet wurde, begrenzt werden. Eine theoretische Bestimmung des Begriffs »Revolution« als »Versuch gesellschaftlich untergeordneter Gruppen, die sozialen Grundlagen politischer Macht zu verändern«[7], trifft auf diese Jahrzehnte in einem hohen Maße zu.

Einige Historiker halten eine solche Eingrenzung auf die erste Hälfte des 20. Jahrhunderts, also auf die eigentliche Epoche des Übergangs, für unzureichend. Sie möchten unter »chinesischer Revolution« auch noch die Spätphase des Ancien Régime, also meist das ganze 19. Jahrhundert, sowie am anderen Ende der Zeitachse zumindest die ersten Jahre der Volksrepublik verstanden wissen, als die KPCh mit dem Instrument eines durchsetzungsfähigen Staatsapparates die Ausschaltung ihrer innenpolitischen Gegner und die »sozialistische Umwandlung« aller Lebensbereiche betrieb: Umverteilung des Bodens und wenig später Kollektivierung der Landwirtschaft, Sozialisierung von Industrie, Gewerbe und Handel, Aufbau einer Planwirtschaft, gesetzliche Neuordnung der Familienbeziehungen, Aufbau eines staatlichen Erziehungs- und Gesundheitswesens, Disziplinierung der Intellektuellen und so weiter. Tatsächlich erfolgten die dramatischsten Veränderungen, die das chinesische Volk während der ersten acht Jahrzehnte des 20. Jahrhunderts – und vielleicht in seiner neueren Geschichte überhaupt – erfuhr, in den Jahren zwischen 1949 und 1957. Erst während dieser frühen Jahre der Volksrepublik verschwanden wesentliche Charakterzüge des »alten« China, die auch nach der Korrektur vieler Exzesse spätmaoistischen Experimentierens (in den Jahren 1958 bis 1976) nicht wiederbelebt worden sind.

Folgt man einem anderen führenden Theoretiker und definiert »Revolution« als den »gewaltsamen Sturz einer Regierung, auf den die Wiederherstellung von Macht durch neue Gruppen folgt, die diese auf dem Wege über neue politische (und manchmal gesellschaftliche) Institutionen ausüben«[8], dann wird sich die Zeit *nach* der Machtübernahme in der Tat aus dem Revolutionsbegriff nicht ausschließen lassen. Eine maximalistische Auffassung von »chinesischer Revolution«, die einen Zeitraum von nahezu zwei Jahrhunderten umfaßt[9], hat allerdings die Konsequenz, den Begriff fast jeder Trennschärfe zu berauben. Die Revolution wird dann identisch mit der gesamten Geschichte Chinas seit etwa 1800. Eine solche Interpretation widerspricht auch der zeitgenössischen Erfahrung. Denn erst die Generation Liang Qichaos erkannte kurz nach der Jahrhundertwende, daß China von Kräften beispielloser Dynamik ergriffen worden war. Und nach 1949 mischte sich in das Erlebnis einer durch Partei und Staat gelenkten Umwälzung von oben das Gefühl, die Zeit des herrenlosen »Mandats« sei vorüber und eine neue Epoche der Stabilisierung, vergleichbar früheren Dynastiegründungen, sei angebrochen. Erst Mao Zedongs Lehre von der »Weiterführung der Revolution« (*jixu geming*), mit der er sich seit den späten fünfziger Jahren von der, wie er es sah, Erstarrung in der Sowjetunion absetzte und die 1966 beginnende »Kulturrevolution« vorbereitete, erinnerte noch einmal an die Zeiten der Kämpfe gegen eine Vielzahl von Widersachern vor 1949. Obwohl also ein zeitlich entgrenzter Revolutionsbegriff auf kein anderes Land so deutlich zutrifft wie auf China, sprechen nicht nur Gründe der Darstellungsökonomie für eine Konzentration auf die erste Hälfte des 20. Jahrhunderts.

Einzigartig, wie die chinesische Revolution war, sollte man sie dennoch nicht aus allen relativierenden Bezügen lösen. Von der Immensität ihres Gegenstandes und den Schwierigkeiten seiner Erforschung gebannt, versuchen Chinahistoriker selten, die chinesische Entwicklung in größeren Zusammenhängen zu sehen. Betrachtet man andere Länder über lange Zeiträume hinweg, so wird man jedoch feststellen, daß sich auch ohne gewaltsame politische Umstürze die Lebensverhältnisse und Mentalitäten der Menschen dramatisch veränderten. Zu jenem strukturellen Umbau der Gesellschaft, den man als Modernisierung bezeichnet, ist es seit dem späten 18. Jahrhundert auch dort gekommen, wo, wie in Großbritannien, Deutschland oder den Vereinigten Staaten, radikale politische Systemwechsel ausblieben. Ja, die »großen Revolutionen« in Frankreich und Rußland haben diese beiden Länder keineswegs in die Moderne katapultiert. Die neuere Geschichte Asiens zeigt ebenfalls, daß bedeutende soziale Veränderungen nicht allein durch dramatische politische Revolutionen hervorgerufen werden. In Japan folgte auf die Öffnung des sich bis dahin abkapselnden Landes durch amerikanische Kriegsschiffe im Jahre 1854 nach einer kurzen Übergangsphase seit der »Meiji-Restauration« von 1868 eine Phase tiefgreifender Reformen auf allen Gebieten, die man ohne Übertreibung als »Revolution von oben« bezeichnen kann. Viele der damals von einem starken Zentralstaat eingeleiteten Modernisierungsmaßnahmen wurden in China – sowohl in der Volksrepublik wie in der Republik China auf Taiwan – in vergleichbarer Form erst nach 1949 verwirklicht. Im Iran und insbesondere in der Türkei nahmen nach dem Sturz der alten Herrscherhäuser in den zwanziger und dreißiger Jahren neue, sich vornehmlich auf das Militär stützende Führer und Eliten anspruchsvolle Modernisierungsprogramme in Angriff. Dort, wo sich europäische Kolonialherrschaft früh etablierte (wie in Indien und in Teilen von Indonesien) oder wo sie (wie auf den Philippinen nach der Ablösung der Spanier durch die USA 1898) mit einem expliziten Modernisierungsanspruch antrat, war es der Kolonialismus, der – oft entgegen den Absichten der Kolonisatoren – die Gesellschaft und die Formen politischer Herrschaft und ihrer Legitimation derart drastisch veränderte, daß man von einer kolonialen Revolution sprechen kann.

Was machte dann, im gesamtasiatischen Kontext gesehen, das Besondere der Entwicklung Chinas aus, eines Landes, das nur in Randgebieten (Hongkong, den größeren Treaty Ports wie zum Beispiel Shanghai, der Mandschurei, Taiwan) kolonialer Herrschaft unterworfen wurde? Drei Punkte sind hier zu nennen.

Erstens fällt auf, daß die neuere Geschichte Chinas in einem selbst für die außereuropäische Welt ungewöhnlichen Maße eine *historia tragica* gewesen ist. Gewiß war etwa die mexikanische Revolution der Jahre 1910 bis 1920 ein derart gewaltsamer bürgerkriegsartiger Prozeß, daß dabei ein Achtel der Bevölkerung ums Leben gekommen sein soll.[10] Und ohne Zweifel ist die Modernisierung Japans auf Kosten der Lebenschancen von Millionen hart ausgebeuteter Bauern und Arbeiter sowie schließlich auch der Opfer des japanischen Imperialismus und seiner Raubkriege erfolgt. Doch was an China bestürzt, ist das absolute Ausmaß der Zerstörung von menschlichem Leben. Chinesische Zivilisten fanden während der ersten Hälfte des 20. Jahrhunderts einen gewaltsamen Tod durch revolutionäre Aufstände und konterrevolutionäre Repression, durch ethnische und politische Säuberungen, durch brutale Zwangskonskriptionen in eine der zahlreichen Armeen, durch Grausamkeiten dieser Armeen und riesiger Räuberbanden, durch erpreßte Arbeitsdienste, durch Massaker, Bombenterror und chemisch-bakterielle Kriegführung der Japaner, durch bewußt ausgelöste oder fahrlässig in Kauf genommene Naturkatastrophen (Hungersnöte, Überschwemmungen).

Der amerikanische Politikwissenschaftler Rudolph J. Rummel hat den schwierigen Versuch unternommen, die Zahl der Opfer zu schätzen. Er gelangt zu dem Ergebnis, daß vor 1949 vermutlich 10,2 Millionen Menschen durch die Nationalisten der Guomindang (auch Kuomintang, GMD), 3,5 Millionen durch die Kommunisten und vier Millionen durch die Japaner umgebracht wurden. Zwischen 1900 und 1949 seien etwa 18,6 Millionen chinesischer Zivilisten aufgrund von politischen Ursachen umgekommen (»Demozid«), zusätzlich neun Millionen durch Krieg und Revolution und 14,8 Millionen als Folge von Hungersnöten und anderen, zum Teil von Menschen verursachten Naturkatastrophen, insgesamt circa 42 Millionen. Nach der kommunistischen Machtübernahme auf dem Festland ging das Töten weiter. Zwischen 1949 und 1987 soll es 35,2 Millionen Opfer gefordert haben, dazu 27 Millionen Hungertote während der von der KPCh unter Mao Zedong zu verantwortenden Agrarkatastrophe der Jahre 1959 bis 1961.[11] Selbstverständlich hat niemand über die Bevölkerungsverluste Buch geführt, so daß Rummels Zahlen überaus spekulativ und seine Rechenmethoden anfechtbar sind. Dennoch sind zumindest die Größenordnungen plausibel, zumal sie die Linie des 19. Jahrhunderts fortsetzen: Zwischen 1850 und 1873, einer Zeit großer Aufstandsbewegungen und ihrer Unterdrückung, soll die Bevölkerung Chinas von 410 Millionen auf 350 Millionen zurückgegangen sein.[12] Das mindeste, das sich mit Sicherheit behaupten läßt, ist dies: Nicht nur die Kommunisten, sondern nahezu sämtliche Machthaber Chinas im 20. Jahrhundert – das spätkaiserliche System, die regionalen Militärherrscher der zwanziger Jahre, das GMD-Regime Chiang Kai-sheks nach 1927 und die japanischen Besatzungsbehörden – haben sich nicht gescheut, in kolossalem Umfang ihre Untertanen zu morden. Die chinesische Revolution war keine Choreographie abstrakter politischer und sozialer Kräfte und auch nicht in erster Linie ein Ringen zwischen Ideen und Ideologien. Sie verursachte, insgesamt gesehen, wie der Stalinismus und der Nationalsozialismus, einen der größten Fälle von »Demozid« im 20. Jahrhundert.

Vor diesem Hintergrund unzähliger namenloser Tragödien müssen übrigens auch die mit viel Publizität bedachten Ereignisse vom 30. Mai 1925 mit ihren elf Todesopfern gesehen werden. Nicht die Brutalität des Zwischenfalls an sich setzte die Energien der Protestbewegung frei, sondern die einzigartige symbolische Konstellation, die sich damals in Shanghai ergab: ein Angriff von »Imperialisten« auf chinesischem Boden und unter den Augen der Weltöffentlichkeit gegen unbewaffnete patriotisch-jugendbewegte Gelehrte, die ihr Leben für das Vaterland opferten. Spätere Massaker waren weniger gut heroisierbar.

Zweitens verdient das Offensichtliche festgehalten zu werden: Die chinesische Revolution führte – mit der weiteren Ausnahme Vietnams – als einziger der großen asiatischen Transformationsprozesse zum Sieg einer *kommunistischen* Partei. Dieser Sieg wurde nicht auf dem Weg von Konspiration und Putsch errungen, sondern auf dem einer langen Geschichte von Kaderorganisation und Massenmobilisierung, die mit der Niederringung des innenpolitischen Hauptgegners, der GMD Chiang Kaisheks, in den offenen Feldschlachten der Jahre 1947 bis 1949 ihren Höhepunkt erreichte. In den entscheidenden Etappen verdankten die Kommunisten der Unterstützung von außen, also vornehmlich durch die Sowjetunion, wenig. Daß hinter dem propagandistischen Bild des heroischen Idealismus, das die KP während ihrer Hauptkampfzeit, von 1937 bis 1949, von sich verbreitete, auch einiges an Zynismus und kühler Manipulation stand, darf nicht verdecken, in welch außergewöhnlichem Maße die Partei vom Enthusiasmus und der Leidensbereitschaft ihrer Mitglieder lebte und wieviel Unterstützung sie aus der Bevölkerung erfuhr. Der Sieg der KP im chinesischen Bürgerkrieg wäre ohne das Geschick der Parteiführung und ihrer Generäle und ohne schwere Fehler ihrer Gegner nicht möglich gewesen, aber ebensowenig ohne die breite Massenbasis, die man sich seit Ende der dreißiger Jahre geschaffen hatte. Die Machtübernahme der KP 1949 war daher, vor dem Hintergrund der vierziger Jahre gesehen, kein Zufall und keine illegitime Usurpation. Ebensowenig war sie aber ein zwangsläufiges und unvermeidliches Ergebnis der gesamten neueren Geschichte Chinas. Erst zwei von außen eingreifende Entwicklungen der dreißiger Jahre – die Weltwirtschaftskrise und, noch viel wichtiger, der japanische Überfall von 1937 – schränkten den Spielraum für alternative Möglichkeiten ein.

Drittens fällt als hervorstechendes Merkmal der Wendejahre um 1949 auf, wie schnell und gründlich es der KP gelang, eine starke und handlungsfähige Staatsmacht aufzubauen. Das neue Regime unterdrückte diejenigen, die es für seine Gegner hielt, führte radikale Umwälzungen in allen Gesellschaftsbereichen herbei, vereinigte das chinesische Reich nahezu in den maximalen Grenzen, die der Qianlong-Kaiser in der Mitte des 18. Jahrhunderts erreicht hatte, und riskierte 1950 bis 1952 mit erstaunlichem Erfolg in Korea einen Krieg gegen die führende Militärmacht der Welt. Die chinesische Revolution war zweifellos eine »soziale« Revolution, insofern sie zur Zerstörung der alten Klassenstruktur sowohl auf dem Lande wie in den Städten führte. Sie war daneben, von ihren Ergebnissen her betrachtet, aber auch eine *Staatsrevolution*: Nach Jahrzehnten des Staatsverfalls ließ sie aus den Trümmern einer alten bürokratischen Ordnung einen für moderne asiatische Verhältnisse außergewöhnlich starken Staat (wieder-) erstehen, und sie erneuerte zugleich den territorialen Großverband des frühneuzeitlichen chinesischen Reiches. Da die Konzentration der staatlichen Kräfte ein unverkennbares Merkmal der chinesischen Entwicklung ist, genügt es nicht, die chinesische Revolution als Auseinandersetzung zwischen sozialen Klassen und als Ringen zwischen Bürgerkriegsparteien zu interpretieren. Sie bildet daneben auch ein Kapitel in der langen Geschichte des chinesischen Staates, der stets mehr war als ein Werkzeug der jeweiligen gesellschaftlichen Elite.

Das rasche Wiedererstarken des chinesischen Staates erstaunt um so mehr, als die Geschichte Chinas während der vorausgegangenen mehr als hundert Jahre geradezu als eine Kette von Staatszusammenbrüchen und sich jeweils anschließenden gescheiterten Versuchen neuer Stabilisierung geschrieben werden kann. Stellt man das sino-marxistische Revolutionsparadigma – Kampf der fortschrittlichen Kräfte »durch Nacht zum Licht« – auf den Kopf, dann ergibt sich eine Negativ-Geschichte politischer Zerfalls- und Schrumpfungsprozesse und mißlungener Anläufe zu neuen Ordnungen:

1. *1840–1860* gerät als Folge europäischer Aggression (Opiumkrieg 1839–1842, Zweiter Öffnungskrieg 1858–1860) und gigantischer interner Aufstandsbewegungen (vor allem der Taiping-Rebellion 1850–1864) die fein austarierte innere Machtbalance des kaiserlichen Systems an den Rand des Zusammenbruchs.

2. *1885–1911* endet die alte außenpolitische Ordnung im chinesischen Kulturraum durch den Verlust der Kontrolle über wichtige Vasallenstaaten (Vietnam 1885, Korea 1910) und der Herrschaft über periphere Teile des Reichsverbandes (Taiwan 1895, Südmandschurei 1905, Äußere Mongolei 1911).

3. *1911* kollabiert die Monarchie und mit ihr der durch eine reichsweite Bürokratie zusammengehaltene Einheitsstaat.

4. *1913* scheitern zaghafte Versuche der Parlamentarisierung. Die verschiedenen Verfassungen der Chinesischen Republik sind fortan wenig mehr als Bemäntelungen extrakonstitutioneller Machtverhältnisse.

5. *1916* endet ein Versuch der Re-Integration Chinas durch den vormals kaiserlichen Gouverneur und General Yuan Shikai (1859–1916) mit einer Offiziersrevolte gegen den Diktator und seinem kurz darauf folgenden Tod. Es beginnt die Ära der regionalen Militärmachthaber, der »warlords«.

6. *1927* zerbricht das 1923/24 geschlossene Bündnis zwischen Nationalrevolutionären (GMD) und Kommunisten; radikale

Regime in einigen chinesischen Städten (Shanghai, Kanton, Wuhan) werden blutig unterdrückt.

7. *1934* beenden GMD-Truppen unter Chiang Kai-shek die Versuche der Kommunisten, in Zentralchina eine territoriale Gegenmacht (»Jiangxi-Sowjet«) zur in Nanjing ansässigen GMD-Regierung der Chinesischen Republik zu errichten. Die Führung der KP begibt sich auf den »Langen Marsch« (Oktober 1934–Oktober 1935) nach Nordwestchina (Provinz Shaanxi).

8. *1937* machen die japanische Invasion des chinesischen Kernlandes und verheerende Niederlagen der GMD-Truppen die Versuche einer neo-traditionalistischen Neuordnung Chinas auf militärischer Basis (»Nanjing-Dekade« 1927–1937) zunichte. Die GMD-Nationalregierung zieht sich 1938 zunächst nach Wuhan, dann in die Kriegshauptstadt Chongqing (Provinz Sichuan) zurück.

9. *1945* stürzt als Folge der Kriegsentwicklung im Pazifik und der Atombombenabwürfe über Hiroshima und Nagasaki das japanische Militärimperium zusammen, das seit 1937/38 große Teile Nord- und Ostchinas umfaßt hatte.

10. *1948/49* zerfällt die noch 1945 erhebliche Macht einer ineffektiv und parasitär gewordenen GMD unter dem Ansturm der kommunistischen Volksbefreiungsarmee.

Ist die Geschichte der chinesischen Revolution während der ersten Hälfte des 20. Jahrhunderts durch politisches Chaos oder, anders gesagt, durch das kurz- und mittelfristige Scheitern – sowohl aus inneren Ursachen wie als Folge ausländischer Invasion – einer ganzen Reihe von politischen Neuansätzen gekennzeichnet, so läßt sich auf der tieferen Ebene gesellschaftlicher Basisprozesse ein viel kontinuierlicher Verlauf dessen beobachten, was in einem präzisen Sinne *Modernisierung* genannt werden kann.[13] Solche Modernisierung begann vor 1949 vor allem in den Städten und erfaßte nach der Errichtung der Volksrepublik allmählich immer weitere Teile auch des agrarischen China. Zu diesen Basisprozessen gehören wirtschaftliches Wachstum, die Herausbildung moderner »Erwerbsklassen« (Max Weber), die Rationalisierung einzelner Teilbereiche von Staatlichkeit wie Militär, Polizei und Finanzverwaltung, die zunehmende Verbreitung schriftlicher Rechtsnormen, Alphabetisierung und ein allgemeines Pflichtschulwesen, die Verbesserung der rechtlichen und faktischen Stellung von Frauen, die Etablierung staatlicher Wohlfahrtseinrichtungen, die Verdichtung des Verkehrs und der Ausbau der sonstigen Infrastruktur, die Verbreitung nationaler Massenmedien, die Übernahme westlichen Konsumverhaltens, und so weiter. Solche Prozesse begannen in China vielfach um die Jahrhundertwende. Sie wurden durch die besonders zerstörerische Periode des Japanisch-Chinesischen Krieges von 1937–1945 unterbrochen, setzten sich in den ersten Jahren der Volksrepublik fort, wurden dann durch Mao Zedongs »Kulturrevolution« der Jahre 1966 bis 1976 abermals aufgehalten und kamen nach deren Ende erneut zum Durchbruch. Im Widerspiel zwischen den Diskontinuitäten der politischen Verhältnisse und den kontinuierlicheren Verläufen gesellschaftlicher Modernisierung (die in hohem Maße, aber keineswegs ausschließlich vom Staat gesteuert wurden) soll in den folgenden Kapiteln die Entwicklung der chinesischen Revolution gedeutet werden. Zuvor aber ist ein Blick auf jene Strukturen erforderlich, aus denen die Revolution entstand.

Das agrarische Imperium…

Die politischen Turbulenzen im China des frühen 20. Jahrhunderts überraschten ausländische Beobachter um so mehr, als das Reich der Mitte im Weltbild der Europäer sich lange Zeit wie ein unbewegliches Relikt aus früheren Zeitaltern ausgenommen hatte, wie – so der Philosoph Johann Gottfried Herder in den neunziger Jahren des 18. Jahrhunderts – »ein Trümmer der Vorzeit«[14]. Eine Zivilisation des reinen Raumes und der geometrischen Ordnung, ohne Zeit, ohne Fortschritt, ohne Moden – dies war noch im 19. Jahrhundert die übliche Auffassung von China. Sie ging auf die Berichterstattung der Jesuiten aus dem Reich der Qing-Dynastie im 18. Jahrhundert zurück. Über Erscheinungen, die diesem statischen Bild widersprachen – etwa den großen Taiping-Aufstand –, wußte man zu wenig, um sich dadurch beirren zu lassen. Erst die Übergriffe nordchinesischer Bauernbanden auf Missionare und Diplomaten während des Boxeraufstandes von 1899/1900, die im Zeitalter beginnender Auslandsberichterstattung weltweite Publizität fanden, machten auf das unruhige und ungezähmte China aufmerksam. Fortan, und insbesondere nach der Revolution von 1911, war im Westen in unheilschwangeren Tönen immer wieder, in Erinnerung an ein berühmtes Wort Napoleons I., vom bevorstehenden »Erwachen« Chinas die Rede.

Der Eindruck der Statik und Trägheit des chinesischen Systems, den Augenzeugen im frühen und mittleren 18. Jahrhundert gewannen und an ihre europäischen Leser weitergaben, war nicht ganz aus der Luft gegriffen. Nach einer Periode großer Wirren und Grausamkeiten in der Zeit der Eroberung Chinas durch den nördlichen Kriegerstaat der Mandschuren konnte die mandschurische Qing-Dynastie seit den achtziger Jahren des 17. Jahrhunderts unter den drei großen Kaisern Kangxi, Yongzheng und Qianlong, die das Reich in ununterbrochener Generationenfolge zwischen 1662 und 1795 regierten, zumindest den chinesischen Kernprovinzen eine lange Periode inneren Friedens und wirtschaftlicher Prosperität bescheren. Obwohl die »hohe« Qing-Zeit im allgemeinen nicht als eine Epoche kultureller Höchstleistungen, vergleichbar etwa den Dynastien Tang (618–907) und Song (960–1279), betrachtet wird, erreichte doch der vormoderne chinesische Staat im 18. Jahrhundert ausgerechnet unter einem nicht-chinesischen, aber sich der chinesischen Zivilisation geschmeidig anpassenden Kaiserhaus seinen Höhepunkt an organisatorischer Differenziertheit und praktischer Wirksamkeit. Die politischen Institutionen, die damals perfektioniert wurden, überdauerten im Prinzip bis zum Vorabend der Revolution von 1911.[15]

Der bedeutende Sinologe Benjamin I. Schwartz hat vom »Primat der politischen Ordnung in ostasiatischen Gesellschaften« gesprochen und damit gemeint, daß in China spätestens seit der Gründung des Einheitsstaates dem Politischen eine so zentrale Stellung zukam wie in keiner anderen Zivilisation.[16] Die Religion wurde niemals zu einer unabhängigen Daseinssphäre wie in Indien, und sie konnte sich nie wie im lateinischen Europa zu einer ehrgeizigen, die weltlichen Mächte herausfordernden Kirche formieren. Der Bereich der »Gesellschaft« – eine europäische

Vorstellung! – wurde zwar selten in der Praxis derart quasi-totalitär durchformt, wie Vorstellungen von einem »orientalischen Despotismus« es suggerierten; dem vormodernen Staat fehlten dazu die erforderlichen Machtmittel. Der Bereich des »bürgerlichen« Lebens hat aber in China gegenüber dem im Monarchen verkörperten Staat keine eigenständigen Geltungsansprüche erlangen können, wie sie etwa die Landstände im Europa des Spätmittelalters und der Frühen Neuzeit vertraten. Es gab im letzten Jahrtausend des kaiserlichen China keine unabhängigen Magnaten, Territorialfürsten und Bürgerkorporationen, die dem Kaiser auf Reichstagen selbstbewußt entgegengetreten wären und ihm Steuern oder militärische Gefolgschaft verweigert hätten. Ebenso wie im traditionalen China die Idee eines autonomen, von der Person des Herrschers unabhängigen Staates, die selbst in der erz-absolutistischen Formulierung »L'état c'est moi« noch zum Ausdruck kommt, unbekannt war, so fehlte auch die Vorstellung einer Trennung zwischen Staat und Gesellschaft, wie sie in Europa entwickelt wurde.

Die landbesitzende Erbaristokratie war in China schon vor der Jahrtausendwende entmachtet worden. Damit wurden einem »feudalen« System bereits zu einer Zeit die Grundlagen entzogen, als es in Westeuropa und Japan den Höhepunkt seiner Entwicklung noch vor sich hatte. Um 1800 gehörte paradoxerweise das altertümlich anmutende China neben den nachrevolutionären Ländern Frankreich und den Vereinigten Staaten von Amerika zu den wenigen höher entwickelten Gesellschaften auf der Erde, die, abgesehen von einem wenig bedeutsamen Mandschu-Adel, keine feudale Aristokratie besaßen. Seit der Song-Zeit war die politische Ordnung Chinas die einer zentralisierten bürokratischen Monarchie (*junxian*).[17] Die Bürokratie war im Prinzip das ausführende Organ des Herrscherwillens. Sie hatte sich aber schon früh zu einer solch ausgedehnten und komplexen Institution entwickelt, daß sie weitaus mehr war als ein erweiterter Hofstaat. Einen solchen, eine Art von informeller Stabsstelle, besaßen die Kaiser freilich auch, und es kam immer wieder zu Spannungen zwischen der regulären Bürokratie und der »patrimonialen« Entourage des Herrschers.[18] Schon die Notwendigkeit, unter vormodernen Verkehrs- und Kommunikationsverhältnissen ein riesiges Reich nach einheitlichen Grundsätzen zu regieren, machte es unabdingbar, den Distriktbeamten in den Kreisstädten, von denen ein einzelner bis zu 200 000 Untertanen zu regieren hatte, umfangreiche Vollmachten zu übertragen. Das Hauptproblem bestand darin, trotz der weiten territorialen Streuung eines sehr kleinen Beamtenkorps die zentrifugalen Kräfte innerhalb des Systems zu bändigen und die Bürokratie als wichtigste Klammer des Imperiums intakt zu halten. Diesem Ziel dienten verschiedene Vorkehrungen:

– Verfahrensregeln nach dem Prinzip der »checks and balances« wie vor allem eine obligatorische Ämterrotation oder das Verbot, einen Beamten in seiner Herkunftsprovinz einzusetzen, wo ihn vieles mit der regionalen Oberschicht verband;

– die strikte Trennung von ziviler Verwaltung und militärischem Kommando, so daß regionale »warlords« sich nur schwer einwurzeln konnten;

– ausgeklügelte Kontrollsysteme, die gerade den besonders aktiven Kaisern des 18. Jahrhunderts raschen und umfassenden Zugang zu Informationen verschafften und ihnen Mittel zur Überwachung und Disziplinierung von Beamten auf allen Ebenen an die Hand gaben;

– schließlich die Beamtenrekrutierung durch formalisierte Staatsprüfungen.

Das Prüfungssystem[19] war eine weltgeschichtlich einzigartige Einrichtung; es hat im 19. Jahrhundert sogar einen gewissen Einfluß auf Aufnahmeexamina für den öffentlichen Dienst in mehreren europäischen Ländern ausgeübt. Das Prüfungssystem diente vor allem vier Zwecken: Erstens sollte es nach dem Prinzip der Meritokratie nicht die hoch Geborenen, sondern die Qualifiziertesten für den Staatsdienst gewinnen; manche europäischen Bewunderer Chinas im 18. Jahrhundert sahen dadurch sogar das alte platonische Ideal der Philosophenherrschaft verwirklicht. Zweitens wurde durch eine Hierarchie der Prüfungsorte – von der ersten Teststufe auf Kreisebene bis zur Prüfung vor dem Kaiser, in der die Besten der Besten ausgewählt wurden – sowie durch die Einrichtung von Kontingenten für die einzelnen Provinzen eine Repräsentation aller Landesteile in der Staatsverwaltung gewährleistet. Drittens verbürgte die Einheitlichkeit des

Prüfungsstoffes, bei dem es sich vorwiegend um die klassischen Texte der chinesischen Tradition handelte, die kulturelle Homogenität der Elite des Reiches und ihre Loyalität gegenüber der herrschenden Ordnung; die hohen Beamten waren Generalisten mit demselben kulturellen Hintergrund und daher an wechselnden Orten und in den unterschiedlichsten Funktionen einsetzbar. Man hat zu Recht von ihrer »umfassenden moralischen Verpflichtung zur Flexibilität« gesprochen.[20] Der Qing-Staat war also keineswegs ein unbeweglicher Monolith. Viertens schließlich wurden über das Prüfungssystem nicht nur Amtsträger rekrutiert, sondern auch einem viel größeren (männlichen) Personenkreis soziales Prestige und rechtliche Privilegien zugewiesen. Nur ein sehr kleiner Teil – etwa 3 Prozent – der in den Staatsprüfungen aller Ebenen erfolgreichen Kandidaten wurde nämlich in ein bürokratisches Amt berufen. Die übrigen konnten aber ihren Prüfungserfolg, der durch einen Titel dokumentiert wurde, als Beweis einer gelehrten Leistung in soziales Ansehen umsetzen. Insgesamt mochten im späten 19. Jahrhundert maximal 1,9 Prozent der Bevölkerung des Reiches Familien angehört haben, denen der Träger mindestens des untersten Titels (*shengyuan*) vorstand.[21] Daneben gab es die Möglichkeit, niedere Titel auch zu kaufen.

Die Titelinhaber stellen die Sozialgeschichtsschreibung vor schwierige Probleme. Dies zeigt sich schon daran, daß man keine bessere Lösung gefunden hat, als die chinesische Bezeichnung *shenshi* sehr ungenau mit *gentry* zu übersetzen, einem Begriff, der sich eigentlich auf den niederen Landadel im frühneuzeitlichen England bezieht. Jedenfalls handelte es sich bei der chinesischen Gentry eher um eine Statusgruppe als um eine gesellschaftliche Klasse mit ähnlichen wirtschaftlichen Grundlagen.[22] In einer Agrargesellschaft versteht es sich von selbst, daß Elitestatus in erster Linie auf der wichtigsten Wohlstandsquelle, dem Landbesitz, beruht. So waren denn auch viele Gentry-Familien wohlhabende Grundbesitzer, die von ihren Landsitzen aus lokale Macht ausübten. Aber nicht alle größeren Grundbesitzer hatten gelehrte Titel erworben und genossen deshalb Privilegien wie Befreiung von Körperstrafen und das Recht auf besondere Respektsformen und Kleidersymbole. Umgekehrt war nicht jeder

Titelträger ein Grundherr oder auf andere Weise reich; mancher fristete sein Dasein als Privatlehrer oder wandernder Scholar.

Unabhängig von ihrer materiellen Stellung besaßen aber *alle* Absolventen einer Staatsprüfung den Status von Angehörigen der Elite. Dies eröffnete ihnen vor allem leichten Zugang zu den Beamten in ihren *yamen*, den Amtssitzen: ein unschätzbarer Vorteil in einer Gesellschaft, in der Beziehungen (*guanxi*) bis zum heutigen Tage eine ungewöhnlich große Rolle spielen. Die unteren Kreisbeamten wiederum, also gewissermaßen die »Landräte«, waren mangels eines zureichenden eigenen Apparates, der auf die Ebene von Dörfern und kleinen Marktstädten hinabgereicht hätte, auf die Mithilfe der Gentry bei der Lokalverwaltung angewiesen.[23] Die Gentry war also die Hauptstütze dessen, was man »subbürokratische Verwaltung« genannt hat. Anders gesagt: Sie war der informelle Autoritätspartner der formellen Beamtenhierarchie. Bereiche wie die vorgerichtliche Konfliktschlichtung, die Organisation lokaler Wasserregulierungsmaßnahmen und Wohlfahrtseinrichtungen, der Betrieb von Schulen und Akademien und so weiter lagen überwiegend in ihrer Hand und verschafften der Gentry auch – etwa über Abgaben und Gebühren – einen mit der Zeit größer werdenden Teil ihres Einkommens. Am Mißbrauch ihrer formal nicht legitimierten Stellung auf Kosten der großen Mehrheit der Bevölkerung wurde die Gentry weniger durch rechtliche oder administrative Kontrollen gehindert als durch die tief internalisierte konfuzianische Sozialphilosophie, die nicht nur den Beamten als »Vater und Mutter« des Volkes ansah, sondern von jedem Mann edlen Charakters (*junzi*) Einsatz für das allgemeine Wohl und Fürsorge für sozial tiefer Stehende verlangte. Da dieses Ethos niemals institutionalisiert wurde, war es labil und krisenanfällig. Es konnte also, wie Keith Schoppa am eindringlich geschilderten Beispiel der Pflege eines Wasserreservoirs in der Provinz Zhejiang gezeigt hat, der Punkt eintreten – in Zhejiang war dies zu Beginn des 19. Jahrhunderts der Fall –, wo sich niemand mehr für das Allgemeinwohl zuständig fühlte und Belange der überfamilialen Wohlfahrt zur Beute ungezügelter Privatinteressen wurden – häufig mit fatalen Folgen für eine ganze Region.[24]

Aus dieser kurzen Beschreibung der Gentry dürfte bereits

deutlich geworden sein, daß die chinesische Gesellschaft im Vergleich zu manchen europäischen Gesellschaften der frühen Neuzeit und erst recht etwa zum indischen Kastensystem einen ungewöhnlich großen Spielraum für das eröffnete, was die Soziologie vertikale soziale Mobilität nennt. Es ist zu Recht gesagt worden, daß in China Stabilität durch wohlorganisierte Mobilität erreicht wurde.[25] Entscheidend war dabei zweierlei: Zum einen ließ sich Gentry-Rang nicht vererben; aus jeder Generation mußten sich junge Männer erneut den Staatsprüfungen unterziehen, die trotz mancher Mißbräuche im allgemeinen zu objektiven Ergebnissen führten. Zwar besaßen Elitefamilien den offenkundigen Vorteil, ihren Sprößlingen eine gute Erziehung und damit eine sorgfältige Vorbereitung auf die Examina ermöglichen zu können, doch hat man geschätzt, daß im langen Durchschnitt vom 14. bis zum 19. Jahrhundert – die Forschung spricht für diesen Zeitraum oft von »late imperial China« – immerhin 40 Prozent der Inhaber hoher, also für Ämter qualifizierender Gelehrtentitel aus Familien stammten, die während der letzten drei Generationen keinen Beamten oder Beamtenanwärter hervorgebracht hatten.[26] Zum anderen herrschte in China Realerbteilung, also die gleichmäßige Verteilung des Besitzes auf alle Erbberechtigten. Beides zusammen führte dazu, daß Oberschicht-Familien innerhalb weniger Generationen sozial aufstiegen und wieder fielen. In China fehlten daher die alten Adelsgeschlechter und Kaufmannsdynastien, wie man sie aus Europa und Japan kennt. Familien begegneten diesem zyklischen Schicksal durch Strategien der Streuung ihrer Ressourcen. Nicht alle Söhne wurden auf die zivilen Staatsprüfungen vorbereitet, einige engagierten sich vielmehr im Handel oder in Geldgeschäften oder schlugen militärische Karrieren ein. Vermögen wurde nicht unbedingt nur in Land investiert.

Während die Gentry nach Wegen suchte, um das Risiko des Versagens in den Prüfungen zu vermindern und sich aus der völligen Abhängigkeit vom Grundbesitz zu lösen, strebten Kaufleute, die zwar in der konfuzianischen Ordnung nur ein niedriges Sozialprestige genossen, aber in der Qing-Zeit nicht daran gehindert wurden, einige der größten Vermögen Chinas anzuhäufen, nach der Respektabilität von Gelehrten-Titeln, der Macht von Staatsämtern und dem edelmännischen Lebensstil, den großer

Grundbesitz gestattete. So bewegten sich denn mit dem allmählichen Wachstum kommerzieller Möglichkeiten seit etwa den sechziger Jahren des 19. Jahrhunderts Gentry und Kaufleute aufeinander zu und bildeten so etwas wie eine fusionierte Gentry-Kaufmanns-Elite, für welche die in der Theorie aufrechterhaltene Unterscheidung zwischen hochangesehenen Gelehrten (*shi*) und schlecht beleumundeten Kaufleuten (*shang*) eine immer geringere Rolle spielte. Diese sich nach wie vor primär kulturell definierende, durch einen besonderen Lebensstil verbundene »Lokalelite«[27] wurde jedoch bis zum Ende des 19. Jahrhunderts niemals zu einer selbstbewußten Bourgeoisie europäischen Typs, die sich offensiv zur Verfolgung eigener Sonderziele, etwa materieller Bereicherung oder politischer Mitsprache, bekannt hätte. Sie blieb eine vermittelnde Zwischenschicht zwischen den beiden Säulen, auf denen das vormoderne China ruhte: der zentralisierten bürokratischen Monarchie und der Bauernschaft. Beide waren durch eine stabile Achse miteinander verbunden, die das System seit früher Zeit zusammengehalten hatte: die – meist maßvolle – direkte Besteuerung des Bodens durch den Zentralstaat.

Über Landwirtschaft und ländliche Gesellschaft wird im Zusammenhang mit der Bauernrevolution des 20. Jahrhunderts ausführlicher zu berichten sein.[28] Es mag hier genügen, auf einige allgemeine Merkmale der chinesischen Gesellschaft in der »hohen« Qing-Zeit hinzuweisen. Sie war eine durch und durch hierarchisch geordnete Gesellschaft (in der man selbst Göttern ehrende Beamtentitel verlieh und sie in die pyramidale Weltordnung einfügte), ohne daß sie in deutlich abgrenzbare Klassen zerfallen wäre. Die sozialen Unterschiede waren vielmehr fein abschattiert. Lebenslagen gingen ineinander über; arme Gentry und wohlhabende Bauern konnten bisweilen auf den ersten Blick nicht voneinander unterschieden werden; Großgrundbesitz englischen oder ostelbischen Ausmaßes war selten, ein höriger Minderstatus von Teilen der Landbevölkerung seit langem verschwunden. Der typische chinesische Bauer des 18. Jahrhunderts war persönlich frei, hatte nur geringe außerökonomische Feudallasten zu tragen und konnte in der Praxis (von der Theorie nur zögernd anerkannt) Land kaufen und verkaufen sowie mit

Grundbesitzern über die Konditionen in Pachtverträgen verhandeln. In den Städten waren sozial getrennte Wohnquartiere nicht die Regel. Reich und Arm lebten, wie man zum Teil heute noch in der Stadtanlage von Peking sehen kann, in gemischten Nachbarschaften. Auch lagen Volks- und Elitekultur weniger weit auseinander als etwa im vorrevolutionären Frankreich. Gentlemen und Gemeine teilten manches an öffentlichen Vergnügungen, und es kam zu vielfältigen gegenseitigen Beeinflussungen der kulturellen Sphären.[29]

Dabei war die chinesische Gesellschaft mitnichten egalitär. Gerade im sozialen Mikrobereich machten sich jene Unterordnungsverhältnisse bemerkbar, die im Zentrum der konfuzianischen Lehre angesiedelt sind. Wie in allen Gesellschaften vor der Einführung des modernen westlichen Staatsbürgergedankens gab es rechtlich diskriminierte Bevölkerungsgruppen – von Schuldknechten über Bettler bis zu den »boat people« der Provinz Guangdong. Frauen durften nicht an den Staatsprüfungen teilnehmen, waren weithin auf die inneren Gemächer des Hauses beschränkt und mußten sich in der Qing-Zeit zigmillionenfach der grausamen Tortur des Fußbindens unterziehen, einer erotisch motivierten Sitte, die sich als Oberschichtenmode auch unter der bäuerlichen Bevölkerung ausbreitete. In der Familie, der Grundeinheit der chinesischen Gesellschaft überhaupt, waren Ehefrauen und Konkubinen dem Mann, Schwestern ihren Brüdern und junge eingeheiratete Schwiegertöchter allen anderen untergeordnet. Die Befreiung der Frauen aus diesen Fesseln sollte zu den frühesten und wichtigsten Forderungen chinesischer Reformer und Revolutionäre des 20. Jahrhunderts gehören.

Die Familie war in China deshalb so besonders wichtig, weil sie in einer Welt, in der das gesellschaftliche Leben kaum durch legale Organisationen auf einer mittleren Ebene zwischen Familie und Staat – etwa Kirchengemeinden, Dorfgemeinschaften oder Vereinen – geordnet wurde und rechtliche Regulierungen eine viel geringere Rolle spielten als in Europa, die Grundzelle schieren Überlebens bildete. Sie war die elementare Wirtschaftseinheit für alle sozialen Schichten und diente der Aufrechterhaltung von Eigentum und Status. Heirat war eine vertragliche Beziehung zwischen Familien, nicht eine persönliche Bindung der Partner.[30] Das konfuzianische Ideal der Mehr-Generationen-Großfamilien wurde mit um so größerer Wahrscheinlichkeit erreicht, je höher man auf der sozialen Leiter stieg. Nur reiche Gentry-Angehörige und Kaufleute konnten sich mehrere Frauen leisten (solche Polygamie führte natürlich zum Problem eheloser Männer in den unteren Schichten), materiell günstige Ehen für ihre Kinder einfädeln oder den fehlenden Erben, der zugleich für die Ahnenriten zuständig sein würde, adoptieren beziehungsweise kaufen. Charakteristisch für die Qing-Zeit war die Kernfamilie von durchschnittlich etwas mehr als fünf Personen. Die Familie (*jia*) war oft, aber keineswegs immer, und eher in Süd- als in Nordchina, in den umfassenderen Zusammenhang eines Klans (*zong*) eingebettet.[31] Solche Abstammungsgruppen, die ihre Herkunft auf einen gemeinsamen Ahn zurückführten, umfaßten Familien aus allen sozialen Schichten und wurden von Gentry-Mitgliedern dominiert. Sie pflegten einen gemeinsamen Ahnenkult, besaßen genau definierte Rechte, unterhielten korporativen Landbesitz, betrieben Schulen, wachten über schriftlich festgelegte Verhaltensmaßregeln, die für alle Klan-Angehörigen galten und sorgten für die Weitergabe der konfuzianischen Ethik von Generation zu Generation.

Die erstaunliche Tatsache des Jahrtausende überdauernden Zusammenhalts des größten menschlichen Kollektivs, des chinesischen Volkes, und seiner zwischen dem 13. und dem frühen 20. Jahrhundert nicht mehr unterbrochenen politischen Zusammenfassung in einem Einheitsreich erklärt sich aus mehreren Ursachen: der Klammerfunktion eines einzigartigen politischen Systems; einer von der kulturellen Elite gehegten und verbreiteten Weltanschauung, die im Kaiser den Mittelpunkt der kosmischen Ordnung und den Gegenstand affektiver Zuwendung selbst unter den Bewohnern entlegenster Landesteile sah; der Gleichförmigkeit starker gesellschaftlicher Basisorganisationen wie der Familie; der geradezu magischen Aufladung einer Schriftsprache, die selbst von denjenigen unter den Gebildeten verstanden wurde, die selber in mündlicher Kommunikation die nordchinesische Hochsprache nicht benutzten; der strikten Befolgung traditioneller und als unveränderlich betrachteter Riten (*li*) bei festlichen Anlässen wie Hochzeiten und Begräbnissen; schließlich dem schwachen Einfluß solcher Religionen (wie Buddhismus oder Christentum), deren Anhänger nach *außer*weltlicher Erlösung und Flucht aus den Zwängen des irdischen gesellschaftlichen Daseins streben. Die chinesischen Religionen und Soziallehren waren diesseitsorientiert.

Daß sich solche integrierenden Tendenzen bis in die Gegenwart immer wieder durchsetzen konnten, ist auch deshalb bemerkenswert, weil sich die einzelnen Gegenden des Reiches voneinander so erheblich unterschieden, daß man von einer Mehrzahl jeweils besonderer Regionalgesellschaften sprechen kann. Verallgemeinernde Aussagen über China als Ganzes sind daher oft recht fragwürdig, und gerade auch für das Verständnis der chinesischen Revolution ist es unerläßlich, sich die jeweiligen geographischen und regionalkulturellen Verhältnisse vor Augen zu führen. In der Ming-Zeit waren die Grenzen der achtzehn Kernprovinzen festgelegt worden, wie sie im wesentlichen auch heute noch als die wichtigsten Verwaltungseinheiten bestehen. Kulturgeographisch aber ist es sinnvoller, zwischen mehreren Makroregionen zu unterscheiden, die über die administrativen Scheidelinien hinausgreifen. Für das spättraditionale China sind neun solcher Makroregionen zu nennen:[32]

1. Das von der Kaiserstadt Peking, die Steuern, Schätze und kulturelle Kompetenz aus dem ganzen Reich anzog, dominierte *Nordchina* (Provinzen Shandong, Henan, Hebei / Zhili): ein dünn urbanisiertes Land des weizen- und hirseanbauenden Klein- und Kleinstbauerntums mit eigenem Landbesitz; entsprechend auch eine zahlenmäßig schwache, lokal weniger mächtige Gentry, die mehr als anderswo Distanz zu den Kaufleuten hielt.

2. Das *Untere Yangzi*-Gebiet (Süd-Jiangsu, Süd-Anhui und Nord-Zhejiang): dicht urbanisiert, ein Zentrum der Handwerks- und Manufakturproduktion (auch für den Export); eine Kornkammer, die etwa ein Viertel der gesamten Grundsteuer des Reiches aufbrachte; der Schauplatz einer besonders aktiven (und oft unorthodoxen) Gelehrtenkultur, die einen überproportionalen Anteil an Staatsbeamten stellte; eine überdurchschnittlich starke und – auch gegenüber Peking – selbstbewußte Gentry.

3. Das sich mehr als achthundert Kilometer in ost-westlicher

Richtung erstreckende Gebiet am *Mittleren Yangzi* samt dessen Nebenflüssen (Provinzen Jiangxi, Hubei, Hunan): das geographische Herz Chinas; ein wichtiger Reisexporteur in andere Reichsteile; dank seiner zentralen Lage im 18. und 19. Jahrhundert als Durchgangsmarkt hoch entwickelt; ökologisch gefährdet durch heikle Probleme der Fluß- und Seenregulierung.

4. Das *Obere Yangzi*-Gebiet mit der fruchtbaren Provinz Sichuan als Mittelpunkt: wenig urbanisiert; ein relativ wohlhabendes Bauernland; trotz schwieriger Zugänglichkeit auf dem Landwege gut in den gesamtchinesischen Fernhandel integriert; nach Verwüstungen um den Dynastiewechsel von 1644 herum vielleicht die friedlichste aller Makroregionen.

5. Die *Südöstliche Küste* (Süd-Zhejiang, Fujian, Nord-Guangdong): ein Reisdefizit-Gebiet, das auf Versorgung aus anderen Provinzen angewiesen war; selber ein wichtiger Tee-Produzent für den Export; ein Emigrationsland mit engen Verbindungen nach Südostasien; traditionell eine unruhige Gegend mit wehrhaften Klans, ummauerten Dörfern, die sich bekriegten, und sehr aktiven Geheimgesellschaften vom Typ der Triaden.

6. Der *Tiefe Südosten*: die Stadt Kanton (Guangzhou) und ihr Hinterland, also der größte Teil von Guangdong sowie die Provinz Guangxi: nach dem Unteren Yangzi die reichste Großregion Chinas; ausgeprägte Klan-Strukturen; der wichtigste Kontaktpunkt für den Außenhandel mit Europa und Indien und daher ein früh offenes Einfallstor für westliche Einflüsse; wegen der wachsenden Bedeutung der nicht han-chinesischen Minderheit der Hakkas für ethnische Konflikte besonders anfällig.

7. Der *Südwesten* (Yunnan, Guizhou): traditionelle Handelsbeziehungen nach Tibet und Hinterindien; wirtschaftlich rückständig, aber in der Qing-Zeit dank der staatlich geförderten Entwicklung des Kupfer- und Silberbergbaus ein Anziehungspunkt für Zuwanderer aus anderen Provinzen; ständige Spannungen zwischen der Han-Mehrheit und verschiedenen Nicht-Han-Minderheiten.

8. Der *Nordwesten* (Shanxi, Shaanxi / Shensi, Gansu): selbst wirtschaftlich weniger ergiebig, aber die Herkunftsregion vieler wichtiger Familien von Fernhandelskaufleuten und Bankiers; eine eher bescheidene Gelehrtenkultur, die Mühe hatte, ihre Pro-

vinzquoten an Beamten zu erfüllen; ein Schwerpunkt des Islam; im 18. Jahrhundert ein militärisches Aufmarschgebiet für die Eroberung und Kontrolle Innerasiens.

9. Die *Mandschurei*, also die drei Provinzen Liaoning, Jilin und Heilongjiang nördlich der Großen Mauer: das Herkunftsgebiet der Qing-Dynastie, die es lange gegen han-chinesische Einwanderung aus Nordchina abschirmte; eine waldreiche Gegend, die erst im 19. Jahrhundert ihr landwirtschaftliches und im 20. ihr bedeutendes industriell-bergbauliches Potential entwickeln sollte.

Trotz ihres ausgeprägten Eigencharakters waren die Makroregionen vielfältig untereinander vernetzt. Dies war in erster Linie ein Ergebnis großer horizontaler Mobilität verschiedener Bevölkerungsgruppen. Infolge einer wachsenden interregionalen Arbeitsteilung und der Verdichtung und Verfeinerung des Dschunkenverkehrs auf den Flüssen und entlang der Küste bildete sich allmählich so etwas wie ein nationaler Markt heraus.[33] Fernhändler sorgten für die Verbindung zwischen den wirtschaftlichen Zentren. Der typische chinesische Kaufmann war indessen kein ortsansässiger Händler, sondern ein Zugereister. Die einzelnen Branchen des Fernhandels lagen landesweit jeweils in den Händen von Leuten aus bestimmten Provinzen. Daher findet man auch in chinesischen Städten kein stabiles Patriziat, wie es für Europa kennzeichnend war. Am Ort ihrer Tätigkeit waren viele chinesische Kaufleute nur Gäste von unsicherem Status; ihre Vermögen häuften sie in ihren Heimatprovinzen an, wo sie sich zur Ruhe setzten.

Mobil war auch ein Teil der Landbevölkerung. Obwohl dem chinesischen Bauern oft eine besondere Anhänglichkeit an seinen Boden nachgesagt wurde, zwang die mit einer stetig und schnell wachsenden Bevölkerung steigende Landknappheit Hunderttausende von Siedlern, ihre Dörfer in den alten landwirtschaftlichen Kernzonen zu verlassen und ihr Glück bei der Erschließung von wilden Randgebieten zu suchen.[34] Während des 18. Jahrhunderts wurde die landwirtschaftlich genutzte Fläche immens gesteigert: Berglandschaften, Wälder, Wüstenränder und Seeufer wurden urbar gemacht. So entstanden nicht nur an den äußeren Rändern des Reiches (Nord- und Südwesten, Taiwan), sondern auch an den »internen Peripherien« mancher Provinzen neuartige, nahezu anarchische Grenzergesellschaften, die die Bürokratie kaum noch zu kontrollieren vermochte und die alles andere als Horte verfeinerter Hochkultur waren.[35] Zahlreiche der Aufstandsbewegungen des 19. Jahrhunderts nahmen von solchen turbulenten Randgebieten ihren Ausgang. Die Geschichtsforschung hat diesem Prozeß der inneren Kolonisation neuerdings eine hohe Bedeutung beigemessen. Man hat ihn sogar als Vorgang der Grenzerschließung mit der gleichzeitigen europäischen Expansion nach Übersee und mit der Westwärtsbewegung der nordamerikanischen Pioniergrenze, der »frontier«, im 19. Jahrhundert verglichen.[36]

Auch wenn die große Mehrheit seiner Bevölkerung ethnisch (als Han-Chinesen) und kulturell sehr homogen war, also die Grundlage für ein modernes »Staatsvolk« bilden konnte, war das Reich der Qing-Dynastie kein Nationalstaat. In einem doppelten Sinne beherbergte das Herrschaftsgebiet der mandschurischen Dynastie eine »polyethnische Gesellschaft«:[37] Zum einen hatten sich die Mandschuren niemals vollkommen sinisieren lassen. Sie hatten sich der chinesischen Kultur bis zu dem Punkt angepaßt, daß der Qianlong-Kaiser zu einem der fleißigsten Poeten der chinesischen Literaturgeschichte wurde, aber weiterhin auf einer doppelten Identität bestanden. So wurden bis zum Ende der Dynastie manche hohe Staatsämter weiterhin nicht nur mit regulär ausgewählten Bürokraten besetzt, sondern auch mit adeligen Mandschuren und Mongolen, die das Prüfungssystem umgehen konnten. Diese Grenze mandschurischer Selbst-Sinisierung wurde zum Ansatzpunkt dafür, daß der frühe chinesische Nationalismus die Qing-Dynastie als ethnisch andersartige Fremdherrschaft anprangern konnte. Zum anderen hatten große Eroberungsfeldzüge, die vor allem Kaiser Qianlong in der Mitte des 18. Jahrhunderts unternahm, die Grenzen des Reiches so weit ausgedehnt wie nie zuvor. Die gesamte Mongolei und große Teile des islamischen Turkestan, das heutige Xinjiang (Sinkiang), waren dem Imperium einverleibt worden; Tibet war ein etwas lokkerer kontrolliertes Protektorat.[38] Das sino-mandschurische Imperium sollte seinen Nachfolgern damit ein schwieriges Erbe überlassen: das eines Vielvölkerstaates.

... und sein Ende

Es fällt schwer sich vorzustellen, das alte agrarische Imperium, das kaiserliche China des höfischen Pomps, der »Mandarine« und Eunuchen hätte bis in die Gegenwart überlebt. Was verwundert und erklärungsbedürftig ist, ist daher vielleicht weniger die Tatsache, daß es 1911 von der historischen Bühne verschwand, als der Umstand, daß es sich überhaupt so lange halten konnte. Denn die vergleichbaren vormodernen Monarchien der asiatischen frühen Neuzeit – die Staatsgebilde der Mogule in Indien, der Safawiden-Schahs im Iran oder der Tokugawa-Shogune in Japan – waren zu jener Zeit längst untergegangen; nur die Sultansherrschaft in Istanbul dauerte um wenige Jahre länger.

Noch gegen 1770 war das Qing-Reich außenpolitisch eine Großmacht. Es hatte weder auf das eigene Territorium noch auf den Kranz von Vasallen- oder »Tribut«-Staaten, der es umgab, Angriffe einer dritten Macht zu fürchten. Japan verharrte in selbstgewählter Isolation; die traditionellen innerasiatischen Widersacher, besonders die Mongolen, waren als politischer Faktor endgültig ausgeschaltet worden. Mit dem aufstrebenden Nachbarn im Norden, dem Zarenreich, hatte man zu langfristig stabilen Gleichgewichtsbeziehungen gefunden. Und die in Indien ein eigenes Reich aufbauende Großmacht England stellte einstweilen keine ernsthafte Bedrohung dar. Siebzig Jahre später kapitulierte das Qing-Reich vor britischen Kriegsschiffen und ließ sich die ersten jener »ungleichen Verträge« diktieren, gegen die noch 1925 die Studenten von Shanghai protestierten.

Chinas große Krise des 19. Jahrhunderts hatte viele Ursachen. Wir wissen noch viel zu wenig über die einzelnen Faktoren und vor allem über die Art ihres Zusammenwirkens. Sie ist zunächst eine innere Krise gewesen, die später durch Einwirkung von außen verschärft wurde. Ein geschwächtes Qing-Reich konnte den militärisch unterstrichenen Forderungen Englands (denen sich die USA und Frankreich anschlossen) nach einer teilweisen Öffnung des, wie man hoffte, riesigen chinesischen Marktes, nach der Duldung von Handelsstützpunkten und nach Betätigungsfreiheit für christliche Missionare nicht länger widerstehen.

Wie erklärt sich die Schwächung des Qing-Reiches zu Beginn

des 19. Jahrhunderts? Grob gesagt, trafen eine ökologische Krise, eine Staatskrise und eine Wirtschaftskrise zusammen. Zwischen 1700 und 1800 verdoppelte sich die Bevölkerung Chinas von circa 150 auf circa 300 Millionen Menschen, wuchs also mit einer Rate von knapp einem Prozent pro Jahr.[39] Dieser für eine Agrargesellschaft beträchtliche Zuwachs wurde teils durch eine noch weitere Intensivierung sorgfältigster »gartenbaulicher« Anbaumethoden aufgefangen, teils durch die umfassenden extensiven Siedlungsbewegungen, von denen bereits die Rede war. Die Gewinnung neuen Nutzlandes geschah nun aber durch Raubbau größten Stils.[40] Wälder wurden vernichtet; Brandrodung führte zu Bodenerosion; empfindliche Mikro-Systeme der Wasserregulierung wurden durch private Eindeichungen beeinträchtigt. Die Regierung war nicht nur außerstande, solchen Zerstörungen des ökologischen Gleichgewichts Einhalt zu gebieten. Ihre Finanzschwäche hinderte sie auch daran, sich um den Makro-Wasserbau zu kümmern, der traditionell eine zentralstaatliche Aufgabe war, also die Regulierung der großen Flüsse Yangzi und Huanghe (Gelber Fluß). Auch der Kaiserkanal, der die Hauptstadt und den Unteren Yangzi verband, begann zu verfallen. Die Häufigkeit von Naturkatastrophen, insbesondere von Überschwemmungen, nahm langfristig zu. Es war kein Zufall, daß einige der großen Aufstandsbewegungen, die nach Jahrzehnten innerer Ruhe in den letzten Jahren der Qianlong-Herrschaft ausbrachen, in Zonen besonderer ökologischer Instabilität begannen. Derselbe Zusammenhang sollte sich ein Jahrhundert später beim Aufstand der Yihetuan, der »Boxer«, in der Provinz Shandong erweisen.[41]

Ökologische Kausalitäten, etwa zwischen Abholzungen am Oberlauf des Gelben Flusses und der Anhebung des Flußbettes an seinem Unterlauf, waren einigen Zeitgenossen übrigens durchaus bewußt. Die aufmerksamsten Beobachter des Geschehens, so der vielseitige Gelehrte Wei Yuan (1794–1856), erkannten, daß sich hier eine fundamentale Krise der chinesischen Zivilisation anbahnte. Bereits 1793 hatte Hong Liangji (1746–1809), der »chinesische Malthus«, ein wachsendes Ungleichgewicht zwischen Bevölkerungsvermehrung und Nahrungsmittelversorgung festgestellt.[42] Solche Einsichten blieben aber folgenlos, obwohl durchaus etwas hätte getan werden können: Daß der Erschöpfung lebenswichtiger Ressourcen auch in traditionalen asiatischen Gesellschaften zu begegnen war, zeigt im Vergleich die systematische Aufforstungspolitik im Japan des 18. Jahrhunderts.[43]

Zur Umweltkrise trat, eng mit ihr verbunden, eine Staatskrise. Sie wurde ausgelöst durch die sehr hohen Kosten zuerst von Kaiser Qianlongs zentralasiatischen Feldzügen, dann der Unterdrückung des Aufstandes der Sekte vom Weißen Lotus (1796–1805) und kleinerer Rebellionen. Ad-hoc-Erhöhungen der Steuerlast verstärkten wiederum den Unmut unter der Bevölkerung. Die Krise deckte strukturelle Mängel des Systems auf, vor allem die rasche Verwandlung von klientelaren »Beziehungen« innerhalb der Bürokratie in schieren Nepotismus, die Abhängigkeit der staatlichen Verwaltung vom moralischen Kaliber ihrer Funktionäre und das allgemeine Mißverhältnis zwischen der geringen Zahl der Beamten und der Fülle ihrer Aufgaben.[44] Kurz: Zu Beginn des 19. Jahrhunderts hatte der chinesische Staat in einem Maße wie zuletzt gegen Ende der Ming-Zeit Handlungsfähigkeit und Legitimität eingebüßt. In den dreißiger Jahren des 19. Jahrhunderts kam dann, drittens, eine akute Wirtschaftsdepression hinzu. Sie wurde hauptsächlich durch die Verstärkung der Opiumimporte seitens der East India Company ausgelöst. Da die Einfuhren die chinesischen Exporte (vor allem Tee) an Wert überstiegen, mußte die Differenz durch den Abfluß von Silber aus China ausgeglichen werden. Die Folge war eine ernste deflationäre Krise, die zur Verarmung weiter Bevölkerungskreise besonders im Süden führte. Sie bestärkte maßgebende Männer an der Staatsspitze und unter der Gentry der Küstenprovinzen darin, dem Opiumhandel energisch entgegenzutreten.

China besaß keine Kriegsflotte, sondern nur eine Küstensicherung, die bestenfalls mit größeren Piratenbanden fertig zu werden vermochte. So verwundert es wenig, daß es sich in einem Konflikt, dessen Tragweite sich erst im Nachhinein erweisen sollte, den englischen Kriegsschiffen geschlagen geben mußte. Es kann immer noch nicht mit Gewißheit gesagt werden, warum die chinesische Führung den Opiumkrieg von 1840 bis 1842 nicht als Herausforderung erkannte und warum sie keine kohärente politische Antwort darauf fand. Stattdessen versteifte man sich bald nach Kriegsende auf starren Widerstand, verweigerte die Umsetzung mancher Bestimmungen des Vertrags von Nanjing (1842) und provozierte damit England und Frankreich zu dem katastrophalen »Zweiten Opiumkrieg« (1858–1860), in dessen Folge das System der ausländischen Privilegien erheblich ausgebaut wurde. Nach 1861 fiel die Qing-Außenpolitk dann in das andere Extrem einer ausgesprochen konzilianten Politik, die den Westmächten vermutlich mehr Zugeständnisse machte, als es notwendig gewesen wäre.

Für die Unstetigkeit der chinesischen Reaktion auf die frühe westliche Herausforderung lassen sich eine Reihe von Gründen angeben: ein zäh fortexistierendes »sinozentrisches« Weltbild, das die Illusion förderte, man könne gegenüber den Europäern traditionelle Methoden der Beschwichtigung aggressiver Barbaren anwenden; eine generelle Vernachlässigung der Küstenverteidigung gegenüber der Sicherheit der innerasiatischen Grenzen; die Konzentration der Aufmerksamkeit der Pekinger Politik auf die Taiping-Rebellion, die viel gefährlicher zu sein schien (und es zunächst auch war) als die europäischen Kriegsschiffe; schließlich auch – als Aspekt der umfassenden Staatskrise – Chaos und Entscheidungslähmung innerhalb eines überlasteten politischen Systems, in dem es keine starke kaiserliche Hand mehr gab und Bürokraten-Cliquen um Macht und Einfluß kämpften.[45]

Welche andere Antwort, wenn man einmal »kontrafaktische« Gedankenspiele betreibt, auf die westliche Invasion hätte sich aber denken lassen? Ein früheres Entgegenkommen hätte vielleicht den »Zweiten Opiumkrieg« vermieden. China wären dann womöglich manche der späteren Einschränkungen seiner Souveränität erspart geblieben. Aber hätte es den schwächeren äußeren Druck zu einer inneren Modernisierung nach Art der japanischen »Meiji-Restauration« der Jahre nach 1868 nutzen können? Fast alles spricht dagegen. Die besondere Mischung von Voraussetzungen, die den japanischen Versuch der Selbststärkung und Nationsbildung gelingen ließen, fehlte in China. China war kein kompakter Inselstaat, sondern ein unüberschaubares, ja, nahezu unregierbares Riesenreich. Es besaß eine Staatsverwaltung, die das Imperium horizontal zusammenhielt, die aber nicht, wie die

Administration der japanischen Fürstentümer, vertikal tief in die Gesellschaft eindrang; Japan hatte daher am Vorabend seines Modernisierungsaufbruchs einen bei weitem handlungsfähigeren Staatsapparat. In Japan stand eine Gegenelite mit eigener regionaler Basis – die Samurai der südlichen Fürstentümer – bereit, um die Führung der Nation zu übernehmen. Eine solche Gegenelite gab es im Lande des bürokratischen Politikmonopols nicht. Von nörgelnden Beamtencliquen konnte keine quasi-revolutionäre Erneuerung ausgehen. Es mangelte auch an einem allgemein akzeptierten Symbol, das einer neuen Politik die Aura der Legitimität hätte verleihen können. In Japan hatte die tüchtige Tokugawa-Dynastie um 1600 die zentrale Staatsmacht auf Kosten des Kaisertums usurpiert, das sie an den Rand gedrängt hatte. Die Reformer brauchten nur den Kaiser zu aktivieren und sich das Recht zu nehmen, in seinem Namen Politik zu machen. Kurzum: Das japanische Modell war in China strukturell nicht wiederholbar. Daß es nicht zu einer chinesischen Meiji-Restauration kam, wie oft beklagt wird, lag nicht (nur) am bösen Willen oder der »konfuzianischen« Borniertheit der chinesischen Elite. Es fehlten dazu nahezu alle Voraussetzungen.

Es sah in den fünfziger Jahren des 19. Jahrhunderts vorübergehend so aus, als würde der großen Volksbewegung, die das utopische Ziel eines *taiping tianguo*, eines »Himmlischen Reichs des ewigen Friedens«, anstrebte, die Erneuerung Chinas gelingen.[46] Die Bewegung entstand im turbulenten Tiefen Südosten aus einer Gemengelage, in der zu der dreifachen Krise des frühen 19. Jahrhunderts noch ein weiterer Faktor trat: die Anregung durch protestantische Missionsliteratur, wie sie von Kanton und Hongkong aus in Südchina verbreitet wurde. Sie löste bei Hong Xiuquan (1813–1864), dem charismatischen Gründer der Taiping-Bewegung, eine religiös-prophetische Inspiration aus, die er bald in einen politischen Auftrag zum Sturz der Qing-Dynastie umdeutete. In manchem eine Fortführung der alten Tradition von Bauernaufständen, ging die Taiping-Bewegung in ihrem Programm weit darüber hinaus. Dieses war eine Verbindung von christlichem Egalitarismus, chinesischem Messianismus und einem sich hier erstmals artikulierenden Anti-Mandschu-Nationalismus, der über die Loyalität zur 1644 gestürzten Ming-Dynastie hinausführte. Die Taiping-Bewegung kam nicht dazu, dieses Programm landesweit zu verwirklichen, und niemand kann sagen, ob daraus im dritten Quartal des 19. Jahrhunderts ein modernes China entstanden wäre, wie es einer der »Premierminister« der Taiping, Hong Ren'gan (1822–1864) skizzierte,[47] oder vielleicht eher ein früher archaischer Totalitarismus, wie ihn das Projekt eines autoritären Agrarsozialismus ahnen läßt. Nachdem die Taiping im ersten Schwung ihrer Expedition nach Norden die Qing-Dynastie an den Rand des militärischen Zusammenbruchs zu treiben schienen, wurde der Vorstoß ihrer Riesenheere schon 1854/55 am Unteren Yangzi gebremst. Im Zuge einer Rebellenunterdrückung, die dem Wüten der Aufständischen an Gewalttätigkeit und Sorglosigkeit gegenüber Menschenleben nicht nachstand, wurden fast alle Spuren der Taiping-Gegenkultur vernichtet. Was blieb, waren gigantische demographische Verluste und materielle Verwüstungen, von denen sich manche der besonders hart betroffenen Städte und Landschaften nur langsam – und einige nie mehr – erholten. Die Provinz Anhui zum Beispiel zählte um 1850 etwa 37 Millionen Einwohner. Noch 1892 waren es nicht mehr als 20,6 Millionen und 1949 wurden erst wieder 27,8 Millionen erreicht.[48] Zu den Folgen der Taiping-Rebellion gehörten die Auslöschung beträchtlicher Teile der Oberschicht vor allem in den Provinzen am unteren Yangzi sowie der Aufstieg von Shanghai, das in jener Zeit zum Ziel zahlreicher Flüchtlinge wurde.[49]

In der Abwehr der Taiping und anderer großer Aufstandsbewegungen, die nach der Jahrhundertmitte vor allem im Südwesten, im Nordwesten und im nördlichen Zentralchina ausbrachen, raffte sich das sino-mandschurische Ancien Régime zu einem großen Kraftakt auf. Nicht nur der Zentralstaat war an der Vernichtung der Rebellen beteiligt. Es handelte sich im Grunde um Bürgerkriege, die auf beiden Seiten mit ungewöhnlicher Härte und ideologischer Erbitterung geführt wurden. Auf loyalistischer Seite engagierten sich große Teile der Gentry in den betroffenen Provinzen. Sie stellten Milizen auf beziehungsweise erweiterten die Schutzverbände, die sie zuvor bereits im Kampf gegen das ausufernde Banditenwesen geschaffen hatten. Aus einigen dieser Milizen entstanden bald regionale Armeen, wie es sie bis dahin in der Qing-Zeit nicht gegeben hatte. Eine Folge der Taiping-Periode war daher die außerordentliche Militarisierung der chinesischen Gesellschaft, vor allem auf dem Lande.[50] Die regionalen Armeen unterstanden dem Befehl jener hohen Provinzmachthaber, die sie ins Leben gerufen und die für ihre Finanzierung gesorgt hatten; der Hof in Peking übte nur eine indirekte Kontrolle über sie aus.

Ohne Frage läßt sich die um 1916 beginnende Aufsplitterung Chinas in die quasi-autonomen militärischen Gebietsherrschaften der »warlords« in mancher Hinsicht auf den militärischen »Regionalismus« des mittleren 19. Jahrhunderts zurückführen. Dieser Gesichtspunkt sollte jedoch nicht übertrieben werden: Kein einziger der neuen Militärführer strebte langfristig nach dem Aufbau einer eigenen territorialen Machtbasis; keiner kündigte der Dynastie seine Gefolgschaft auf. Die Rettung des Gesamtstaates unter der Führung des legitimen Kaiserhauses war vielmehr das erklärte Ziel von Taiping-Widersachern und Militärreformern wie Zeng Guofan (1811–1872) und Li Hongzhang (1823–1901). Sie waren sozialkonservative Verteidiger der bestehenden, weiterhin von der Gentry dominierten Gesellschaftsordnung, vertraten eine strenge, hohe ethische Ansprüche stellende konfuzianische Pflichtenlehre, ohne indessen auf die Nutzung moderner westlicher Militärtechnologie zu verzichten.

Zwischen der dynastischen Zentrale in Peking und den militärisch und – durch neue indirekte Steuern – auch finanziell gestärkten Provinzführern, die allesamt hohe Ränge im Beamtenapparat bekleideten, wurde einstweilen kein Nullsummen-Spiel gespielt. *Beide* vermochten in der Ära der »Restauration« (*zhongxin*), die auf die Zeit der Wirren folgte und die eher als eine Periode vorsichtiger Reform zu bezeichnen wäre, ihre Positionen zu stärken. Hatten die Theoretiker und Praktiker der Restauration wenig Sinn für eine Reform innergesellschaftlicher Mißstände, so waren sie doch aufmerksamer als die Generation vor ihnen für die Bedrohung von außen. Gegenüber dem expandierenden Zarenreich konnte man sich militärisch erstaunlich gut behaupten; die Gebietszugewinne in Innerasien, welche die Qing-Kaiser des 18. Jahrhunderts erreicht hatten, wurden verteidigt. Den westlichen Seemächten kam man durch Zugeständnisse im Zeichen einer Kooperationspolitik entgegen. Gleichzeitig begann man mit Maßnahmen der »Selbststärkung« (*ziqiang*), zu denen unter anderem der Aufbau einer einheimischen Werft- und Rüstungsindustrie unter staatlicher Ägide gehörte – die erste Phase der Industrialisierung Chinas. Wie gleichzeitig in Japan, folgte man der Devise, »den Staat zu bereichern und die Armee zu stärken«. Langsam – viel langsamer als in Japan – griff die Erkenntnis um sich, daß man in dieser Hinsicht vom Westen etwas lernen könne.

Die Bemühungen während dieser ersten Phase staatlich gelenkter Modernisierung waren nicht unbeachtlich.[51] Daß sie jedoch nicht ausreichten, zeigte sich in den militärischen Niederlagen des Reiches 1885 gegen Frankreich und besonders 1895 gegen Japan. Die Niederlage gegen den bis dahin nie ganz ernst genommenen Nachbarn war besonders schmerzhaft, zeigte sie doch, daß China nicht nur in der Welt, sondern sogar in Ostasien seine Stellung als hegemoniales Zentrum zu verlieren begann. In beiden Kriegen erwies es sich als fatal, daß China über keine schlagkräftige Kriegsmarine verfügte. Die Selbststärkung, zu der auch die Anfänge des Eisenbahnbaus und der Dampfschiffahrt, des mechanisierten Bergbaus und des Telegraphenwesens gehörten, scheiterte aus einer Vielzahl von Gründen. Dazu gehören die schwache Finanzbasis der Modernisierung, der Mangel an privatwirtschaftlichem Engagement und vor allem das Unkoordinierte und Unstetige der regionalen Bemühungen. Die frühen Ansätze zu offizieller Modernisierung hingen gewissermaßen in der Luft: ohne Grundlagen in der »Gesellschaft« und ohne konzentrierende Lenkung durch den Zentralstaat.

Druck von Seiten der ausländischen Mächte bremste in der Zeit zwischen etwa 1860 und 1895 die chinesische Modernisierung kaum; europäische Waffenschmieden wie Krupp machten gute Geschäfte mit der Ausstattung chinesischer Arsenale. Die ausländische Präsenz in China während dieser Jahrzehnte hatte drei langsam wirkende, weniger dramatische Konsequenzen. Erstens entwickelte sich in der Hafenkolonie Hongkong, im International Settlement und der Französischen Konzession zu Shanghai sowie in den ausländischen Enklaven einiger anderer chinesischer Großstädte (vor allem Tianjin im Norden und Hankou am mittleren Yangzi) ein gemischt sino-ausländischer Handelskapitalismus, der mit stetig wachsendem Außenhandel an Bedeutung gewann. Hongkong und die großen Treaty Ports wurden zu Wachstumspolen und Schauplätzen einer neuartigen maritimen Zivilisation: einem, wie man anschaulich gesagt hat, weltoffenen »blauen« China, das in einen zunehmenden Gegensatz zum »gelben« China des Binnenlandes, der Hauptstadt und der dort vorherrschenden Orthodoxie geriet.[52]

Zweitens hatte die kommerzielle Durchdringung Chinas, die bis zum Ende des Jahrhunderts weithin auf die genannten wenigen Stützpunkte beschränkt blieb, weit ins Landesinnere ausstrahlende *indirekte* Wirkungen. Die Expansion des Außenhandels und die Anfänge von Dampfschiffahrt und Eisenbahnverkehr trugen dazu bei, die Kommerzialisierung großer Regionen, die bereits im 18. Jahrhundert Fortschritte gemacht hatte, weiter zu intensivieren. Träger dieses Prozesses waren nicht die Ausländer, sondern chinesische Kaufleute und andere Mitglieder der »lokalen Eliten«, die die neuen Chancen einfallsreich nutzten.

Drittens schließlich trat nun ein Faktor auf, der zu dieser Zeit von allen Aspekten der fremden Präsenz am meisten Unruhe stiftete: die katholischen und protestantischen Missionare. Anders als die Kaufleute besaßen sie das vertraglich verbriefte Recht der Betätigung, einschließlich des Landerwerbs, auch jenseits der ausländischen Enklaven. Viele Missionare dieser Epoche gingen hochmütig, aggressiv und verständnislos gegen das »Heidentum« der Chinesen vor. Sie spalteten Dörfer, indem sie bekehrte Minderheiten unter ihren »Schutz« stellten und Privilegien für sie verlangten. Und sie provozierten, willentlich oder unbeabsichtigt, Hunderte von »Missionszwischenfällen«, die unweigerlich den Ruf nach Repressalien gegen die einheimischen Übeltäter nach sich zogen.[53] Einzelne Missionare erwarben sich große Verdienste um medizinische Versorgung, Hungerhilfe, Erziehungsreform und die kulturelle Begegnung zwischen Ost und West. Insgesamt jedoch war die Mission eine besonders verletzende Speerspitze der ausländischen Invasion des chinesischen Reiches.

Die Niederlage im Krieg von 1894/95 gegen das bis dahin mit Herablassung betrachtete Japan, der primär um die Oberhoheit im alten chinesischen Tributstaat Korea geführt wurde, läutete die letzte Phase in der Geschichte des chinesischen Ancien Régime ein. Man hat den Eindruck einer rasanten Beschleunigung der Geschichte. Jetzt überstürzten sich Ereignisse und Entwicklungen. Der Imperialismus, bis 1895 noch eingedämmt, brach nun mit den bereits in anderen Weltgegenden praktizierten Methoden über China herein: mit erzwungenen kolonialen Gebietsabtretungen, auferlegten Anleihen zu ungünstigen Konditionen, der teilweisen Übernahme der Kontrolle über einheimische Staatsbehörden, dem Übergang zur ausländischen Industrieproduktion im Lande selbst und der Öffnung der Binnenmärkte für die direkte Penetration durch multinationale Konzerne (zum Beispiel im Petroleum- und Zigarettenhandel). Trotz zahlreicher diplomatischer Reibereien zwischen den Großmächten war man sich im Prinzip über die gemeinschaftliche Kontrolle und Ausbeutung Chinas einig.

Der Aufstand der Yihetuan (»Boxer«) von 1899/1900 verstärkte noch die Solidarität der Mächte. Da sich der Kaiserhof mit den fremdenfeindlichen Aktivitäten der Boxer solidarisiert hatte (die Vertreter des Selbststärkungsprogramms unter den Provinzgouverneuren hielten sich in vorsichtiger Distanz zu den nordchinesischen Exzessen), wurde der chinesische Zentralstaat 1901 mit einem Paket schwerster Strafmaßnahmen belastet, darunter einer langfristig gestaffelten Sühnezahlung von ruinöser Höhe. Die Boxer-Katastrophe hatte nicht nur die finanzielle Überforderung der Dynastie zur Folge, sondern auch ihre nicht mehr heilbare symbolische Demütigung: Europäische Soldaten waren nach dem Entsatz des Gesandtschaftsviertels im Spätsommer 1900 plündernd in die innersten Gemächer der Verbotenen Stadt, des Kaiserpalastes, vorgedrungen. Eine unvorstellbare Entweihung!

Nach dem Boxerfiasko leitete die Dynastie einige jener Reformen ein, von deren Notwendigkeit schon 1898 eine Gruppe besorgter Gelehrter um Kang Youwei (1858–1927) und Liang Qichao den schwachen Kaiser überzeugen konnte, deren Verwirklichung aber am Widerstand der Bürokratie und schließlich an einem Putsch konservativer Hofkreise gescheitert war. Diese »Neue Politik« (*xinzheng*) im ersten Jahrzehnt des 20. Jahrhunderts, von der noch verschiedentlich die Rede sein wird, ging viel weiter als die »Selbststärkung«; sie enthielt Elemente genuiner und gut durchdachter Modernisierung nach japanischem Vorbild. Doch sie kam zu spät. Die Qing-Dynastie, seit der faktischen Machtübernahme im Jahre 1861 durch die »Kaiserinwitwe« Cixi ohnehin nicht länger von lupenreiner Legitimität, hatte wegen ihrer Unfähigkeit, der Herausforderung durch den Westen erfolgreich zu begegnen, schon seit dem Opiumkrieg einen schleichenden Verlust ihres Ansehens in der Bevölkerung und vor allem unter der sozialen und kulturellen Elite hinnehmen müssen. Die Ereignisse von 1895 und 1900 diskreditierten das mandschurische Herrscherhaus dann unwiderruflich. Die lokalen Eliten außerhalb der Hauptstadt zögerten nun nicht länger, immer größere Bereiche des öffentlichen Lebens in den Provinzen in die eigene Hand zu nehmen und – ein bis dahin unerhörtes Sakrileg! – den Hof mit Forderungen nach politischer Mitwirkung zu konfrontieren; das Politikmonopol von Thron und Bürokratie wurde erstmals von großen Gruppen aus der Elite selbst offen in Frage gestellt. Die »Neue Politik« des Hofes machte einerseits manche Zugeständnisse in dieser Richtung, schürte andererseits aber durch Pläne zur Stärkung der Zentralregierung auf Kosten der Provinzen neuen Unmut unter Gentry und Kaufleuten in den Provinzstädten. Schließlich trug sie, wie man es auch bei anderen Revolutionen beobachten kann, durch die reformerische Begünstigung neuer Kräfte zur Destabilisierung ihres eigenen Herrschaftssystems bei. So wurden zum Beispiel in einem neuen Schub der Militärreform moderne Armeen geschaffen, die aber keinen Grund sahen, der Dynastie dafür mit ihrer Unterstützung zu danken. Da dem chinesischen Kaiser traditionell zwar Loyalität, aber keine religiös begründete, hingebungsvolle Verehrung entgegengebracht wurde, wie sie etwa der russische Zar genoß, fand die Monarchie auch kaum Verteidiger im einfachen Volk. Die Geheimgesellschaften Zentralchinas, die nicht in erster Linie »anti-feudale« Bauernbünde, sondern »städtische Organisationen des Lumpenproletariats« waren[54], wurden sogar mancherorts zu einem wichtigen Bündnispartner sowohl radikaler Anti-Mandschu-Aktivisten als auch der gemäßigteren Lokalelite.

Das Ende der Mandschu-Herrschaft kam dann in den letzten Monaten des Jahres 1911 auf eher undramatische Weise. Die Revolution geschah in der Form eines sukzessiven Abfalls der Provinzen, besonders in den wirtschaftlich weit entwickelten zentralen und südlichen Landesteilen, und ihrer militärischen und zivilen Führer.[55] Mit der Dynastie endete zugleich das politische System, das sie von ihren Vorgängern ererbt und als letzte – im 18. Jahrhundert mit großem Glanz – vertreten hatte. Was aber sollte an seine Stelle treten? Darüber war sich die keineswegs homogene politische Klasse Chinas alles andere als einig. Reformwillige Intellektuelle, Militärführer, ehemalige hohe Beamte, die Wortführer von Gentry und Kaufleuten, aus dem Exil heimeilende Revolutionäre: Sie alle hatten jeweils unterschiedliche Ansichten von der Zukunft Chinas. Vor allem stellte sich von nun an die Alternative: neue Stärkung einer autoritären Staatsmacht oder Herausbildung einer politischen Ordnung auf der Basis des Staatsbürgergedankens?

Wie sich bald zeigen sollte, bedeutet das Jahre 1911 zwar das Ende des Ancien Régime, nicht aber einen konstruktiven und dauerhaften Neubeginn. Politisch trat China in ein Zeitalter der Wirren ein, aus denen sich erst allmählich die Muster der Revolution herauskristallisieren sollten. Nach dem *weiten* Revolutionsbegriff Liang Qichaos hatte die Revolution jedoch längst begonnen. Prozesse des gesellschaftlichen Wandels, die den Systemwechsel von 1911 / 12 maßgeblich angestoßen hatten, setzten sich danach fort. Die Brüche im politischen Geschehen wurden begleitet vom stilleren Voranschreiten gesellschaftlicher Modernisierung. Deren wichtigste Schauplätze waren vorerst die Städte.

Kapitel 2

Städtische Milieus im Prozeß beginnender Modernisierung

Die chinesische Revolution war in ihrer ersten Phase, die bis zum Ende der zwanziger Jahre dauerte, vorwiegend eine Sache der Städte. Dies festzustellen mag trivial erscheinen, ruft das Wort »Revolution« doch unweigerlich Bilder metropolitaner Dramatik hervor: die Enthauptung Charles' I. am 30. Januar 1649 vor der Banqueting Hall in London, den Sturm auf die Bastille oder die Massendemonstrationen gegen den Schah im Teheran des Jahres 1978. Das Land schien in solchen Fällen bestenfalls die Hilfstruppen für den städtischen Umsturz zu stellen, sich, wie im Vendée-Aufstand von 1793, konterrevolutionär gegen den Fortschritt der Geschichte zu stemmen oder, wie im russischen Bürgerkrieg 1918, als Ausbeutungsgebiet für die hungernden Städter zu dienen.

In China spielte das Land eine ungleich größere und aktivere Rolle – freilich nur in bestimmten Perioden. China war eines der klassischen Länder der bäuerlichen Revolte. Noch die Erhebungen um 1800 waren im Kern Bauernkriege gewesen. Bei den Taiping verhielt sich dies schon etwas anders. Ihre Anhängerschaft und erst recht ihre Führungsgruppen rekrutierten sich aus einem breiten Querschnitt der chinesischen Bevölkerung, und es fällt auf, daß sich die Bewegung in den Städten Süd- und Zentralchinas früher festsetzen und länger halten konnte als auf dem Lande. Genau umgekehrt wie in den Jahren 1945 bis 1949, als die Kommunisten vom Lande aus die großen Städte einkreisten und eine nach der anderen eroberten, verloren die Taiping erst ihre Kontrolle über das dörfliche China, bevor sie sich ihren Gegnern in den letzten städtischen Refugien, so im Juli 1864 in der Taiping-Hauptstadt Nanjing, geschlagen geben mußten.

Den Kommunisten blieb keine Alternative zu einer Strategie der Machteroberung vom Lande aus, nachdem sie 1927 von

Chiang Kai-shek und seinen Bundesgenossen unter den Warlords aus den großen Städten blutig vertrieben worden waren. Die Jahre zwischen 1928 und 1945 wurden daher zur großen Zeit des Aufbaus einer revolutionären Gegenmacht in ländlichen Regionen Chinas, die von den großen urbanen Zentren weit entfernt waren. In der Phase zwischen den ersten Regungen der modernen Revolution um 1895 und dem Sieg der anti-kommunistischen Kräfte in Shanghai und andernorts im Jahre 1927 ging jedoch fast alle politische Dynamik von den Städten aus. Nach dem Boxer-Fiasko spielten, von einigen Episoden regional begrenzten Sozialbanditentums abgesehen[1], die Bauern für mehr als ein Vierteljahrhundert keine tragende Rolle auf der Bühne der chinesischen Politik. In den großen Städten – nicht nur in Shanghai, Peking und Tianjin, sondern auch in mehreren Provinzhauptstädten – sammelte sich die zunehmend der Dynastie entfremdete Gentry-Kaufmanns-Elite. Dort betätigten sich die mit ihr vielfältig verbundenen Journalisten und Pamphletisten, die in einer nun entstehenden Öffentlichkeit zunehmend patriotisch-kritische, wenngleich noch nicht revolutionäre Töne anschlugen.[2] Und es war auch in Städten, wo sich die radikalsten politischen Organisationen der Epoche bildeten.

Die wichtigsten dieser Städte lagen jenseits der Grenzen des chinesischen Reiches: Hongkong und Tokio. Beide Orte müssen auf einer Landkarte der chinesischen Revolution in der Zeit zwischen etwa 1895 und 1911 kräftig markiert werden, denn hier organisierte Sun Yat-sen kleine radikale Gruppen zum Angriff auf die Qing-Dynastie. Sun Yat-sen (1866–1925) wird in der Volksrepublik China als Führer der ersten, der »bürgerlichen« Revolution und auf Taiwan als Gründer der langjährigen Staatspartei (der GMD) und als *pater patriae* verehrt. Hier wie dort schreibt man dieser mythisierten Figur immer noch eine Führungsrolle während der Revolution von 1911 zu, die sich bei nüchterner Betrachtung der historischen Wirklichkeit nicht erkennen läßt. Als am 10. Oktober 1911 mit einem Aufstand in der mittelchinesischen Stadt Wuchang (mit ihren Nachbarstädten Hankou und Hanyang Teil der Tripel-Agglomeration Wuhan) die »heiße« Phase der Revolution begann, hielt sich Sun Yat-sen zum Zwecke der Mitteleinwerbung unter US-Chinesen in Denver (Colorado) auf, wo ihn die Nachrichten aus seiner Heimat überraschten. Er eilte über Europa nach Hause und wurde am 29. Dezember von der Versammlung der Provinzialdelegierten in Nanjing zum ersten Präsidenten der Chinesischen Republik gewählt, ein Amt, das er, der über keine eigene Machtbasis verfügte, nur sechs Wochen lang und ohne tiefer reichende Wirkungen ausübte. Sun war also keineswegs ein erfolgreicher revolutionärer Führer in der Art eines Lenin oder Kemal Atatürk. Seine große historische Stunde sollte erst in seinen beiden letzten Lebensjahren kommen, als er den chinesischen Nationalismus mit der bolschewistischen Weltrevolution verband.

Dennoch darf Sun Yat-sens Bedeutung vor 1911 nicht unterschätzt werden. Er war der erste chinesische Berufsrevolutionär. Früher und entschiedener als alle anderen seiner Generation kam er zu der Auffassung, die Beseitigung der Mandschu-Dynastie mit notfalls gewaltsamen Mitteln sei die Voraussetzung für die Lösung der Probleme Chinas. Er bewies ein beispielloses taktisches Geschick im Schmieden von Allianzen zwischen völlig unterschiedlichen und bis dahin unverbundenen Kräften: Offizieren der Neuen Armee und radikalen Intellektuellen im Exil, auslandschinesischen Millionären und quasi-kriminellen Geheimgesellschaften, japanischen Agenten und chinesischen Gelehrten.[3] Ebenso wurde er zum eloquenten und unermüdlichen Propagandisten für ein neues China, der sich in Europa ebenso wie in den USA und Japan Gehör zu verschaffen verstand. Dazu befähigten ihn, den Bauernsohn aus dem Hinterland von Macau, seine Ausbildung bei englischen Missionaren und sein gelernter Beruf als Arzt, der mit westlicher Medizin und Wissenschaft vertraut war. Seit seiner spektakulären Befreiung 1896 aus der chinesischen Gesandtschaft in London, in die ihn Qing-Agenten heimtückisch verschleppt hatten, war er in der westlichen Öffentlichkeit wohlbekannt.

Die frühe revolutionäre Bewegung, die Sun Yat-sen eher symbolisierte als tatsächlich führte, entstand dort, wo die Repressionsorgane des Qing-Staates keinen direkten Zugriff hatten: in Hongkong. Die britischen Kolonialbehörden waren zwar prinzipiell um gute Nachbarschaft mit jeder chinesischen Regierung bemüht, ließen aber unter zumindest minimal rechtsstaatlichen

Bedingungen Raum für die Gründung politischer Vereinigungen. Daher konnte Sun seine erste Organisation 1895 in der Kronkolonie etablieren; er kehrte später immer wieder dorthin zurück.[4] Noch wichtiger als städtische Basen der chinesischen Revolution wurden Tokio und Yokohama. Sun Yat-sen traf im August 1897 in Japan ein und lebte dort mit längeren Unterbrechungen bis 1907. Nach Japan strömten in diesen Jahren, vor allem nach 1902, Tausende von Chinesen: manche unter ihnen politische Flüchtlinge, die meisten auf der Suche nach einer modernen Ausbildung, wie man sie damals in China selbst noch nicht und in Europa oder Amerika nur unter sehr hohen Kosten und interkulturellen Strapazen erhalten konnte.[5] In diesem politisch radikalen und sozial mobilen Emigrantenmilieu und begünstigt durch einflußreiche japanische Kräfte gründete Sun Yat-sen im August 1905 den Schwurbund (*Tongmenghui*), die erste politische Organisation unter Chinesen, die sich zu revolutionären Zielen und einer politischen Zuständigkeit für ganz China bekannte. Im Tongmenghui fanden sozial recht heterogene Elemente zusammen: die feurig theoretisierenden jungen Abkömmlinge chinesischer Gentry-Familien und Dr. Sun, der in der klassischen Schriftkultur wenig gebildete, seinem ganzen Habitus nach pragmatische Zögling des englischen Missionsschulwesens. Im Tokio und Yokohama des frühen 20. Jahrhunderts wurden in diesen Zirkeln die Grundideen des chinesischen Nationalismus und Republikanismus erdacht. Das städtische Ambiente, in dem Sun Yat-sens Bewegung auch über die japanischen Jahre hinaus verharrte und das sie geistig wie politisch im Grunde niemals verließ, schien jedoch zu verhindern, daß man die Probleme des bäuerlichen China in ihrer ganzen Tragweite erkannte. Der Tongmenghui war keine »bürgerliche« Partei in dem sozialgeschichtlichen Sinne, in welchem man den 1885 gegründeten indischen Nationalkongreß vielleicht so nennen darf. Die Probleme, die seine Theoretiker ansprachen, und die Lösungen, die sie anboten, standen aber keiner sozialen Schicht in China näher als der Bourgeoisie, die sich während dieser Jahre in den großen Städten zu formieren begann.

Bourgeoisie und wirtschaftliche Entwicklung

Die Unterscheidung zwischen Stadt und Land ist im Falle Chinas in ganz besonderem Maße eine Hilfskonstruktion. Trotz seines nach den Maßstäben vormoderner Gesellschaften hohen Urbanisierungsgrades war China bis zum 18. Jahrhundert, anders als etwa der islamische Orient, keine von den Städten dominierte Zivilisation. Allein schon in den Siedlungsformen war der Übergang zwischen der Stadt und ihrem Umland fließend. Die typische chinesische Stadt fungierte als Sitz eines Kreisbeamten oder höherer staatlicher Organe. Sie war in erster Linie ein administratives Zentrum. Handelsfunktionen konzentrierten sich nicht in wenigen Knotenpunkten, sondern verteilten sich über eine fein differenzierte Hierarchie von Netzen »zentraler Orte«, die bis hinab zu den kleinen Städtchen reichte, in denen ein periodischer Markt stattfand; kaum ein Bauernhaushalt war im 18. Jahrhundert weiter als einen mehrstündigen Marsch von einem solchen Marktort entfernt. In der chinesischen Frühen Neuzeit wurden die großen Städte nicht in dem Maße zu Impulsgebern wirtschaftlicher Entwicklung, wie dies in Europa der Fall war. Sie wuchsen mit etwa derselben Rate wie die Bevölkerung, während gleichzeitig die Bevölkerung von London, Moskau oder Edo / Tokio viel schneller als die der restlichen Nation zunahm. Die chinesischen Städte wirkten nur schwach als wirtschaftliche Magneten für die Landbevölkerung der Umgebung.[6] Die dynamischsten Bereiche der nichtagrarischen Ökonomie lagen vielfach außerhalb der großen Städte: zum Beispiel die Porzellanfabrikation von Jingdezhen in der Provinz Jiangxi, die hausgewerbliche Herstellung von exportfähigen Baumwollgütern in Provinzen wie Jiangsu und Zhejiang oder der Bergbau von Yunnan. Schließlich fehlte der Gegensatz zwischen Landadel und Stadtbürgertum, wie er etwa für das vorrevolutionäre Frankreich charakteristisch war. Die chinesische Gentry war auf dem Lande wie in der Stadt die maßgebende Gesellschaftsschicht. Sie ging in den Städten Geschäften, Vergnügungen und Amtstätigkeiten nach, bewahrte aber ihr Lebensideal des kultivierten Landedelmannes und suchte es in die Tat umzusetzen, sobald sich die Gelegenheit dazu ergab.

In dieses Muster stadt-ländlicher Aufgabenverteilung kam im 19. Jahrhundert große Bewegung. Wie bei so vielen Erscheinungen in China nach dem Opiumkrieg trafen dabei innere und von außen kommende Impulse zusammen. Zur Verdichtung und Vermehrung des Binnenhandels, der durch Bevölkerungswachstum und inneren Frieden der »hohen« Qing-Zeit stimuliert worden war, traten die neuen Möglichkeiten hinzu, die sich aus der Öffnung Chinas für einen freien, nicht länger durch die Bürokratie kontrollierten Außenhandel ergaben. Das neue Handelsregime hatten sich die Ausländer auf ihre eigenen Interessen hin zugeschneidert. Es zeigte sich aber bald, daß trotz der erzwungenen Abschaffung chinesischer Importzölle und trotz der schrittweisen Zulassung fremder Handelsaktivitäten in einer wachsenden Zahl chinesischer Städte von einer Eroberung des chinesischen Marktes durch ausländische Kaufleute (die nie aufhörten, davon zu träumen) durchaus nicht die Rede sein konnte. Leistungsfähige einheimische Kaufmannsorganisationen behielten den Binnenhandel, auch den mit Importgütern, überwiegend in den eigenen Händen und machten sich Neuerungen wie die Dampfschiffahrt rasch zunutze.[7]

Davon profitierten vor allem Städte vom Typ der *chen*, das heißt nicht-administrative Handelszentren, die nun, in einiger Distanz zu einer manchmal, aber keineswegs immer kommerzfeindlichen Bürokratie ihre interregionalen Fernkontakte ausbauen konnte. Das vielleicht beste Beispiel dafür ist die Großstadt Hankou am mittleren Yangzi, der wichtigste Umschlagplatz für ganz Zentralchina. In den aufstrebenden *chen* kam es trotz der Ausweitung proto-industrieller Hausproduktion in den Vorstädten, zu keinem autonomen Durchbruch zur Industrialisierung. Bemerkenswert war vielmehr im 19. Jahrhundert die Perfektionierung eines ungemein effizienten *Handels*kapitalismus. Dessen treibende Kräfte waren nicht wenige überragende »merchant princes«, wie man sie aus Europa oder Indien kennt, sondern eine große Zahl mittlerer Firmen, die oft über familiale und landsmannschaftliche Kontakte in ganz China verfügten.[8] Aus ihnen entstand jene zunehmend selbstbewußte Kaufmannschaft, die sich sozial und kulturell einer immer mehr in die Städte strebenden Gentry annäherte und mit ihr am Ende des

Jahrhunderts die neue Schicht der »Gentry-Kaufleute« gebildet hatte. Diese knüpfte auf der einen Seite an die paternalistische Sorge der klassischen Gentry für die Wohlfahrt der nicht-privilegierten Gesellschaftsgruppen an und bemühte sich daher dort um Philanthropie und öffentliche Einrichtungen, wo der Staat nicht tätig wurde[9]; andererseits war sie eine Vorläuferin der Bourgeoisie des frühen 20. Jahrhunderts.

War die Entwicklung Hankous, das 1862 als Treaty Port für ausländische Kaufleute zugänglich wurde, bis in die neunziger Jahre des 19. Jahrhunderts hinein überwiegend aus innerchinesischen Quellen gespeist[10], so machte sich die ausländische Präsenz in den großen Küstenzentren Shanghai, Kanton und Tianjin viel früher und unmittelbarer bemerkbar – von Hongkong ganz zu schweigen, das eine Schöpfung der britischen Imperialmacht war. Auch in diesen wichtigsten aller Treaty Ports zeigte sich der allgemeinchinesische Prozeß der Urbanisierung der Gentry und des Aufstiegs der Kaufmannschaft zu gesellschaftlicher Respektabilität und Mitbeteiligung an solchen subbürokratischen Aufgaben, die vordem ein Monopol der Titel tragenden, agrarisch fundierten Elite gewesen waren.[11] Die Kaufmannschaft an der Küste trug aber dadurch eine besondere Note, daß in ihr Kompradore eine größere Rolle spielten als im Binnenland. Kompradore (*maiban*) waren die engsten Partner der ausländischen Firmen, von denen sich die meisten über die Küstenstädte hinaus nicht direkt im Binnenland engagierten und daher für nahezu alle Kontakte mit der einheimischen wirtschaftlichen Umwelt auf chinesische Vermittler angewiesen waren. Der Komprador stellte diese Geschäftsverbindungen her, wickelte den Waren- und Zahlungsverkehr ab und bürgte für die Bonität der chinesischen Lieferanten und Kunden. Er leistete Dolmetscherdienste und überwachte den chinesischen Stab des ausländischen Handelshauses. Obwohl in mancher Hinsicht Werkzeug und Agent des ausländischen Kapitals, war er in der Regel auch ein Kaufmann von eigenem Gewicht, der auf persönliche Rechnung Geschäfte betrieb und nicht auf die Kommission angewiesen war, die ihm sein fremder Meister zahlte.[12] An dieser Schnittstelle von einheimischer Wirtschaft und ausländischen Brückenköpfen konnten große Vermögen verdient werden. Die Kompradoren investierten sie in erheblichem Umfang verdeckt in ausländischen Firmen, so daß sie nicht selten stille Teilhaber oder Gläubiger ihrer Auftraggeber waren.[13] Es wäre dabei übertrieben, von einer deutlich definierbaren Kompradoren-»Klasse« zu sprechen. Angemessener ist es, ein Kompradoren*element* in der einheimischen Elite der maritimen Treaty Ports anzunehmen, das dieser stärker als derjenigen der Binnenstädte eine kulturell westliche oder kosmopolitische Färbung verlieh und damit eine größere Entfernung von den orthodoxen Werten und Einstellungen des agrarischen Imperiums ermöglichte.

Welche sozialgeschichtliche Entwicklung verband die Kaufleute und Kompradore des 19. Jahrhunderts mit jenen Mitgliedern der Allgemeinen Handelskammer zu Shanghai, die nach dem 30. Mai 1925 eine so wichtige politische Rolle spielten? Welcher Weg führte von den weit gestreuten Wirtschaftsinteressen und gemischten Portfolios – Handelsgeschäften, Grundeigentum, Geldverleih, Besitz von zum Beispiel Eisenbahnaktien, Beteiligungen an ausländischen Unternehmen in den Treaty Ports, und so weiter – der spätkaiserzeitlichen städtischen Elite zu jenen spezialisierteren unternehmerischen Aktivitäten als Fabrikanten, Reeder oder Bankiers, die es erlauben, seit etwa dem Ersten Weltkrieg von einer chinesischen Geschäftsbourgeoisie zu sprechen?

Der soziale Wandel beruhte auf wirtschaftlichen Grundlagen. In den sechziger Jahren des 19. Jahrhunderts, als China sich von den Verwüstungen der Taiping-Periode erholte und die Position der Ausländer an der Küste sich zu einem stabilen System konsolidierte, begann die chinesische Wirtschaft, Technologie aus dem Westen aufzunehmen. Mit den am weitesten reichenden Wirkungen geschah dies im Verkehrswesen. Die Dampfschiffahrt entlang der Küste zwischen der Südmandschurei und Hongkong und auf dem Yangzi bis hinauf in die Provinz Sichuan vermochte, da sie nur geringfügig billiger war, den sehr leistungsstarken traditionalen Dschunkentransport nur auf Teilstrecken zu verdrängen. Im allgemeinen erhöhte sie die insgesamt nutzbare Beförderungskapazität und steigerte Tempo (besonders flußaufwärts) und Verläßlichkeit des Transports. Von ihrem Beginn in den sechziger Jahren an ganz in britischen und amerikanischen Händen, wurde die Dampfschiffahrt seit der Gründung im Jahre 1873 einer halbstaatlichen chinesischen Reederei, die unter ihrem englischen Namen »China Merchants Steam Navigation Co.« bekannt war, zu einer umkämpften Branche, in die sich seit dem frühen 20. Jahrhundert mit steigendem Erfolg eine ganze Reihe einheimischer Privatreeder einschalteten; der chinesische Anteil an der Gesamttonnage mochte in den dreißiger Jahren etwa 40 Prozent erreicht haben. Mit der Expansion der Dampfschifffahrt entstanden und wuchsen Werften – einer der frühesten Industriezweige Chinas.

Die erste Eisenbahn in China wurde 1876 fertiggestellt. In großem Stile begann der Bahnbau nach dem Chinesisch-Japanischen Krieg. 1911 gab es im Reich 9 100 Kilometer Eisenbahnstrecke; 1912 bis 1927 wurden 3 900 weitere Gleiskilometer gelegt, 1928 bis 1937 außerhalb der Mandschurei 3 600 Kilometer.[14] Das Grundgitter der großen Fernlinien war am Ende der Republikzeit im wesentlichen komplett. Die mandschurischen Bahnen befanden sich vor dem Krieg in russischem beziehungsweise japanischem Staatsbesitz. Im übrigen China (»südlich der Großen Mauer«) war der unter direkter ausländischer Kontrolle stehende Streckenanteil bis 1937 auf weniger als ein Drittel gefallen. Die restlichen Bahnen gehörten dem chinesischen Staat, waren aber unter der Aufsicht des Eisenbahnministeriums dezentral nach Linien organisiert. Anders als die Schiffahrt boten die Eisenbahnen wenig Spielraum für privates Unternehmertum. Ihre wirtschaftlichen Wirkungen waren durchweg günstig, auch wenn eine stärker an nationalen Interessen orientierte Verkehrsplanung manche Trassen hätte anders führen müssen. Die Bahnen verbesserten insbesondere die notorisch schwierigen Nord-Süd-Verbindungen. Von Hankou nach Peking dauerte es seit der Inbetriebnahme einer direkten Bahnverbindung statt fünfzig nur noch zwei Tage.[15] Als Vehikel *landwirtschaftlicher* Kommerzialisierung scheinen Eisenbahnen aber nur in der Mandschurei von erheblicher Bedeutung gewesen zu sein. Überall jedoch machten sie die urbanen Ballungsräume für Zuwanderer aus dem ganzen Land erreichbar. Erst die Eisenbahn ermöglichte das Wachstum Shanghais zu einer Millionenstadt und die Erschließung der Mandschurei. Die staatlichen Eisenbahnen waren das größte Unternehmen in China vor 1949 und der wichtigste Arbeitgeber.

Die Bahnarbeiter bildeten eine beachtliche, allerdings geographisch verstreute und deshalb schwer organisierbare Gruppe innerhalb des chinesischen Proletariats. Die Eisenbahn war auch der größte Abnehmer technischen und administrativen Wissens. Unabhängig von der jeweiligen Art der Finanzierung lag der Eisenbahnbau auf dem Territorium der chinesischen Republik seit 1929 ganz in der Verantwortung kompetenter chinesischer Ingenieure.[16] Die vor 1949 ausgebildeten Experten waren der Volksrepublik später von großem Nutzen. Allerdings konnte das Potential der Eisenbahn vor 1949 nur teilweise ausgeschöpft werden. Die Bahnen wurden zum logistischen Fundament des chinesischen Militarismus und daher immer wieder zivilen und kommerziellen Verwendungen entzogen. Ihr wichtigster Beitrag zur Geschichte der Republikzeit ist vermutlich ihre Rolle im Truppentransport gewesen.

Nicht weniger neu für China als die in Europa erfundenen Dampfmaschinen im Wasser- und Schienenverkehr war die moderne Bank.[17] Die Bedürfnisse des florierenden Binnenhandels im spätkaiserlichen Reich wurden durch traditionale Geldinstitute, die Geldläden (*qianzhuang*) und die landesweit operierenden Shanxi-Banken, effizient befriedigt. Diese waren jedoch auf die Finanzierung von Außenhandelsgeschäften nicht eingestellt. Daher zog die Öffnung der Treaty Ports geradezu automatisch die Ansiedlung ausländischer Banken an der Küste nach sich. Die größte unter ihnen war und blieb die britische Hongkong and Shanghai Banking Corporation.[18] Bis zum Kriegsausbruch 1937 finanzierten ausländische Banken den Löwenanteil des chinesischen Außenhandels; sie verwalteten Einlagen chinesischer Privatleute, die ihr Geld dort vor dem Zugriff räuberischer Warlords sicher wußten, und führten Konten für chinesische Behörden; sie gaben Banknoten aus, die bei der Bevölkerung vielfach beliebter waren als die unzuverlässige und unpraktische chinesische Silberwährung. Trotz ihrer starken Stellung und ihres vielseitigen Dienstleistungsangebots konnten sich die ausländischen Banken langfristig kein Monopol sichern. Seit 1897 entstanden einheimische Privatbanken. Bald emanzipierten sie sich von der Beaufsichtigung durch die kaiserliche und dann die frührepublikanische Bürokratie, so daß man für die Zeit nach etwa 1918 von einem etablierten privaten Bankensektor sprechen kann.[19] Die Banken spezialisierten sich allerdings vorwiegend auf Geschäfte mit den jeweiligen Regierungen: der Qing-Dynastie, den Warlords, nach 1927 der GMD-Regierung in Nanjing. Sie vernachlässigten dabei die Finanzierung der kapitalknappen jungen chinesischen Industrie. Diese hohe Abhängigkeit von Staatsgeschäften wurde ihnen 1935 zum Verhängnis: In einem putschartigen Manöver sicherte Finanzminister H.H. Kung (Kong Xiangxi, 1881–1967), ein Schwager Chiang Kai-sheks, der Nationalregierung die Kontrolle über die wichtigsten Banken des Landes. Dadurch entstand eine staatlich kontrollierte »Zentrale Bankengruppe«, die nahezu zwei Drittel der Bank-Ressourcen im Herrschaftsgebiet der GMD auf sich konzentrierte und zum Kern dessen wurde, was die sino-marxistische Geschichtsschreibung nicht unzutreffend als »bürokratisches Kapital« bezeichnet.[20] Die Verstaatlichung der chinesischen Banken erfolgte also nicht erst durch das kommunistische Regime, sondern begann bereits unter seinem Erzfeind, der Guomindang.

Das Herzstück der wirtschaftlichen Modernisierung war selbstverständlich die Industrie. Am Vorabend des Zweiten Weltkriegs verfügte China nach Japan und Indien über den drittgrößten industriellen Sektor eines asiatischen Landes. Er konzentrierte sich geographisch auf Shanghai, einige der anderen Treaty Ports (Tianjin, Hankou, Kanton) und die Südmandschurei. Sein Aufbau war in der Hauptsache erst nach der Jahrhundertwende erfolgt. Unter der Devise der »Selbststärkung« hatten Li Hongzhang, Zhang Zhidong (1837–1909) und mehrere andere weitsichtige Würdenträger des späten Kaiserreiches Arsenale und Schiffswerften gegründet. Sie stehen am Beginn der seitdem ununterbrochenen Tradition einer eigenen chinesischen Rüstungsproduktion. Daneben entstanden einige nicht-militärische Fertigungsstätten. Sie wurden in der Regel nach dem *guandushangban*-System geführt, das privates Management unter staatlicher Aufsicht vorsah: eine Organisationsform, die für private Kaufleute (*shang*), die unerläßlichen Geldgeber solcher Projekte, wenig attraktiv war. Nach der militärindustriellen und der gemischtwirtschaftlichen Phase begann die eigentliche Industrialisierung Chinas erst 1895, als nach dem verlorenen Chinesisch-

Japanischen Krieg die Ansiedlung ausländischer Industriebetriebe in den Treaty Ports vertraglich garantiert werden mußte. Gleichzeitig mit den ersten ausländischen – zunächst vor allem britischen – Betrieben entstanden rein privatwirtschaftliche chinesische Industrieunternehmen von bis dahin unbekannter Größenordnung. Einheimische und fremde Industrieinvestitionen nahmen zwischen 1895 und 1920 etwa mit derselben Rate zu.[21] Die Haltung des spätdynastischen Staates war widersprüchlich: Einerseits wurde privatwirtschaftliches Engagement nun, vor allem seit der Gründung eines Wirtschaftsministeriums (*shangbu*) im Jahre 1903[22] und der Legalisierung von modernen Kapitalgesellschaften im Jahr darauf, ausdrücklich gutgeheißen und ermutigt und als Modell der staatsfreien Unternehmensführung (*shangban*) propagiert, andererseits mußten chinesische Unternehmer weiterhin unsachgemäße Einmischungen und korrupte Forderungen einzelner Beamter fürchten. Für den Erfolg eines Unternehmens blieben wohlgepflegte Protektionsbeziehungen unerläßlich.[23]

Der Zusammenbruch der Monarchie im Jahre 1911, der gesamtstaatlich so fatale Folgen hatte, befreite die chinesischen Industriellen einstweilen von unberechenbaren Eingriffen der Bürokratie. In der Wirrnis, die nun ausbrach, entstanden zahlreiche Nischen, in denen sich privatwirtschaftliche Initiative entfalten konnte – nicht zuletzt auch in den ausländischen Enklaven, etwa dem International Settlement zu Shanghai, in denen die Ausländer keineswegs ein Monopol industrieller Betätigung durchsetzen konnten. Der Erste Weltkrieg zwang dann die europäischen Ökonomien, sich auf die Versorgung der Mutterländer und der Kriegsschauplätze zu konzentrieren. Dies eröffnete der einheimischen Industrie auf dem nationalen Markt und sogar im Export ungeahnte Expansionschancen. Zwischen 1912 und 1920 verdreifachte sich die Zahl der in einheimischen Baumwollspinnereien installierten Spindeln.[24] Für China wurden die Jahre zwischen 1914 und 1922 zum »goldenen Zeitalter« der »nationalen« (*minzu*) Industrie. Niemals zuvor waren so viele Unternehmen der Leichtindustrie – Baumwolle, Zigaretten, Streichhölzer, Mehl, Zement und andere Branchen – gegründet worden.

Die Japaner hatten aber die günstigen Umstände ebenfalls genutzt und konnten, als 1922 der Kriegsboom zu Ende ging, die mit Abstand stärkste ausländische Position in der Baumwollindustrie von Shanghai vorweisen. Seit den späten zwanziger Jahren investierten sie außerdem große Summen in die nordchinesische Baumwollverarbeitung.[25] Viele chinesische Unternehmen überlebten aus solchen Gründen die Nachkriegskrise nicht. Hinter das bis 1922 erreichte Industrialisierungsniveau fiel man, gesamtwirtschaftlich gesehen, aber nicht mehr zurück. Die Unternehmen in chinesischem Besitz hatten es jedoch schwer, sich gegenüber den japanischen Baumwollgiganten oder einem aggressiven multinationalen Konzern wie der British-American Tobacco Corporation (B.A.T.) zu behaupten. Da die ausländischen Hersteller während der zwanziger Jahre in großem Umfang zur Importsubstitution übergegangen waren, also Importe von Baumwollgarn oder Zigaretten nach China durch die Produktion dieser Güter in eigenen Fabriken in Shanghai, Tianjin, Hankou und anderen Treaty Ports ersetzten, war der einheimischen Industrie durch die Wiederherstellung der 1842 verlorenen chinesischen Zollautonomie im Jahre 1929 wenig geholfen. In dieser schwierigen Lage, die zwischen 1931 und 1935 durch nachteilige Auswirkungen der Weltwirtschaftskrise auf nahezu alle Bereiche der chinesischen Wirtschaft (außer dem Bankwesen) akut verschärft wurde, ließ die Nationalregierung die Unternehmer im Stich. Die GMD, in der kommunistischen Propaganda und Geschichtsschreibung meist unzutreffend als »bürgerlich« bezeichnet, tat nichts für Schutz und Förderung der einheimischen Privatindustrie. Ja, sie belastete die Industrie mit Steuern und neuen unregelmäßigen Abgaben und ging sogar so weit, B.A.T., den größten ausländischen Konzern in ihrem Herrschaftsgebiet, auf Kosten der einheimisch geführten Tabakindustrie steuerlich massiv zu begünstigen. Unter einer dirigistisch eingestellten Regierung, der es vor allem um die staatliche Kontrolle von Banken, Industrie und Bergbau ging[26], hatte es das private Unternehmertum nach 1928 schwerer als in den letzten Jahren des Kaiserreiches und den ersten der Republik. Ein zweites goldenes Zeitalter des privaten chinesischen Industriekapitalismus hat es vor 1949 nicht wieder gegeben.

Mit der japanischen Invasion des chinesischen Kernlandes im

Juli / August 1937 und der Eroberung aller wichtigen Industrieregionen während der folgenden fünfzehn Monate begann dann für den modernen Sektor der chinesischen Wirtschaft eine schwierige Zeit. Fabriken wurden zerbombt, Brücken gesprengt, Bahngleise zerstört, Bergwerke geflutet. Der Krieg vernichtete in Shanghai etwa die Hälfte der industriellen Kapazität und in anderen Städten bis zu 80 Prozent. Das nordchinesische Wirtschaftszentrum Tianjin wurde aber von Kriegsverwüstungen weitgehend verschont, da sich seine Verteidiger nahezu kampflos ergaben.[27] Bis 1942/43 versuchten die Japaner, die Produktion wieder zu aktivieren oder – wie in der Gegend um Tianjin und Qingdao – sie durch Neuinvestitionen erheblich auszuweiten. Doch scheint hat vermutlich die industrielle Erzeugung in den besetzten Gebieten, also den alten industriellen Kernzonen, bei Kriegsende 1945 beträchtlich unter dem Vorkriegsstand gelegen. Die Nationalregierung hatte sich vor den japanischen Truppen nach Westen zurückgezogen, in eine bis dahin von der Industrialisierung kaum berührte Region. Ein großer Teil der Industrie aus dem küstennahen Osten war ihr gefolgt. Insgesamt wurde zwischen August 1937 und Dezember 1940 das Inventar von 448 Fabriken im Umfang von 71000 Tonnen und mit ihm 42000 Facharbeiter in einem gefährlichen und verlustreichen Exodus vor allem nach Sichuan in Sicherheit gebracht.[28] Trotz dieser heroischen Bemühungen mißlang der Aufbau einer tragfähigen industriellen Basis in, wie es sich selbst nannte, »Free China«. Ganz anders schließlich verlief die Entwicklung in der Hochburg des japanischen Kolonialismus, der Mandschurei. In einer Enklave, die ihnen nach ihrem Sieg über Rußland 1905 zugefallen war, hatten die Japaner bereits vor dem Ersten Weltkrieg mit dem Aufbau eines Kohle-Stahl-Komplexes begonnen. Nach der quasi-kolonialen Besetzung der gesamten Mandschurei im September 1931 hatten sie diese Bemühungen ausweiten können. Nach Kriegsbeginn 1937 wurde die Mandschurei mit hohen neuen Investitionen und den Methoden einer strikten militärischen Kommandowirtschaft zur leistungsfähigsten schwerindustriellen Region ganz Asiens ausgebaut. Daß die KPCh bei ihrem Siegeszug in den späten vierziger Jahren eine – trotz umfangreicher sowjetischer Demontagen – produktionstüchtige Schwerindustrie vorfand, verdankte sie paradoxerweise ihrem schlimmsten Feind: der kaiserlich-japanischen Armee.

Die Geschichte der chinesischen Industrie verlief, um zusammenzufassen, sehr unstetig: Ein später und unentschlossener Anfang unter bürokratischer Ägide während der Jahre 1865 bis 1895 bildete die Ouvertüre. Eine nennenswerte Industrialisierung begann erst 1895 mit der Zulassung ausländischer Produktionsbetriebe. Chinesische Unternehmer und Investoren reagierten auf die Herausforderung mit Mut, Phantasie und einigem Erfolg, vor allem in den Jahren 1914 bis 1922. Zwischen 1922 und 1937 wurden die ausländischen Positionen dann ausgebaut; daneben behauptete sich die chinesische Privatindustrie, die meist unterkapitalisiert, technologisch rückständig und auf schnelle Profite hin organisiert war, nur mühsam. Es kann aber kein Zweifel daran bestehen, daß China vor 1937 in die Anfangsphase der Industrialisierung eingetreten war. Fast alle nicht-agrarischen Produktionsindices während der ersten 25 Jahre der Chinesischen Republik wiesen nach oben. Der Ausstoß an Baumwollgarn und Mehl, Kohle und Elektrizität vervielfachte sich. Die Katastrophe kam 1937. Anders als in China südlich der Großen Mauer, wo es fast nur Leichtindustrie gab, bauten die Japaner in der Mandschurei kontinuierlich und ausschließlich zum Nutzen des eigenen Imperiums eine Schwerindustrie auf, in Taiwan in ähnlicher Weise eine große Zuckerproduktion.

Angesichts unvollständiger und oft dubioser Statistiken aus der republikanischen Periode öffnet sich ein großer Spielraum für Spekulationen darüber, *wie* dynamisch der »moderne« Sektor und die chinesische Wirtschaft als ganze vor 1949 waren. Erbten die Kommunisten 1949 eine chronisch stagnierende und akut ruinierte Wirtschaft, deren schlummernde Produktivkräfte allein durch Sozialisierung und Ausschaltung der »Kapitalistenklasse« freigesetzt werden konnten? Oder befand sich die chinesische Ökonomie schon vor 1937 auf einem durch den Krieg nur vorübergehend unterbrochenen Wachstumskurs, der ohne die revolutionäre Intervention und die Übernahme des sowjetischen Industrialisierungsmodells in den fünfziger Jahren dem Festland schon Jahrzehnte früher eine privatwirtschaftlich getragene Prosperität beschert hätte, wie sie Deng Xiaopings Modernisierungspolitik auf den Trümmern des Maoismus mühsam herbeizuzaubern suchte? Die Wahrheit dürfte irgendwo in der Mitte liegen. Die Vertreter der Wachstumsthese haben bislang mehr quantitatives Indizienmaterial aufhäufen können als die Anhänger der Stagnationsthese. Sie beweisen damit aber nur die außerordentliche Dynamik einzelner Regionen wie Shanghai und der Mandschurei, können jedoch nicht plausibel machen, daß das Wachstum dieser wenigen Sektoren und Regionen früher oder später auch die stagnierenden Bereiche in Bewegung versetzt hätte; die Erfahrung nach 1949 läßt ernste Zweifel daran zu. Die Gegenpartei wiederum neigt zu Schlußfolgerungen auf der ziemlich willkürlichen Grundlage qualitativer Beschreibungen von oft fragwürdiger Repräsentativität und liebt die Verallgemeinerung negativer Fälle.

Man mag daher einer deutlichen These eine bescheidene Einsicht vorziehen: Die einzelnen Regionen Chinas erlebten in einer Epoche wachsender Fragmentierung des Landes solch unterschiedliche wirtschaftsgeschichtliche Schicksale, daß Berechnungen und Durchschnittsaussagen über China als Ganzes ein akademisches Glasperlenspiel sind. Stagnation und Fortschritt, extreme Armut und auskömmlicher Wohlstand existierten in einer Weise nebeneinander, die die wirtschaftsgeschichtliche Forschung noch nicht überzeugend erklären konnte. Heterogenität der Sektoren und Regionen ist das vielleicht hervorstechendste Merkmal der Wirtschaft in der Republikzeit.

Die Auswirkungen industrieller Entwicklung lassen sich freilich nicht nur messen, sondern auch sehen und schildern. So gering der Anteil des modernen Sektors (Industrie, maschinisierter Bergbau, moderne Verkehrsmittel, öffentliche Versorgungsbetriebe) an der gesamten Wertschöpfung und Beschäftigung des bevölkerungsreichsten Landes der Erde nach drei oder vier Jahrzehnten des Wachstums immer noch blieb (1933 lag er etwa bei 13 Prozent des Bruttosozialprodukts)[29], so unübersehbar hatten doch einige der großen Städte, Inseln im Meer des Kleinbauerntums und bis 1937 auch vielfach Orte der Zuflucht inmitten bürgerkriegsartiger Verhältnisse, die Äußerlichkeiten »moderner« städtischer Zentren angenommen. Dies gilt nicht nur für Shanghai, Chinas Fenster zur Welt, sondern auch für Metropolen wie

Hankou / Wuhan und Kanton. Viele Menschen, die in solchen Städten lebten, reagierten auf diese neuen Erfahrungen auf unterschiedliche Weisen, die jedoch alle weit über die Horizonte des alten agrarischen Imperiums hinauswiesen. Teile Chinas begannen von der Moderne erfaßt zu werden.

Die städtische Bourgeoisie war zugleich Ausdruck und Trägerin dieses Modernisierungsprozesses. Nach der »sozialistischen Umgestaltung« von Wirtschaft und Gesellschaft in den fünfziger Jahren schien sie im Rückblick nicht mehr als eine ephemere Absonderlichkeit der chinesischen Sozialgeschichte zu sein, ein Randphänomen der Republikzeit, über das die Geschichte hinweggegangen war. Inzwischen hat das neuerliche, staatlich begünstigte Auftreten von Unternehmern mit einer zum Teil aggressiven Erwerbsgesinnung die Aufmerksamkeit für Chinas *erste* Bourgeoisie geschärft. Parallelen zwischen den zwanziger und den neunziger Jahren liegen auf der Hand.[30] Dazu gehören auch die harten, von nahezu jeder sozialstaatlichen Sicherung freien Arbeitsbedingungen in den Fabriken damals des »halbkolonialen« und heute des sich noch »sozialistisch« nennenden China; immerhin gab es vor 1949 Gewerkschaften.

Eine chinesische Bourgeoisie als gesellschaftliche Formation des industriellen und finanziellen Unternehmertums sowie der gehobenen freien Berufe entstand erst *nach* der Revolution von 1911 im Zuge dessen, was Marie-Claire Bergère in einem bedeutenden Buch das chinesische »Wirtschaftswunder« des Ersten Weltkriegs genannt hat.[31] Sein Geburtsort war Shanghai. Die Personen und Familien, die die Historikerin *ex post* unter dem Etikett »Bourgeoisie« zusammenfaßt, waren durch viele biographische Fäden mit den städtischen Kaufleuten und überhaupt der »lokalen Elite« der späten Qing-Zeit verbunden, deren Kapital sie nutzten. Die neureichen Angehörigen der Bourgeoisie unterschieden sich von diesen durch eine Reihe von Eigenschaften: Sie waren in ihrem Lebenszuschnitt ganz großstädtisch, fühlten sich also nicht länger zu den konfuzianischen Wonnen des Landlebens hingezogen. Ihre wirtschaftlichen Aktivitäten streuten sie nicht über ein breites Spektrum von Bereicherungschancen, sondern konzentrierten sie auf Industrie, Bankwesen und modern organisierte Handels- und Transportunternehmungen; sie waren die ersten Nur-Kapitalisten in der chinesischen Geschichte. Zivilisatorisch fühlten diese chinesischen Bürger sich stärker als die Pidgin-Englisch sprechenden Kompradore des 19. Jahrhunderts zum Westen hingezogen, auch wenn sie die Brücken zur chinesischen Kultur nie abbrachen. Vom Staat, zu dem die Kaufmanns-Gentry des 19. Jahrhunderts – trotz aller Distanzierung während der allerletzten Phase des Kaiserreiches – in einer Art von symbiotischem Verhältnis gestanden hatte, erwartete die neue Bourgeoisie vor allem, in Ruhe gelassen zu werden. Sie verlangte Mitsprache in den eigenen Angelegenheiten, trat also für repräsentative Institutionen, aber nicht unbedingt für Massendemokratie ein. Der Staat sollte nicht gängeln, mahnen oder gar die Wirtschaft dirigieren. Er sollte einen modernen Ordnungsrahmen schaffen und seine Einhaltung gewährleisten. Dazu gehörten solch elementare Reformen wie die Ausarbeitung eines bürgerlichen Rechts und seine judikative Durchsetzung, die Abschaffung von Binnenzöllen, die Standardisierung von Maßen und Gewichten, die Vereinheitlichung des völlig chaotischen Geldwesens, die Sicherung währungspolitischer Stabilität, sowie die Eindämmung der Korruption.

Die untergeordnete und abhängige Stellung eines weiterhin durch die Ungleichen Verträge und eine übermächtige ausländische Wirtschaftspräsenz behinderten China brachte es mit sich, daß die chinesischen Unternehmer und Bankiers nahezu täglich mit ausländischen Geschäftspartnern (und in Shanghai auch Behörden) in Berührung kamen. Dies machte sie keineswegs zu »Kettenhunden des Imperialismus«, wie überhaupt die bei chinesischen Historikern lange übliche Unterscheidung zwischen einer »Kompradorenbourgeoisie« und einer »nationalen Bourgeoisie« eher politisch-taktischen als sozialhistorisch-analytischen Zwecken dient. Die chinesische Bourgeoisie war zur Zusammenarbeit mit dem ausländischen Kapital verurteilt. Gleichzeitig setzte sie den Patriotismus der spätkaiserzeitlichen Lokalelite fort und überführte ihn in einen politisch bewußteren moderaten Nationalismus, wie er zum Beispiel in Verhalten und Forderungen der Shanghaier Allgemeinen Handelskammer während der 30. Mai-Bewegung von 1925 zum Ausdruck kam. Insofern waren die Wirtschaftsbürger der Treaty Ports nicht nur Befürworter einer Modernisierung Chinas, sondern bis zu einem gewissen Punkt auch der Idee der *nationalen* Revolution verpflichtet. Sie beteiligten sich an allen großen Boykottaktionen der Epoche bis hin zu den ökonomischen Sanktionen gegen Japan in den Jahren 1931 und 1932. National waren sie auch in dem Sinne eingestellt, daß sie über ihren engeren Herkunfts- und Aktivitätsbereich, also meist Shanghai und die umliegenden Provinzen, hinausblickten und die Reform ganz Chinas anstrebten.

Die Bourgeoisie fand sich in Organisationen zusammen, die 1903 noch der Qing-Staat mit seinem Gebot zur Gründung von Berufsassoziationen (*fatuan*) initiiert hatte. Dazu gehörten Handelskammern, Industrieverbände, Anwaltskammern oder die 1917 gegründete Vereinigung der Shanghaier Bankiers, ein vornehmer Klub von 21 Mitgliedern (1925), der über die Vertretung unmittelbarer Interessen hinaus anspruchsvolle Modernisierungsprogramme erörterte.[32] Trotz der Mimikry an westliche Formen wurden die neuen Organisationen oft mit chinesischen Inhalten gefüllt. So spielte das traditionelle Prinzip landsmannschaftlicher Solidarität weiterhin eine große Rolle und wurde gleichsam in die Modernisierung eingeschmolzen: Die Shanghaier Bankiers stammten zu einem beträchtlichen Teil aus der Provinz Zhejiang und insbesondere aus der Stadt Ningbo, und sie nutzten in traditioneller Manier Kontakte zu Zhejiang-Leuten in ganz China, um weitgespannte Finanznetze zu knüpfen.[33] Überhaupt war die wirtschaftliche Modernisierung in China dort am erfolgreichsten, wo es gelang, die Vorzüge bewährter einheimischer Organisationsformen mit importierten Rationalitätsprinzipien zu verbinden. Der Dualismus im Großen zwischen modernem und traditionalem Sektor wurde im Kleinen mannigfach überbrückt. Fabriken arbeiteten mit handwerklichen Zulieferern zusammen, moderne Banken mit *qianzhuang* (Geldläden). Die chinesische Familienfirma oder »Partnerschaft« wurde durch europäische und amerikanische Managementmethoden effektiver gestaltet. Zahlreiche Unternehmer der ersten Generation hatten westliche Betriebsführung nicht erst in Shanghai, sondern in Hongkong oder den auslandschinesischen Geschäftsmilieus der Vereinigten Staaten und Südostasiens kennengelernt. Bis heute hat die wirtschaftliche Modernisierung im chinesischen Siedlungs- und Kulturraum niemals den Westen einfach kopiert, sondern östliche und westliche Strukturen und Mentalitäten miteinander verbunden.[34]

Die chinesische Bourgeoisie kam niemals auch nur in die Nähe *nationaler* politischer Macht. Schon ihre wirtschaftliche Schwäche verhinderte dies, denn anders als in Westeuropa und in Nordamerika war die Bourgeoisie nicht der einzige und nicht einmal der wichtigste Träger der Industrialisierung: In der Leichtindustrie spielte ausländisches Kapital vielfach eine Pionierrolle, und der Aufbau einer chinesischen Schwerindustrie ist von der Gründung der Hanyeping-Eisenwerke durch Generalgouverneur Zhang Zhidong 1890 über den kolonialen Industrieaufbau in der Mandschurei und die Anfänge einer GMD-Rüstungsindustrie 1935 bis 1937 bis in die (noch) planwirtschaftliche Gegenwart vom Staat fast gänzlich ohne privatwirtschaftliche Beteiligung forciert worden. Einen chinesischen Krupp oder Carnegie hat es deshalb nie gegeben. Nach ihrem wirtschaftlich »goldenen« Zeitalter geriet die Bourgeoisie – und zwar nicht nur ihr Bankier-, sondern auch ihr Industriellenflügel – während des Nanjing-Jahrzehnts in stärkere Konflikte mit der Nationalregierung, als sie sie mit den verschiedenen Warlord-Obrigkeiten je auszutragen hatte. Zumindest in Shanghai konnten die großbürgerlichen Notabeln jedoch ihre lokale Machtstellung bis 1937 aufrechterhalten.[35] Krieg, japanische Besatzung und die katastrophale Inflation, der die GMD-Regierung in den Jahren 1947 und 1948 freien Lauf ließ, brachen der ohnehin schwachen Bourgeoisie politisch wie wirtschaftlich das Rückgrat. Manche Familien hatten sich bereits in den ersten Kriegsjahren nach Hongkong oder nach Übersee abgesetzt. Gegen Ende des Bürgerkriegs und in den ersten Monaten des neuen Regimes kam es dann zu einer Massenflucht aus Shanghai und Kanton. Hongkongs steile wirtschaftliche Karriere nach 1950 geht nicht zuletzt auf das Kapital, die Erfahrungen und die Talente zurück, die es dem Exodus zu verdanken hatte, der durch den siegreichen Vormarsch der kommunistischen Truppen ausgelöst wurde. Die chinesische Bourgeoisie als soziale Formation überlebte *außerhalb* der Volksrepublik: dort, von wo bereits am Beginn des Jahrhunderts starke Impulse nach China ausgestrahlt hatten. Im Zuge der Reformpolitik der Jahre nach 1978 hat sich genau dies in größerem Maßstab wiederholt: die Dynamisierung der kontinental-chinesischen Wirtschaft durch das Kapital des auslandschinesischen Unternehmertums.

Vom Beamten-Gelehrten zum Intellektuellen

Nur in Shanghai entfaltete sich eine chinesische Bourgeoisie gleichsam unter Laborbedingungen. Wirtschaftliche Modernisierung begann indessen auch in zahlreichen anderen Städten – ob Treaty Port oder nicht. Viele chinesische Städte veränderten in den zwanziger und dreißiger Jahren ihr Gesicht drastischer als in vielen Jahrhunderten davor: Stadtmauern wurden abgerissen, Straßen befestigt und Alleen angelegt, Strom-, Gas- und Wasserleitungen verlegt, Gebäude im westlichen – in den Konzessionen sogar im neoklassizistischen oder neogotischen – Stil gebaut.[36] Gemischte Nachbarschaften wurden durch eine funktionale und soziale Trennung abgelöst: hier Wohnquartiere – dort Geschäftsviertel, hier die Bezirke der Reichen – dort die Slums der armen Zuwanderer vom Lande. Der Soziologe Sidney Gamble konnte noch Anfang der zwanziger Jahren feststellen: »Peking hat keine wirklichen Slums; in fast allen Stadtteilen wohnen Reiche und Arme dicht beieinander.«[37] Solche Zustände waren damals in Shanghai schon *passé*. Das Neue war außerhalb Shanghais aber meist stärker mit dem Alten verquickt; soziale Grenzen zwischen Bürokraten und Ex-Bürokraten, urbanisierter Gentry, Kaufmannschaft und »modernem« Geschäftsbürgertum ließen sich viel schwieriger ziehen.[38] Um die Vielfalt der urbanen Milieus zu überblicken, müßte man freilich kleinere Städte mit derselben Sorgfalt studieren, die heute für Shanghai aufgebracht wird.

Eine fundamentale gesellschaftliche Wandlung von verhältnismäßig großer Übersichtlichkeit war die Entstehung einer Intelligenzija in China, jener Kräfte, die in der Bewegung vom 30. Mai 1925 die aktivste Rolle spielten, ja, die im Grunde die Initiatoren der chinesischen Revolution waren. Dieser Prozeß begann ziemlich genau datierbar mit der Abschaffung des seit mehr als tausend Jahren bestehenden Prüfungssystems im Zuge der Neuen Politik der Qing-Dynastie: in den Jahren 1905 und 1906.

Der Intellektuelle als Sozialtypus entstand in der europäischen frühen Neuzeit: zunächst während Humanismus und Renaissance, dann deutlicher in der Epoche der Aufklärung. Der Intellektuelle ist nicht Funktionär einer verbindliche Dogmen und Werte durchsetzenden Institution, sei es der katholischen Kirche, sei es der kaiserlich-chinesischen Staatsbürokratie, sei es einer disziplinierenden Partei. Er ist innerlich frei, fühlt sich jedenfalls so, und sieht sich allein dem Geist der Kritik und des Universalismus verpflichtet. Äußerlich ist er ungebunden, duldet allenfalls ein lockeres Mäzenatsverhältnis oder eine Anstellung, die ihm keinen Konformismus abverlangt. Materiell benötigt er, wenn er nicht die Annehmlichkeiten eines Rentierdaseins genießen darf, ein Bildungssystem, in dem er Beschäftigung als Lehrer oder Professor findet, oder ein Publikationswesen und einen literarischen Markt, die es ihm erlauben, von den Produkten seiner Feder zu leben. Der Intellektuelle hat sich zuweilen von seinem Herkunftsmilieu distanziert, sich möglicherweise einem ganz anderen gesellschaftlichen Lebenskreis angenähert und angepaßt und neigt im speziellen Fall einer bohemehaften Lebensführung dazu, sich als sozial »freischwebend« (Karl Mannheim) zu betrachten.

Kein Punkt dieser Beschreibung trifft auf die Titel tragende Gentry des alten China oder zumindest auf die literarisch anspruchsvollen und politisch ambitionierten unter den Gelehrten-Beamten der höheren Ränge zu. Gewiß wäre es eine Karikatur, das Prüfungssystem als eine riesige Maschine zur gleichschaltenden Gehirnwäsche zu charakterisieren. Doch ließ das hochkulturelle Monopol, das durch die Talentselektion ständig neu bestätigt wurde, Freigeisterei nur als persönliche Exzentrik zu. Schon im 19. Jahrhundert hatte sich das Spektrum sozialer Rollen, die sich den Schriftkundigen und Gebildeten anboten, ausdifferenziert. In den Treaty Ports entstanden die ersten chinesischen Presseorgane im modernen Sinne und mit ihnen der Typus »Journalist«, wie ihn Wang Tao (1828–1897) eindrucksvoll verkörperte.[39] So etwas wie eine frühe Öffentlichkeit gab es einerseits in Shanghai und Hongkong, andererseits *innerhalb* der Bürokratie: Im letzten Quartal des 19. Jahrhunderts wurde unter der Anspannung sich täglich verschärfender Probleme das alte Ideal des *qingyi*, der »reinen Diskussion«, wiederbelebt, das heißt des unumwunden kritischen Ansprechens zentraler politischer Fragen, notfalls im Widerspruch zum kaiserlichen Willen.[40] Es dauerte nicht lange, bis sich auch eine *extra* bürokratische Öffentlichkeit jenseits der Treaty Ports formierte.[41]

Erst die Abschaffung des Prüfungssystems löste den Zusammenhang zwischen staatlich gehüteter Orthodoxie, kaiserlichem Monopol der Statuszuteilung und geregelter Rekrutierung für Staatsämter auf. Plötzlich fehlte die Karriereleiter, an die man seit Jahrhunderten gewöhnt war. Gleichzeitig wurde damit die Reproduktion der Gentry als Statusgruppe beendet. Hinfort ließ sie sich nurmehr sehr diffus als soziale Schicht auffassen; man sollte deshalb für die Zeit nach 1905 von »Lokalelite« sprechen. Die Aufhebung des Prüfungssystems kam nicht aus heiterem Himmel. Spätestens seit der großen nationalen Krise von 1895 ließ sich nur schwer übersehen, daß China seinen Gegnern auch infolge der Unzulänglichkeit seiner kulturellen Orientierungen und seines Erziehungswesens unterlegen war. Unmittelbar nach der Niederlage gegen Japan setzten hohe Beamte und Angehörige der Gentry Initiativen zur Erziehungsreform in Gang.[42] Es stellte sich vorübergehend eine Art von dualem System ein: Man bereitete sich weiterhin, wie gewohnt, auf die Staatsprüfungen vor und studierte daneben an den »modernen Schulen« (*xuetang*), die jetzt aus dem Boden schossen und die das eigentlich nützliche Wissen vermittelten. Die Abschaffung der Prüfungen war daher nicht bloß ein einsamer Entschluß weniger Machthaber, sondern entsprach dem Wunsch des Publikums. Nun war Eindeutigkeit hergestellt.

Es ist eine Ironie der Geschichte, daß ausgerechnet der kaiserliche Staat in einer späten Reformanstrengung den Grundstein zu jenem modernen Erziehungswesen legte, das die Revolutionäre des 20. Jahrhunderts hervorbrachte. Es wurde als Erziehungs*system* konzipiert. Ein solches System fand man in Preußen und Japan vor, zwei Ländern, deren rasanten Aufstieg, im japanischen Fall 1905 durch den Sieg im Krieg gegen Rußland schlagend unter Beweis gestellt, man in China vor allem einer planmäßigen staatlichen Bildungspolitik zuschrieb. Die Erziehungsreform begann schon 1901, also vor der Abschaffung der Staatsprüfungen. Seit 1904 wurde das japanische Erziehungssystem bis in Einzelheiten kopiert und zumindest auf dem Papier eingeführt.[43] Japanische Lehrer wurden an den neugeschaffenen Schulen, Akademien und Universitäten beschäftigt. Die Grundidee der Meiji-Erziehungsreform, daß nämlich die Qualität der Schule das Schicksal der Nation bestimme, wurde unter den chinesischen Reformern innerhalb und außerhalb der Bürokratie vorbehaltlos geteilt. Man war daher auch bereit, der Elementarerziehung eine besondere Aufmerksamkeit zu schenken. Dahinter stand ein Wandel der Denkweise. An die Stelle der Vorstellung von Erziehung als Kultivierung der Persönlichkeit einiger weniger zum Zwecke ihrer generalistischen Vorbereitung auf den Staatsdienst trat die Vision der praktischen Befähigung eines möglichst großen Teils der Bevölkerung für die Rolle verantwortungsvoller und dem Gemeinwohl dienender Staatsbürger.[44] Der Enthusiasmus, mit dem sich Angehörige der Elite – man erinnere sich an die von Studenten betriebenen Arbeiter-Abendschulen während der 30. Mai-Bewegung von 1925 – während der gesamten Republikzeit der Hebung des Bildungsniveaus widmeten, geht auf diesen Einstellungswandel im frühen 20. Jahrhundert zurück, auch wenn man dabei in gewisser Weise an den paternalistischen Strang im Konfuzianismus anknüpfen konnte.

Der neue Eifer wurde auf längere Sicht nur mit bescheidenen Erfolgen belohnt. Ein allgemeines, obligatorisches und für die Bevölkerung erschwingliches Elementarschulwesen, wie es in Japan bestand, wo um 1910 bereits 85 Prozent der männlichen und weiblichen Jugend einen mindestens sechsjährigen Schulkursus durchliefen[45], wurde in China vor 1949 nicht eingerichtet. Das Engagement für Erziehung blieb ins Belieben der jeweiligen Provinzregierungen oder gar örtlicher Beamter gestellt; die Ergebnisse fielen extrem unterschiedlich aus. Sofern Dorfkinder in den Genuß einer Unterweisung im Lesen, Schreiben und Rechnen kamen, geschah dies weiterhin, wie schon im Kaiserreich, häufig aufgrund der vorstaatlichen Initiative von Notabeln oder Klan-Führern. Die Mission wollte und konnte die Lücke nicht füllen. Sie konzentrierte ihre Mittel zusehends auf die Heranbildung christlicher Elitegruppen in den Städten. Die spektakulären Errungenschaften der Volksbildung waren auf winzige Experimente beschränkt, die trotz ihrer geringen Ausstrahlung nicht vergessen werden sollten. Zu nennen ist hier vor allem der Versuch einer umfassenden soziokulturellen Rehabilitation des Dorfes, den James Y.C. Yen (Yan Yangchu, 1893–1990) im Geiste eines christlich-sozialen Liberalismus und in Verbindung mit der Young Men's Christian Association (YMCA) zwischen 1926 und 1937 in einem Landkreis der Provinz Hebei unternahm – eine sympathische erzieherisch-reformistische Alternative zu der brachialen Mobilisierung des Dorfes durch den Maoismus.[46]

Ihre kräftigsten Spuren hinterließ die späte Qing-Reform nicht in der Elementarerziehung, sondern im Bereich der hohen Schulen. Da es die neuen Bildungsinstitutionen im erforderlichen Umfang in China einstweilen noch nicht gab, suchten viele sie an ihrer Quelle kennenzulernen. 1896 trafen die ersten chinesischen Studenten in Tokyo ein, 1902 waren es schon über vierhundert, 1906, auf dem Höhepunkt der Studentenmigration, ca. 9000. Insgesamt haben zwischen 1900 und 1911 vermutlich 20000 chinesische Studenten japanische Bildungseinrichtungen frequentiert:[47] Studenten und Schüler in unserem heutigen Sinne, aber auch Militärkadetten oder an Jahren fortgeschrittene Inhaber von Gelehrtentiteln, die von Behörden oder privaten Sponsoren zur Weiterqualifikation nach Japan geschickt wurden. Da Japan die westliche Zivilisation früh und umfassend rezipiert hatte und zahlreiche europäische und amerikanische Bücher geistes- wie naturwissenschaftlichen Inhalts in japanischen Übersetzungen vorlagen, konnten die Chinesen mit der japanischen auf indirekte Weise auch die westliche Zivilisation kennenlernen, mit welcher sie bis dahin hauptsächlich in der quasi-kolonialen Situation der Treaty Ports in Berührung gekommen waren. Auch nutzten viele Chinesen in Japan die Chance, dort Fremdsprachen zu lernen und selber Übersetzungen anzufertigen.[48] Die Folge war einer der kompaktesten Kulturtransfers der neueren Weltgeschichte.

Ein vergleichbarer Kontakt mit Europa wurde einige Jahre später durch das »Work-Study-Movement« hergestellt. Es erreichte seinen Höhepunkt in den Jahren 1919 bis 1921, als etwa

1500 chinesische Studenten unter einer Regelung nach Frankreich gingen, die es ihnen ermöglichte, sich das Studium durch eigene Arbeit selbst zu finanzieren. Viele von ihnen kamen in Frankreich mit dem Marxismus in Berührung und wurden seine Anhänger. Darunter waren mehrere spätere Führer der kommunistischen Bewegung: Li Lisan, Zhou Enlai, Chen Yi, Deng Xiaoping und andere.[49] Daß der chinesische Radikalismus im Ausland genährt wurde, war selbstverständlich nicht neu. Schon die kaiserliche Regierung hatte mit ansehen müssen, wie sich unter Sun Yat-sens politischer Führung in Japan eine militante Anti-Qing-Bewegung formierte. Spätestens 1915, als Japan ein geschwächtes China mit der Forderung nach faktischer Unterwerfung konfrontierte (»21 Forderungen« vom 20. Januar 1915), hatte Japan für die chinesische Bildungselite jegliche Attraktivität verloren. Der wichtigste kulturelle Einfluß ging nunmehr von den USA aus, die zu Recht als die am wenigsten imperialistische Großmacht betrachtet wurden und die eher als die Europäer zu uneigennütziger Entwicklungshilfe bereit waren. Dies hatte sich bereits 1908 gezeigt, als der Restbetrag des amerikanischen Anteils an der von China zu zahlenden Boxer-Entschädigung für die Ausbildung chinesischer Studenten in den USA vorgesehen wurde. Insgesamt haben zwischen 1854 und 1953 um die 21000 Chinesen in den USA studiert. Die meisten kehrten in ihr Heimatland zurück; viele dieser bi-kulturell geprägten »returned students« übernahmen wichtige Aufgaben in Politik, Wirtschaft und Kultur. Dazu gehörte der Aufbau neuer Universitäten.

Schon 1898 war nach dem Vorbild der Tokioter Kaiserlichen Universität in Peking eine staatliche Hochschule mit der Aufgabe gegründet worden, einigen der humanistisch gebildeten Gelehrten-Beamten zusätzliches Wissen über die moderne Welt nahezubringen. Seit 1902 kontinuierlich in Betrieb, verwandelte sich diese hybride Einrichtung aber erst nach Gründung der Republik in eine regelrechte Universität: Beijing Daxue, abgekürzt Beida, bis heute die führende Hochschule des Landes.[50] Urheber dieses Wandels war vor allem der hochbedeutende Cai Yuanpei (1868–1940), eine der wirkungsmächtigsten Persönlichkeiten im modernen China. Dieser chinesische Wilhelm von Humboldt, mit der klassischen Kultur wie mit der westlichen Moderne gleichermaßen vertraut, führte seit 1917 als Rektor der Beida das Fakultätssystem ein, rekrutierte einen erstklassigen Lehrkörper, dessen Mitglieder allein nach Befähigung und nicht unter Patronagegesichtspunkten berufen wurden, und schärfte den Studenten das Ideal verantwortlicher Wissenschaftlichkeit als Selbstzweck ein. Beida wurde zu einer renommierten Forschungsstätte, zum Experimentierfeld für zeitgemäße akademische Lehre und zugleich zu einem Zentrum von kultureller Kritik und politischem Radikalismus. 1920 wurden an Beida die ersten Studentinnen immatrikuliert. 1922 befanden sich unter den 10 535 Studierenden der staatlichen Universitäten 405 Frauen.[51]

Vor 1949 besaß China kein einheitliches Universitätssystem wie Deutschland oder Frankreich, sondern ein gemischtes System wie die angelsächsischen Länder. Neben den staatlichen Universitäten und Technischen Hochschulen gab es private Einrichtungen wie die 1919 eröffnete, bald sehr angesehene Nankai-Universität in Tianjin und Missionsuniversitäten wie die im gleichen Jahr gegründete Yanjing-Universität und das Union Medical College in Peking. Die christlichen Universitäten übten in der Regel keinen besonders heftigen Missionsdruck auf ihre Studenten aus. Sie fügten sich immer mehr in den Gesamttrend nationaler Erziehung ein. Seit 1909 wurde schrittweise aus dem zweckgebunden rückerstatteten amerikanischen Anteil der Boxer-Entschädigung eine ungewöhnlich erfolgreiche und solide finanzierte Institution aufgebaut, die 1928 den Status einer staatlichen Volluniversität erlangte: Qinghua in Peking, eine Hochschule von besonderem Rang in den Natur- und Ingenieurwissenschaften.

1923 soll es in ganz China 5 600 Lehrer und 34 900 Studenten an Universitäten und Colleges gegeben haben.[52] Diese Menschen bildeten den Kern der chinesischen Intelligenzija. Die kulturelle Produktivität dieser kleinen Bildungsschicht war erstaunlich: Für die Zeit zwischen 1815 und 1949 hat man 3 707 in China herausgegebene Zeitungen und Zeitschriften gezählt, die weitaus meisten davon aus den Jahren nach 1911.[53] Sie stellen ein gigantisches, bisher wenig ausgeschöpftes Quellenmaterial für Historiker dar. In einer Zeit turbulenter Veränderungen hatte die neue Intelligenzija keinen gemeinsamen Erfahrungshintergrund. Die erste Professorengeneration, in den siebziger Jahren des 19. Jahrhunderts geboren, hatte nicht selten noch an den letzten konfuzianischen Staatsprüfungen teilgenommen, die in den Augen ihrer Studenten aber schon in grauer Vorzeit lagen. Die frühen Studentenjahrgänge der Beida konnten noch in relativer Ruhe die neue Welt der westlichen Zivilisation entdecken. Ein paar Jahre später, zur Zeit der 30. Mai-Bewegung, hatte bereits ein hitziger anti-imperialistischer Aktivismus die chinesische Studentenschaft erfaßt. Weitere zehn Jahre später protestierten die Studenten gegen die Unterdrückung durch die GMD-Regierung und gegen deren, wie man es sah, Appeasementpolitik gegenüber einem immer aggressiver auftretenden Japan.

Nach Kriegsbeginn im Juli 1937 schließlich setzte, wie schon nach der Jahrhundertwende, eine große Akademikerwanderung ein: dieses Mal nicht überseeisch nach Osten, sondern nach Westen, teils ins Freie China der GMD, in das mehrere Universitäten verlegt wurden, teils in die kommunistisch kontrollierten Gebiete, wo 1937 die heute in Peking ansässige Universität des Chinesischen Volkes (Zhongguo Renmin Daxue) gegründet wurde. Von ihren Kriegsrefugien aus machten die Intellektuellen nach 1945 die allgemeine geschichtliche Bewegung mit: Viele kehrten mit der KPCh in die Städte zurück und engagierten sich in Erziehungs- und Kultureinrichtungen, bis spätestens 1957 mit dem Abbruch der »Hundert-Blumen«-Kampagne jeglicher Zweifel am Herrschafts- und Meinungsmonopol der Partei unterbunden wurde. Eine kleinere Gruppe folgte Chiang Kaishek nach Taiwan; wieder andere suchten ihr Glück in den USA.

Die Entstehung einer modernen Intelligenzija war ein sozialgeschichtlicher Prozeß, der China veränderte, obwohl er nur eine relativ kleine Personengruppe betraf. Einer seiner bemerkenswertesten Aspekte ist die Erfindung von »Jugend« in China. Philippe Ariès und andere Historiker haben für Europa zeigen können, daß »Kindheit« und »Jugend« keine überzeitlichen Universalien sind, daß sie als abgegrenzte Phasen des menschlichen Lebenszyklus erst im Laufe der frühen Neuzeit auftraten. In China läßt sich Ähnliches beobachten. Mit früher Verheiratung schloß sich in der vormodernen Epoche das Erwachsenendasein unmittelbar an die Adoleszenz an. Dem Alter wurde Verehrung geschuldet, Erfahrung wurde prämiert. Staatsprüfungen konnten in jedem Lebensalter abgelegt werden; Graubärte traten nach lebenslangem Lernen zu den Palastexamina an. Die Erziehung erfolgte im Nahbereich der Familie oder des Klans und unter der Aufsicht der Älteren. Es gab keine Parallele zu der obligatorischen »grand tour« junger britischer oder französischer Aristokraten im 17. und 18. Jahrhundert. All das änderte sich um die Jahrhundertwende. Nun war es plötzlich erforderlich, den Bildungschancen nachzureisen: ins städtische Internat oder gar für lange Aufenthalte ins Ausland. Die jungen Männer lösten sich aus der Familie, wurden nicht mehr in der alten Weise buchstäblich domestiziert. Sie lebten nun in »peer groups« von Gleichaltrigen und entwarfen hier Lebensträume und gesellschaftliche Visionen, die sich von denen früherer Generationen beträchtlich unterschieden. Eine ganze Geselligkeitswelt der Sechzehn- bis Dreißigjährigen bildete sich heraus mit Schulen, Studiengruppen, politischen Vereinigungen, Zeitschriften und anderen neuartigen Institutionen, wie es sie bis dahin nicht gegeben hatte.[54] Aus dieser jugendlichen Gegenkultur, die einige Ältere wie Sun Yat-sen oder Cai Yuanpei anzusprechen verstanden, entwickelte sich der politische Radikalismus des 20. Jahrhunderts. Im 19. Jahrhundert waren die wichtigsten Reformimpulse von arrivierten Gelehrten gesetzteren Alters ausgegangen; Kang Youwei dagegen war ungewöhnlich jung, als er 1898 vierzigjährig dem Kaiser seine berühmten Reformpläne unterbreitete. Damals wäre es noch undenkbar gewesen auszusprechen, was Chen Duxiu 1915 in der ersten Nummer seiner epochemachenden Zeitschrift ›Neue Jugend‹ (*Xin Qingnian*) emphatisch formulierte: »Jugend, übernimm die Aufgabe, [China zu erneuern]!«[55] Die neue Jugend war überschwenglich gestimmt und voller Sendungsbewußtsein, dann aber auch wieder – und mit der Zeit zunehmend – von Ängsten geplagt: wegen der immer düstereren Lage der Nation und wegen der eigenen unsicheren Berufsperspektiven.[56] Halt in einer wirren Welt bot zum Beispiel die heroisch-zukunftsgerichtete Solidargemeinschaft der Kommunistischen Partei.

Unterschichten und Unterwelten

Die Wirtschaftsbürger und die Intellektuellen, zwei sozial nahe verwandte, doch sich zuweilen ideologisch heftig befehdende Gruppen, machten selbstverständlich nur einen kleinen Teil der großstädtischen Bevölkerung aus. Über den großen Rest weiß man erst wenig. Selbst die den »Massen« zugetane chinesische Geschichtsschreibung hat sich mehr mit der Organisations- als mit der Sozialgeschichte der Arbeiterschaft beschäftigt, und das besonders karg dokumentierte »Lumpenproletariat« hat noch geringere Aufmerksamkeit gefunden. Die beinahe 2000 Seiten der beiden der Republik gewidmeten Bände innerhalb des westlichen Standardwerks zur chinesischen Geschichte, der ›Cambridge History of China‹, geben bezeichnenderweise so gut wie keine Auskünfte über die städtischen Unterschichten.

Der Umfang der chinesischen Arbeiterschaft läßt sich nur schätzen. 1933 soll es im ganzen Land 990000 Arbeiter (*gongren*) in der verarbeitenden Industrie, 770000 im Bergbau, 290000 bei den Eisenbahnen und 240000 in der Dampfschiffahrt und in den Häfen gegeben haben.[57] Sie addieren sich zu 2,3 Millionen, das sind 0,5 Prozent der damaligen Gesamtbevölkerung Chinas. Die absoluten Zahlen sind nicht unbeträchtlich; die Beschäftigtenzahl im Bergbau (wobei offenbar auch kaum mechanisierte Minen mitgerechnet wurden) würde der im Deutschen Reich um 1905 entsprechen. Aber es ist klar, daß außerhalb der Landwirtschaft traditionale Beschäftigungsformen überwogen. Im Dschunkenverkehr dürften mindestens zehnmal mehr Menschen gearbeitet haben als in der Dampf- und Motorschiffahrt; eine nahezu ähnliche Relation wäre für das Handwerk im Verhältnis zur verarbeitenden Industrie anzunehmen. Eine große Gruppe, die man eigentlich nicht der Arbeiterschaft im »modernen« Sektor zurechnen möchte, da es sich um unmechanisierte Schufterei handelte, waren die Bauarbeiter. Ebenso schwierig zu klassifizieren sind die Millionen von Beschäftigten im Handel und im häuslichen Dienstwesen. Kurzum: Das »moderne Proletariat« bildete ein kleines Segment aus all denen, die außerhalb der Landwirtschaft tätig waren.

Es versteht sich von selbst, daß sich die chinesische Arbeiterschaft in den wenigen industriellen Ballungsräumen konzentrierte: in der Südmandschurei, in Shanghai, in der Hongkong/Kanton-Region, in Wuhan sowie in Nordchina, wo es unweit der Hafen- und Industriestadt Tianjin das mit Abstand größte Kohlebergwerk südlich der Großen Mauer gab, die sino-britische Kailuan Mining Administration. Überall besaß das Proletariat ein je besonderes regionales Profil. In Shanghai machten Arbeiter in Industrie und modernem Transportwesen in den dreißiger Jahren etwa 20 Prozent der Bevölkerung aus, in anderen Städten weniger. Zu jener Zeit kann man noch von der ersten Generation der chinesischen Arbeiterschaft sprechen. In einem geringeren Ausmaß, als es für Europa charakteristisch war, rekrutierte sie sich aus dem Handwerk. Ein besonders wichtiges Arbeitskräftereservoir stellte die riesige Zahl der mobilen Arbeiter in Chinas umfangreichem vormodernen Transportsektor dar. Mindestens ebenso typisch wie der direkte Weg vom Reisfeld oder der Schusterwerkstatt in die Baumwollfabrik war die Anwerbung von Lastträgern, Schiffsschleppern oder Rikschakulis, salopp gesagt, der Schritt von der Plebs ins Proletariat.

Das chinesische Proletariat der Anfangszeit war naturgemäß wenig qualifiziert; erst allmählich kristallisierten sich Kerne von Facharbeitern und damit innerbetriebliche Hierarchien heraus; in den japanischen Fabriken der Treaty Ports wurden Vorarbeiterfunktionen häufig von Japanern wahrgenommen. Sofern die Arbeiter vom Lande kamen, blieben sie ihren Heimatdörfern verbunden; Saisonarbeiter zogen vielfach nur für die Wintermonate in die Stadt. Wie auf allen Ebenen der chinesischen Gesellschaft, so spielten Landsmannschaften und regionale »Seilschaften« auch am industriellen Arbeitsplatz eine bedeutende Rolle. Herkunft begründete ethnische Hierarchien, die die funktionalen überlagerten. So kam die Aristokratie der Shanghaier Industriearbeiter, diejenigen, denen anspruchsvolle Aufgaben übertragen wurden, die zu Technikern aufsteigen konnten und die die höchsten Löhne erhielten, aus den traditionell handwerklich geprägten Regionen Kanton und Süd-Jiangsu, während Leute aus den rückständigen ländlichen Gebieten im Norden Shanghais für besonders unangenehme und schlecht bezahlte Arbeiten eingesetzt wurden.[58] Man fühlt sich in diesem Zusammenhang an die ethnische Diskriminierung von Iren oder von Polen in der englischen beziehungsweise deutschen Industrie des 19. Jahrhunderts erinnert. Allerdings hat die regionale und ethnische Fragmentierung der Shanghaier Arbeiterklasse ihre Fähigkeit zu politischer Interessenwahrung nicht beeinträchtigt. Die hohe Binnensolidarität der einzelnen Gruppe hat vielmehr die Organisations- und Aktionsbereitschaft der Arbeiter insgesamt erhöht.[59]

Eine Besonderheit der Arbeiterrekrutierung war das System der Kontraktarbeit (*baogong*), das besonders in Shanghai und in den Bergwerken praktiziert wurde und im Extremfall zu sklavereiähnlichen Zuständen führte. Es funktionierte so: Ein Unternehmer ließ sich die Arbeitskräfte durch einen Kontraktor besorgen, der nach dem indirekten Prinzip, wie es sich auch in der Institution des Kompradors ausdrückte, Verantwortung und Haftung für die einheimischen Arbeiter übernahm. Diese wiederum waren den Kontraktoren oft schutzlos ausgeliefert. In deren Taschen verschwand neben der regulären Provision oft auch ein Teil der Lohnsumme. Dieses System wurde nicht nur in ausländischen, sondern auch in vielen chinesischen Unternehmen angewendet. Gegen die Räuberei und Willkür der Kontraktoren richteten sich schon früh die Proteste der Arbeiter; vielen erschien der Vermittler, nicht der eigentliche Kapitalist, als der meistgehaßte Ausbeuter. Auch manche Unternehmer waren an der Modifizierung oder Abschaffung des *baogong*-Systems interessiert, konnten sich bis in die Zeit nach 1945 aber nur schwer gegen semi-kriminelle Interessenverfilzungen durchsetzen.

Die Lebenssituationen innerhalb der Arbeiterschaft differierten erheblich.[60] Der schriftkundige Mechaniker, der, vielleicht schon als Nachfolger seines Vaters, einen sicheren Arbeitsplatz in einem alteingesessenen Betrieb wie der Jiangnan-Werft hatte, war um eine kleine Welt entfernt von dem Tagelöhner, der in einer Baumwollfabrik den Abfall zusammentrug. Es wäre auch falsch, sich das chinesische Proletariat als eine einheitliche Truppe gestandener Männer vorzustellen. Die gab es gewiß: auf Schiffen, an den Hafenkais, in den Kohlebergwerken. Im wichtigsten Industriezweig, der Baumwollspinnerei, überwogen zunächst Männer und Kinder – nichts Ungewöhnliches, da das chinesische Handwerk auf der größtmöglichen Ausbeutung von

Lehrlingen beruhte. Je mehr sich aber die Zurückhaltung gegenüber weiblicher Fabrikarbeit auflöste und je mehr Mädchen mit unverkrüppelten Füßen auf den Arbeitsmarkt gelangten, desto höher stieg der weibliche Anteil an den Beschäftigten. Die Arbeit in den Spinnereien – an bis zu 320 Tagen im Jahr jeweils zwölf Stunden – war hart, doch begehrt: In den Fabriken konnten Frauen aus den Dörfern um Shanghai bis zu doppelt so viel verdienen wie mit kaum geringerer Mühe in der herkömmlichen Hausindustrie.[61]

Arbeiter beteiligten sich seit dem großen anti-amerikanischen Boykott von 1905, der durch die Verschärfung der US-Einwanderungsbestimmungen ausgelöst wurde, immer wieder an Protestaktionen, bei denen es nicht allein um ihre unmittelbaren materiellen Interessen ging. Man kann daher nicht behaupten, erst kommunistische Organisatoren hätten nach der Gründung der KPCh die Arbeiter das Streiken gelehrt. Jedoch verliehen radikale studentische Kader der Führung der jungen Arbeiterbewegung ohne Zweifel eine größere Wirksamkeit.[62] Die großen politischen Streiks der Jahre 1922 bis 1927 sind nur so zu erklären. Nach der Zerschlagung des Kommunismus in den Städten im Jahre 1927, der Errichtung eines Systems autoritärer Zwangsschlichtung von industriellen Konflikten und dem Emporkommen von kapitalfreundlichen »gelben« Gewerkschaften verstummte die politisierte Arbeiterschaft während der nächsten Jahre keineswegs völlig, ja, führte zwischen 1928 und 1931 sogar mehrere große Streikaktionen erfolgreich durch.[63] Danach beschränkte sie sich aber, zusätzlich durch die Weltwirtschaftskrise entmutigt und geschwächt, auf defensive »trade-unionistische« Forderungen zur Abwehr einer weiteren Verschlechterung ihrer Lage. Sie tat dies mit nur mäßigem Erfolg. Bei der Kailuan Mining Administration in Nordchina setzte Chiang Kai-shek 1934 auf britisches Ersuchen sogar Militär ein, um die Reste einer Arbeiterbewegung auf dem Bergwerksgelände zu zerschlagen.

Der Krieg bedeutete dann einen Tiefpunkt in den Erfahrungen auch der chinesischen Arbeiter. Der Arbeitsdruck wurde erhöht; Unfälle, besonders in Bergwerken, nahmen ein katastrophales Ausmaß an; schon seit Beginn des Krieges verschlechterte sich die Versorgung mit Lebensmitteln zusehends, da die japanische Armee die Ernten des städtischen Umlandes für ihren eigenen Verbrauch requirierte. Die Lebenshaltungskosten vervielfachten sich. Unter dem terroristischen, menschenverachtenden Besatzungsregiment, dem die Mehrzahl der chinesischen Arbeiter ausgesetzt war, waren Proteste extrem gefährlich geworden. Die Japaner betrachteten jede Regung des Unmuts als Verrat, der von der gefürchteten Militärpolizei (*Kenpeitai*) unnachsichtig unterdrückt wurde.[64] Dennoch kam die Arbeiterbewegung zumindest in Shanghai nicht völlig zum Erliegen. Zwischen dem Kriegsausbruch im Juli 1937 und der Besetzung des International Settlement durch japanische Truppen nach dem Überfall auf Pearl Harbor im Dezember 1941 konnte die KP in einer relativ liberalen Atmosphäre einen Teil des Terrains, besonders unter Facharbeitern und Angestellten, wiedergewinnen, das sie unter Chiang Kai-sheks Diktatur verloren hatte. Nach 1941 blieben Rudimente der Organisation im Untergrund erhalten. An sie vermochte die Partei nach der japanischen Kapitulation erfolgreich anzuknüpfen.

Jedem Besucher Shanghais und anderer großer chinesischer Städte fiel die große Menge von Gelegenheitsarbeitern, »Kulis«, Bettlern, städtischen Vaganten auf, die nicht der Vorstellung einer sozial stabilisierten Arbeiterklasse entsprachen, wie man sie aus der europäischen Gesellschaftsentwicklung des 19. Jahrhunderts kennt. Solche – je nach Standort des Urteilenden – »mobilen« oder »entwurzelten« Menschen gab es bereits im Hangzhou Marco Polos. Seit der weitgehenden Wiederherstellung der Freizügigkeit in der Volksrepublik China im Jahre 1992 bevölkern sie, als sichtbare Spitzen einer »Wanderbevölkerung« (*liudong renkou*) von achtzig Millionen[65], die Bahnhöfe der chinesischen Metropolen. Ein starker Impuls zur Vergrößerung eines solchen »Subproletariats« war von den großen Aufstandsbewegungen und Bürgerkriegen in der Mitte des 19. Jahrhunderts und der Verschlechterung der ökologischen Situation in vielen Landesteilen ausgegangen. Gewalt und Hunger trieben die Stärkeren unter den Schwachen in die großen Städte. Deren Gesellschaft wurde von der Pauperisierung des Landes infiziert.[66] *Youmin*, eine flottierende Bevölkerung, wie sie wohlgeordnete europäische Industriegesellschaften in Friedenszeiten nicht kennen, gehört zum Erscheinungsbild Chinas während der letzten anderthalb Jahrhunderte.

Das Emblem des städtischen Subproletariats war der Rikschazieher.[67] Der zweirädrige Wagen für den innerstädtischen Personentransport war in den sechziger Jahren des 19. Jahrhunderts in Japan erfunden und 1873/74 in Shanghai, 1886 in Peking eingeführt worden. Die Rikscha war ein Beförderungsmittel im Übergang von der Sänfte zum Taxi, leichter erschwinglich als beide. Sie war den engen Gassen chinesischer Städte angepaßt, verlangte aber eine befestigte Straßenoberfläche und war insofern ein Phänomen technischer Modernisierung. In Shanghai verminderte die Einführung von Straßenbahnen die Nachfrage nach Individualtransport, während Peking ein Eldorado der Rikscha blieb. In den zwanziger Jahren gab es dort 60 000 Zieher – mit ihren Angehörigen ein nicht unbeträchtlicher Teil der Bevölkerung von einer Million. Rikschakulis waren ungelernte Arbeiter, die sich auf Kraft und Geschick verlassen mußten. Fast niemand (höchstens 3 Prozent) unter ihnen konnte den Traum eines eigenen Fahrzeugs verwirklichen; sie waren von Unternehmern (und meist auch noch von zwischengeschalteten parasitären Kontraktoren) abhängig, die über mehr oder weniger große Fuhrparks verfügten und in Shanghai etwa im Besitze staatlicher Lizenzen waren. Der größte Shanghaier Rikscha-Unternehmer besaß ein Fünftel der im International Settlement vergebenen Lizenzen. Die Rikschazieher mußten die Fahrzeuge zu Pauschalpreisen auf einem reinen Anbietermarkt mieten: 80 000 Männer wetteiferten in Shanghai darum, die circa 20 000 zugelassenen Rikschas ziehen zu dürfen. Die Erfolgreichen mußten dann zusehen, wie sie im Kampf um Kundschaft auf ihre Kosten kamen. Die Erlöse deckten oft nur das Existenzminimum, doch stand sich ein einigermaßen regelmäßig fahrender Rikschakuli damit etwa genausogut wie ein besonders schlecht entlohnter Fabrikarbeiter. Der Lebensstandard beider lag freilich immer noch über dem eines durchschnittlichen Bauernhaushalts im Umland der großen Städte. Die Rikschazieherei war naturgemäß ein individualisiertes Gewerbe. Kameradschaft und unbarmherziger Wettbewerb unter den Kulis lagen eng beieinander. Rikschazieher waren eine lebhafte Gruppe, schnell zu Unruhen und Protesten bereit, doch schwierig zu organisieren. In Japan, Korea oder Singapur standen Rikschastreiks am Beginn der Arbeiterbewegung. In China waren die Zieher eher eine unstete Hilfstruppe innerhalb der großen Streiks und Demonstrationen der zwanziger Jahre.

Obwohl als Verkehrsmittel praktisch und vielfach nicht zu ersetzen, wurde die Rikscha mit der Zeit für viele ein Stein des Anstoßes: für die Stadtväter von Shanghai, die dadurch das Image der Stadt gefährdet sahen, für christliche Sozialreformer, die das Elend vieler Kulis beklagten, für Nationalisten, die sich über den fetten, zigarrerauchenden Ausländer empörten, der sich von einem ausgemergelten Kuli ziehen ließ. Der berühmte Philosoph Hu Shi (1891–1962) sah in der Rikscha ein Symbol für Chinas Rückständigkeit: der Unterschied zwischen Ost und West sei der zwischen einer Rikscha- und einer Automobilzivilisation. Sozialgeschichtlich interessant – und symptomatisch für die große gesellschaftliche Beweglichkeit im städtischen China – ist die Tatsache, daß das Rikschaziehen sich nicht in einer starren Beschäftigungsstruktur und sozialen Hierarchie verorten läßt. Es konnte für arme Zuwanderer vom Lande zum »Einstieg in den Aufstieg« werden, der möglicherweise zu einer besseren Position in einer Fabrik führte. Es konnte aber auch umgekehrt eine Auffangetappe sozialer Absteiger sein. Eine große Gruppe, für welche dies zutraf, waren die Mandschuren, die etwa ein Viertel aller Rikschakulis in der Hauptstadt stellten. Nachdem sie mit dem Fall ihrer Dynastie 1911 Macht und Status verloren hatten, blieb vielen von ihnen kaum eine Alternative zu einer Beschäftigung im Schattenbereich zwischen den traditionellen Gewerben und der modernen Industrie, die in Peking ohnehin kaum entwickelt war. Sozialer Abstieg war aber nicht auf eine solche ethnische Gruppe beschränkt. Wie heute zuweilen der taxifahrende Privatdozent als Verkörperung enttäuschter Karrierehoffnungen zitiert wird, so stand der ehemalige Handwerker, Lehrer oder Angestellte, der eine Rikscha schleppte, als Warnung vor den Existenzrisiken in der keineswegs starr geschichteten Gesellschaft der chinesischen Städte vor aller Augen.

Das Verbrechen war in dieser städtischen Gesellschaft durchaus keine klar umzirkelte Welt für sich. Shanghai hatte vor seiner großen puritanischen Reinigung nach 1949 den Ruf des Lasters und der Verruchtheit, und es trug ihn zu Recht. Ein besonderer Schandfleck war die Prostitution, an der in den dreißiger Jahren 50 000 bis 100 000 Frauen beteiligt gewesen sein sollen – verglichen mit 84 000 Arbeiterinnen in der Baumwollspinnerei.[68] Opiumgenuß und Glücksspiel waren die harmloseren unter den Vergnügungsangeboten, Schutzgelderpressung, Entführung und Mord nicht seltene Erscheinungen in der Stadt. Gemeinsam war alldem, daß es weitgehend von ein und denselben Gangsterorganisationen kontrolliert wurde. Das Shanghaier Gangstertum war nicht auf die Unterwelt beschränkt. Es scheute sich nicht vor dem Licht des Tages. Besonders die Grüne Gang (*Qingbang*), der in den zwanziger und dreißiger Jahren die Mehrheit unter den etwa 100 000 Gangstern der Stadt angehörte, war ein gewichtiger Machtfaktor in der Politik Shanghais.

Die Qingbang war in einem langsamen Prozeß während der ersten beiden Jahrzehnte des 20. Jahrhunderts aus Geheimsekten hervorgegangen, die sich im Umkreis der Getreidetransportflotten entlang des Großen Kanals gebildet hatten, der die Untere-Yangzi-Region mit der Hauptstadt verband. Trotz solcher Vorläufer muß man sie als eine in der Substanz moderne Organisation betrachten, den Kern einer Shanghaier Mafia, die sich die neuen Möglichkeiten in der demographisch explodierenden Metropole höchst erfolgreich zunutze machte. Erstens wurde Shanghai mit der Expansion der Dampfschiffahrt zu einem wichtigen Getreideumschlagplatz; Mitglieder der Geheimgesellschaften, die bis dahin am Großen Kanal tätig gewesen waren, strömten in die Stadt und fanden vielfach Beschäftigung zunächst im Hafen und von dort aus in vielen anderen Bereichen. Zweitens führte die Verdreifachung der Bevölkerung innerhalb des kurzen Zeitraumes von 1910 bis 1930 durch Zuwanderung aus einem Umkreis von mehreren hundert Kilometern zu chaotischen Zuständen, in denen nur landsmannschaftliche Strukturen und, damit eng verbunden, die Solidarität in informellen kriminellen Organisationen einen gewissen sozialen Zusammenhalt gewährleisten konnte. Drittens wurde Shanghai mit dem industriellen Aufschwung nach 1895, der stetigen Expansion seines Außenhandels und dem Zuzug wohlhabender Chinesen aus dem Landesinneren eine reiche Stadt, in der räuberische Gelüste fast von selbst entstanden. Viertens erlaubte es die politische Situation, eine alte Taktik des chinesischen Banditentums auf den urbanen Raum zu übertragen: die Operation im Niemandsland zwischen verschiedenen provinzialen Zuständigkeiten. Dem entsprach im modernen Shanghai die politische Dreiteilung der Stadt in die chinesische Munizipalität, das International Settlement und die Französische Konzession. Da die Polizeiorgane der drei Stadtregierungen kaum zusammenarbeiteten, war es ein Kinderspiel, vom einen Jurisdiktionsbereich in den benachbarten überzuwechseln. Außerdem konnten sich die Gangsterbosse leicht rechtlichen Schutz verschaffen. Die Staatsbürgerschaft einiger kleinerer »Treaty Powers« war käuflich und mit ihr das Privileg der Extraterritorialität, das den Inhaber des entsprechenden Passes allein der Rechtsgewalt seines Konsuls unterstellte. So blieb der berühmteste Qingbang-Chef, Du Yuesheng (1888–1951), als portugiesischer Staatsbürger zeitlebens ungeschoren.

Die Gangster nutzten nicht nur die Schwäche und Fragmentierung der Staatsmacht und die Chancen eines halbkolonialen Rechtsstatus, sie hatten auch die Polizeiorganisationen aller drei Teile Shanghais infiltriert. So war der langjährige Leiter der Kriminalpolizei in der Internationalen Niederlassung zugleich der Boß einer Unterorganisation der Qingbang, die den Drogenhandel monopolisierte. Die These, obwohl schwer beweisbar, ist nicht abwegig, daß die ausländischen Behörden in Shanghai die weitgehende Durchdringung der Polizei durch das organisierte Verbrechen stillschweigend duldeten, weil nur über die Kollaboration mit den »Kompradoren der Gewalt« ein Minimum an Ordnung aufrechterhalten werden konnte.[69] Der Einfluß des Gangstertums ging sogar noch weiter. Das Verbrechen hatte auch ein respektables Gesicht. Viele Vertreter der Shanghaier Bourgeoisie unterhielten nämlich ständige Kontakte zu den Spitzen der organisierten Kriminalität. Umgekehrt verfolgte Du Yuesheng, der öffentlich sichtbarste Qingbang-Boß, neben seinen kriminellen auch durchaus bürgerliche Geschäftsinteressen im legalen Handel, in Industrie und Bankwesen. Seit 1932 saß er neben den angesehensten Honoratioren im Stadtrat des chinesischen Teils von Shanghai. In der Französischen Konzession war er jahrelang neben dem Generalkonsul der mächtigste Mann, bis

Mitte der dreißiger Jahre eine neue, von Paris aus angeordnete Politik unnachsichtiger Verbrechensbekämpfung seine Macht in der Konzession brach: ein Beweis dafür, daß nicht erst die Kommunisten nach 1949 zur Ausmistung des Augiasstalles fähig waren.[70]

Zur gleichen Zeit kam es im chinesischen Teil Shanghais und auch in anderen Gegenden Chinas zu einer zunehmenden Verflechtung, ja Verschmelzung von Gangstertum und regulärer Staatsmacht. Als die GMD sich am 12. April 1927 plötzlich gegen die Kommunisten wandte, mit denen sie vier Jahre zuvor eine »Einheitsfront« eingegangen war, konnte der blutige Schlag nur gelingen, weil die Qingbang brutale Säuberungen in jenen Arbeitermilieus durchführte, zu denen die GMD als Partei überwiegend der Mittel- und Oberschichten selbst keinen Zugang hatte. Einer der damaligen Hauptdrahtzieher auf GMD-Seite hat diese kriminelle Bundesgenossenschaft einer sich respektabel gebenden Partei erst jüngst bestätigt.[71] Während der sich anschließenden Nanjing-Periode kooperierte die Qingbang eng mit der Geheimpolizei des gefürchteten Dai Li (1897–1946); sie kontrollierte einige der »gelben« Gewerkschaften, die den Platz der unterdrückten »roten« einnahmen. Durch die Errichtung eines staatlichen Drogenmonopols im Jahre 1933, das angeblich – mit großer Propagandawirkung gegenüber dem westlichen Ausland – der Bekämpfung von Drogenhandel und Drogensucht dienen sollte, wurde in Wirklichkeit das Rauschgiftgeschäft salonfähig gemacht: eine »Reform«-Maßnahme, die »die Kriminalität bürokratisierte, indem sie die Regierung kriminalisierte«[72]. Die »Büros zur Opiumunterdrückung«, die unmittelbar dem militärischen Kommando Chiang Kai-sheks, des mächtigsten Politikers und Armeeführers im Lande, unterstanden, gaben große Menge konfiszierten Opiums an Du Yuesheng weiter, der sie zu Heroin verfeinern ließ; die Profite teilten sich Du und das Chiang-Militär.[73]

Das chinesische Verbrechen, mit westlichen Maßstäben nicht ganz zu erfassen, zeigte übrigens noch ein weiteres Gesicht, das patriotische. Du Yuesheng tat sich als energischer Gegner Japans hervor. Finanziell und als Vizepräsident des chinesischen Roten Kreuzes trug er im Krieg zu den Widerstandsanstrengungen bei.

Es mag freilich sein, daß sein Haß auf die Japaner nicht nur seiner Vaterlandsliebe entsprang, sondern auch einem erfolgreichen Geschäftsrivalen galt: Seit Anfang der dreißiger Jahre überschwemmten nämlich die Japaner in immer wachsenden Mengen von der Mandschurei und den von ihnen kontrollierten Teilen Nordchinas aus den chinesischen Markt mit Drogen: eine bewußt verfolgte Strategie der Aggression. In einem offiziellen Handbuch für Soldaten der in der Mandschurei stationierten Kolonialarmee hieß es: »Der Gebrauch von Rauschgift ist einer höheren Rasse wie den Japanern unwürdig. Nur niedere Rassen, dekadente Rassen wie die Chinesen, Europäer und die Bewohner Ostindiens, sind drogensüchtig. Darum sind sie dazu bestimmt, unsere Diener zu werden und schließlich unterzugehen.«[74] Zu den größten Drogenhändlern im Asien des 20. Jahrhunderts gehörte das japanische Militär.

Das großstädtische China während der ersten Hälfte des 20. Jahrhunderts bietet also ein widersprüchliches Bild. Einerseits näherten sich die chinesischen Städte – und vor allem die größte und weltoffenste unter ihnen: Shanghai – dem universalen Typus der modernen Metropolis immer mehr an. Das alte Bild der chinesischen Verwaltungsstadt mit ihren Mauern und Toren, dem Yamen des Beamten, dem Trommelturm, den Tempeln und den Marktplätzen wurde überlagert durch Versatzstücke des Fortschritts: Bahnhöfe, Fabriken, Hotels, Warenhäuser, Universitäten, Polizeistationen, Shanty Towns, Straßenbeleuchtung, Trambahnen, Automobile. Andererseits mußte diese äußerlich sichtbare Modernisierung aber nicht unbedingt auch Verwestlichung in der Tiefe bedeuten. Die einzelnen städtischen Milieus wiesen meist eine jeweils besondere chinesische Färbung auf. Einiges Allgemeine läßt sich zusammenfassend über die chinesischen Großstädte der republikanischen Periode aber doch sagen:

Erstens blieben die großen Städte von den ganz schlimmen Verheerungen der Epoche verschont. Trotz der Unruhen von 1911, der britischen Übergriffe 1925 in Shanghai und Kanton und gelegentlichen Kanonenbootbeschusses wie der britischen Bombardierung des Yangzihafens Wanxian 1926, bei der mindestens vierhundert Chinesen umkamen, auch trotz der Massaker an wirklichen oder verdächtigten Kommunisten nach 1927 entgingen die großen Städte des chinesischen Kernlandes zwischen dem Boxeraufstand und dem Beginn des Japanisch-Chinesischen Krieges im Juli 1937 den Extremen von Krieg, Verwüstung und Hunger. Die einzige wirklich wichtige Ausnahme bildete der japanische Flotten- und Luftangriff auf Shanghai Anfang 1932, eine Aktion zur Flankierung der Eroberung der Mandschurei, die im September des Vorjahres begonnen hatte. Erst der Krieg öffnete auch für die großen Städte die Schleusen der Gewalt. Aus den zahlreichen Greueltaten der japanischen Armee ragt die »Vergewaltigung Nanjings« während der sechs Wochen nach dem 12. Dezember 1937 besonders hervor. Damals wurden mindestens 200 000 Zivilisten und Kriegsgefangene auf unbeschreiblich grausame Art und Weise umgebracht.

Zweitens wuchsen die chinesischen Städte, abermals vor allem Shanghai, mit unorganischer Geschwindigkeit als Folge einer Kombination von »Push«- und »Pull«-Faktoren. Nach dem Opiumkrieg hatte das »blaue«, maritime China allmählich auf wirtschaftlichem, demographischem und politischem Gebiet gegenüber dem »gelben«, kontinentalen China an relativem Gewicht gewonnen. Doch erst seit etwa der Jahrhundertwende entstanden an der Küste jene städtischen Wasserköpfe, die Ausdruck eines bis dahin unbekannten Ungleichgewichts zwischen Stadt und Land, zwischen Küste und inneren Provinzen waren. Das rasante Wachstum durch Zuwanderung hatte zur Folge, daß sich ein Charakterzug verstärkte, der bereits die traditionale Stadt ausgezeichnet hatte: Chinesische Städte waren Immigrantenstädte. Sie besaßen noch keine gefestigte Klassenstruktur, in welche sich die Zuwanderer hätten einfügen können. Die einzigen verläßlichen sozialen Bindekräfte und Orientierungspunkte oberhalb der Familie waren daher die landsmannschaftlichen Solidaritäten der regionalen Herkunft. Sie machten sich auf allen gesellschaftlichen Rängen bemerkbar: unter Studenten ebenso wie unter den Bankiers von Shanghai, die überwiegend aus Zhejiang stammten, und den Fäkalienträgern der Hauptstadt, unter denen sich fast nur Immigranten aus der Provinz Shandong fanden. Die chinesische Großstadt war daher nicht nur horizontal geschichtet, sondern auch vertikal fragmentiert.

Drittens ist es dennoch, wie die Darstellung der 30. Mai-Bewegung gezeigt hat, immer wieder zu politischen Zusammenschlüssen gekommen, die über Klassengrenzen und Unterschiede regionaler Herkunft hinausgriffen. Die treibende Kraft waren dabei die Studenten, ein zahlenmäßig kleines, aber sauerteigartig wirksames Element unter der städtischen Bevölkerung. Sie waren dank überwiegender Herkunft aus der Oberschicht eine sozial einigermaßen homogene Gruppe, die sich allerdings als Resultat der Erziehungsrevolution in einem Zustand suchender Rollenunsicherheit befand. Sie waren auch die einzigen Träger einer interessenübergreifenden Ideologie. Einige von ihnen waren schon früh von der Notwendigkeit einer politischen und gesellschaftlichen Revolution überzeugt. Was sie aber *alle* einte, war spätestens seit dem nationalen Erwachen während der 4. Mai-Bewegung von 1919 der Nationalismus. Dessen Grundgedanken und -sentiments ließen sich auch den übrigen Segmenten der städtischen Bevölkerung vermitteln, die als Arbeitende und Geschäftsleute eigene Erfahrungen mit den Fremden gesammelt hatten. Der Nationalismus war vor 1937 die wichtigste mobilisierende und einigende Kraft unter der chinesischen Großstadtbevölkerung. Dies sollte sich erst 1945 ändern, als sowohl die japanische Kriegsmaschine wie die europäischen Imperialismen aus China verschwanden und damit dem Nationalismus allenfalls noch die zunächst wenig offensiven USA als unmittelbarer Gegenspieler blieben.

Beides muß gesehen werden: die Modernisierung der Lebensstile in den unterschiedlichen städtischen Milieus *und* die instabile Unruhe in riesigen Menschenagglomerationen, die, gerade auch infolge des Fehlens einer effizienten Staatsmacht, eine Vielzahl von Mikrostrukturen aufwiesen, aber durch keinen Makrorahmen zusammengehalten wurden. In dem Maße, in welchem es eine städtische Revolution gab, war sie weniger eine Antwort auf unerträglichen proletarischen Leidensdruck – das Leben auf dem Lande war erheblich härter – als die Verdichtung einer kritischen Masse aus sozialer Desorientierung, wirtschaftlich motivierten Wünschen nach Verbesserung der eigenen Lebenslage, patriotischer Empörung und politischen Visionen der Rettung und Wiedererstehung Chinas.

Kapitel 3

Visionen und Programme chinesischer Politik

Am Beginn der chinesischen Revolution standen Ideen. Gelehrte gaben die ersten Anstöße zur Veränderung. *Hommes de lettres* gründeten und führten die verschiedenen politischen Bewegungen, die nach der Jahrhundertwende aufkamen. Intellektuelle suchten nach Diagnosen der Krise des Landes und seiner Kultur und nach Auswegen aus dieser Krise. Die chinesische Revolution ist in einem hohen Maße vorgedacht worden, auch wenn zu Beginn des Jahrhunderts niemand die Gestalt ahnte, die sie schließlich annehmen würde. Europäische Revolutionen sind zuweilen erst *ex post* durch große Geschichtsschreibung auf ihren historischen Sinn befragt worden: die englische durch den Earl of Clarendon, den führenden Staatsmann der Restauration, die französische durch Autoren wie Alexis de Tocqueville und Jules Michelet, die russische durch Leo Trotzki. Im chinesischen Falle fehlt eine solche Geschichtsschreibung des großen Atems; die Revolutionshistoriographie hält sich bis heute an die offiziellen marxistischen Schemata der dreißiger Jahre. Um so mehr fällt auf, daß die tiefsten Reflexionen über die Umbrüche in China *während* des revolutionären Prozesses selbst formuliert wurden, ja, daß sie in teils utopischem Vorgriff an seinem Anfang stehen.

Trotz der herausgehobenen Bedeutung von politischen Ideen wäre es einseitig, die Geschichte Chinas während der ersten Hälfte des 20. Jahrhunderts als eine bloße Umsetzung gedanklicher Entwürfe zu verstehen. Die Ideengeschichte der Revolution steht auf eine Weise, die sich in keine abstrakte Formel pressen läßt, im Zusammenhang mit der politischen und der gesellschaftlichen Geschichte der Epoche. Vor allem kann eine aufs Gedankliche beschränkte Interpretation eines nicht erklären: warum aus dem breiten Spektrum der programmatisch ausgearbeiteten Möglichkeiten eine einzige sich durchzusetzen und alle Konkurrenten zu verdrängen verstand – die chinesische Spielart des Bolschewismus.

China besitzt eine der großen klassischen Traditionen des Denkens und Schreibens über die philosophisch-moralischen Grundlagen und über die Techniken des Herrschens und Regierens. Die maßgebenden Texte stammen aus der Zeit vor der Gründung der zentralisierten Monarchie, aus der Epoche politischer Zersplitterung, der »Streitenden Reiche« (*Zhanguo*). Die Klassiker von Konfuzius (Kongzi) über seine Nachfolger Menzius (Mengzi) und Xunzi bis zu Han Fei, dem Begründer der »machiavellistischen« Machtstaatslehre des Legismus, lebten und lehrten zwischen dem 6. und dem 3. Jahrhundert v. Chr. Alle spätere politische Philosophie im kaiserlichen China bewegte sich, trotz mannigfacher Anpassung an die jeweiligen Zeitumstände, auf den damals angebahnten Denkwegen.

Chinas erste Berührung mit der europäischen Kultur, im 17. und 18. Jahrhundert von gelehrten Jesuitenpatres vermittelt, blieb im Reich der Mitte ohne andauernde Wirkung, sogar auf dem Gebiet von Naturwissenschaften und Technik und erst recht auf dem der Philosophie. Erst die Auseinandersetzung mit dem imperialistisch auftretenden Westen seit dem Opiumkrieg machte deutlich, daß die Denkmittel der Klassik nicht ausreichten, um den Herausforderungen des wissenschaftlich-industriellen Zeitalters zu begegnen. Das soll keineswegs heißen, die chinesische moral- und staatsphilosophische Tradition, die sich in gröbster Verkürzung als »konfuzianisch« bezeichnen läßt, habe sich damals erschöpft und sei belanglos geworden. Gerade in der Gegenwart beobachtet man eine Art von Renaissance verschiedener Spielarten des Konfuzianismus:[1] einen philosophischen Neo-Konfuzianismus, vertreten etwa durch den an der Harvard-Universität lehrenden Philosophen Tu Wei-ming sowie mehrere Gelehrte in Taiwan und Hongkong, einen politischen Konfuzianismus als autoritäre Effizienzideologie, den asiatische Machthaber wie Lee Kuan Yew, der langjährige Ministerpräsident Singapurs, der »Dekadenz« des Westens entgegensetzen wollen, und einen lebensweltlichen Volkskonfuzianismus, der in Tugenden und Werten wie Fleiß, Disziplin und Familiensinn zum Ausdruck kommt und sich nach dem Ende des maoistischen Kollektivismus auch in der Volksrepublik China entfalten kann. Eine solche Rückkehr des Konfuzianismus auf verschiedenen Ebenen geschieht auf dem Boden der modernen Welt; sie setzt die Erschütterung der vormodernen Weltordnung voraus und greift auf *modifizierte* Traditionsbestände zurück, um Orientierung für die Gegenwart zu geben. Vom äußerlich unangefochtenen Konfuzianismus des kaiserlichen China trennt sie ein Jahrhundert westlicher Herausforderung.

Daß Kontakt und Konflikt mit Europa und seinem Ableger, den USA, das politische Denken in China vor neue Aufgaben stellten, die mit den gewohnten Einstellungen und kognitiven Schemata nicht länger zu bewältigen sein würden, wurde der chinesischen Bildungs-und Machtelite erst allmählich klar. Beinahe bis zum Ende des 19. Jahrhunderts beobachtete man das Verhalten der Ausländer in China – Kaufleute, Missionare und Soldaten – und zog daraus Schlußfolgerungen, die nicht unbedingt schmeichelhaft waren. Der Westen – das waren die Umtriebe der Fremden in den Treaty Ports. Kein Wunder, daß es weiterhin möglich war, die Europäer und Amerikaner als geschickte Ingenieure zu betrachten, ohne sie kulturell sonderlich ernst zu nehmen. Dies änderte sich erst unter dem Eindruck des Schocks von 1895 und der sich anschließenden gesteigerten Aggressivität der imperialistischen Mächte. Ein zweites kam hinzu: Durch Übersetzungen wurden um die Jahrhundertwende Schlüsselwerke westlichen Denkens in China bekannt. (Nur die Bibel war bis dahin weit verbreitet worden; zwischen 1833 und 1914 sollen zwanzig Millionen Exemplare in China in Umlauf gebracht worden sein.)[2] Erstmals wurde es nun möglich, hinter die Treaty-Port-Fassade zu schauen und die Tiefenstrukturen westlichen Denkens kennenzulernen. Damit begann eine zweite, eine ungleich intensivere Phase der Auseinandersetzung mit der okzidentalen Kultur.

Vieles hing davon ab, was zu welchem Zeitpunkt übersetzt wurde. Persönliche Interessen, publizistische Strategien und Zufälle, etwa des Studienorts, des Reisens, der Sprachkenntnisse und der Bekanntschaft mit ausländischen Gelehrten, bestimmten die Auswahl der Übertragungen. Japan wurde in den Jahren nach der Jahrhundertwende zum großen Umschlagplatz des Wissens.

Zwischen 1896 und 1912 wurden etwa fünfhundert Werke aus dem Japanischen ins Chinesische übersetzt, viele davon Übersetzungen aus europäischen Sprachen.[3] Bei solch zweistufiger Transmission ging manche Feinheit verloren. Vor allem wurde das westliche Vokabular, wie schon am Revolutionsbegriff gezeigt, durch die japanische Sprache gefiltert. Versuche der unmittelbaren phonetischen Nachbildung im Chinesischen setzten sich selten durch: Wissenschaft/science als *sai-yin-si* zu bezeichnen, war nur vorübergehend populär. Bald übernahm man den japanischen, aus zwei Schriftzeichen bestehenden Neologismus *kagaku* (»geordnetes Wissen«), vielleicht eine Übersetzung des deutschen »Fachwissenschaft«, mit der chinesischen Aussprache *kexue*.[4]

Japanische Werke verglichen oft den Westen mit der fernöstlichen Tradition und erschlossen ihn auf diese Weise für China. Unter den direkten Übernahmen waren jene besonders erfolgreich, die das Fremde im vertrauten Idiom ausdrückten. Pionierleistungen waren die Übersetzungen, die Yan Fu (1853–1921), ein ehemaliger Student der Schiffstechnologie am Greenwich Naval College, in exquisitem klassischem Chinesisch anfertigte und mit ausführlichen Erläuterungen und kritischen Räsonnements versah. 1897/98 publizierte Yan seine Übersetzung von ›Evolution and Ethics‹ des Darwin-Anhängers Thomas H. Huxley und unternahm damit, »den ersten ernsthaften Versuch seit den Jesuiten, den Literaten zeitgenössisches westliches Denken nahezubringen und ihnen die tiefe Ernsthaftigkeit dieses Denkens zu zeigen«[5]. Rasch folgten weitere Übertragungen aus Yan Fus fleißiger und kompetenter Feder: Adam Smiths ›Wealth of Nations‹ (1901/02), John Stuart Mills ›On Liberty‹ (1903), Herbert Spencers ›A Study of Sociology‹ (1903), Montesquieus ›De l'esprit des lois‹ (1904–1909), J.S. Mills ›A System of Logic‹ (1905). Erst seit Yan Fus epochemachenden und weithin beachteten Übersetzungen kann von einer eigentlichen »Rezeption« nichtreligiösen westlichen Denkens in China die Rede sein.

Es ist charakteristisch, daß Yan Fu sich nicht als neutrales Medium des Kulturtransfers verstand, sondern mit seinen Übersetzungen und Kommentaren intellektuelle Politik zu machen versuchte. Er hielt die zeitgenössische westliche Denkströmung des

Evolutionismus und besonders ihre radikale Variante, den Sozialdarwinismus, für besonders bedeutungsvoll für China, zumal sich in ihr ein Echo gewisser Gedanken der klassischen Philosophie finden ließ. Indem Yan Fu dem chinesischen Publikum Grundwerke des europäischen Liberalismus präsentierte, nutzte er den Spielraum des virtuosen Übersetzers in der Weise, daß er in den Texten weniger den Aspekt der Freiheiten und Rechte des Individuums betonte als den der evolutionär fortschreitenden Harmonie zwischen dem Handeln des einzelnen und den Bedürfnissen des sozialen Organismus. So interessierte ihn bei Adam Smith mehr das Theorem der Ordnung stiftenden »unsichtbaren Hand« als das des egoistischen Profitstrebens. Das Beispiel Yan Fus, des kulturellen Mittlers *par excellence*, zeigt, daß chinesische Übernahmen aus dem Westen nicht allein *selektiv* im Sinne der Auswahl bestimmter Autoren, Positionen und Theorien (und der Mißachtung anderer) vor sich gingen, sondern auch *kreativ* waren, insofern die Rezeption von den politischen und kulturellen Problemen der jeweiligen chinesischen Gegenwart geprägt wurde. Von purem Kopieren des Westens kann nur in Ausnahmefällen die Rede sein.

So sind denn die politischen Strömungen des Westens in China so gut wie nie ohne kulturelle Brechung zur Kenntnis genommen worden. Es ist daher problematisch, die geläufigen »Ismen« unrelativiert auf China zu übertragen: Liberalismus, Konservativismus, Sozialismus und so weiter. Das moderne chinesische politische Denken in seinem Goldenen Zeitalter zwischen etwa 1898 und 1927, also zwischen der ersten konstitutionellen Reformbewegung und dem Beginn des Bürgerkrieges zwischen KP und GMD, war immens vielgestaltig, ordnet sich aber nicht ohne weiteres auf dem Spektrum europäischer Ausdifferenzierung von »rechts« bis »links«. Die europäische politische Skala war ja auch *nach*revolutionär. Sie erstreckte sich zwischen denjenigen, die seit Grachus Babœuf die politische Revolution zur sozialen vorantreiben, und denjenigen, welche die Reste der alten Ordnung mit neuen Legitimationsweihen versehen wollten. China hingegen befand sich in einem *früh*revolutionären Stadium und sah seine politischen Handlungsspielräume durch seine abhängige Stellung im internationalen System bestimmt.

Hier galten andere Unterscheidungskriterien als in Europa nach 1789: die Haltung zur einheimischen kulturellen Tradition und zum Westen, die Vision des noch unerfüllten Nationalstaates, die politische Rolle der intellektuellen Avantgarde. Da diese Kriterien nicht in säuberlicher Gleichsinnigkeit miteinander korrelierten, fällt es schwer, die Landschaft des politischen Denkens während der ersten drei Jahrzehnte des 20. Jahrhunderts adrett nach Richtungen und Parteiungen zu zerlegen. Multiple Identitäten, Positionenwechsel, Konversionen waren eher die Regel denn die Ausnahme. Anarchisten verwandelten sich in Marxisten, radikale Reformer wurden zu Verteidigern des *status quo*, Kulturkonservative machten sich politisch fortschrittliche Anliegen zu eigen. Ein statisches enzyklopädisches Inventar der Fülle politischer Ideen, wie sie in einer Flut von Publikationen entwickelt wurden, läßt sich daher kaum erstellen. Es genügt aber auch nicht, einzelne »große Denker« herauszugreifen und sie gleichsam dem historischen Realprozeß zu entziehen. Die tiefsinnigsten Köpfe waren durchaus nicht immer auch die tatsächlich einflußreichen. Kang Youwei, der originelle konfuzianische Reformtheoretiker und Utopist, blieb ohne größere politische Wirkung, während Mao Zedong, beharrlicher Geschichtsklitterung zum Trotz, alles andere als ein eigenständiger philosophischer Kopf, der chinesischen Geschichte seinen Stempel aufprägte.

Aufklärung[6]

Das chinesische politische Denken hat innerhalb des kurzen Zeitraums von drei Jahrzehnten eine Bewegung von der Theorie der absoluten Monarchie bis zur Begründung des Sozialismus (nach-)vollzogen, für die sich Europa ein Vielfaches dieser Zeit leisten konnte. Die chinesische Denkentwicklung verlief teleskopisch zusammengeschoben: Was in Europa als Phasen politischer Ideengeschichte aufeinanderfolgte, geschah in China gleichzeitig. Die verschiedensten politischen Ordnungsmodelle wurden parallel entwickelt. Gemeinsam war ihren Urhebern allein eines: die gemeinsame Verpflichtung auf die Idee der »nationalen Rettung« (*jiuguo*). Was die chinesische Nation sei, wovor sie gerettet werden müsse und wie dies bewerkstelligt werden könnte, war dabei heftig umstritten. Ein zweites, beinahe ebenso wichtiges Grundmotiv war die Idee der »Aufklärung« (*qimeng*), der radikalen kritischen Neubewertung der Tradition unter dem Gesichtspunkt der freien Entfaltung der Person. Die Vertreter einer Aufklärung für China waren durch die Bedrohung der Nation nach 1895 zu ihrem Engagement bewogen worden; sie machten das Bleigewicht des Überkommenen für die Hilflosigkeit Chinas verantwortlich und waren davon überzeugt, durch kulturelle Reinigung und Erneuerung einen entscheidenden Beitrag zum Wiederaufstieg des Landes zu leisten. Indessen ließen sich »Aufklärung« und »nationale Rettung« nicht unbedingt immer harmonisch miteinander verbinden. Andere meinten nämlich, nicht durch die Freisetzung der Kreativität des Subjekts sei die Krise der Nation zu überwinden, sondern nur durch Unterordnung und Disziplin im kampfkräftigen Kollektiv. Diese Auffassung setzte sich in der zweiten Hälfte der zwanziger Jahre durch. Mit der Formierung des geistigen Lebens in autoritär geführten, vor allem den Grundzielen des Nationalismus verpflichteten Parteien – hier der Kommunistischen Partei, dort der Nationalpartei (GMD) – wurden die Keime der Aufklärung unter der Parole der nationalen Rettung erstickt.[7] Erst in den achtziger Jahren kamen mit der weitgehenden politischen Liberalisierung in Taiwan und der sehr zögerlichen, durch die Niederschlagung der Demokratiebewegung Anfang Juni 1989 brutal unterbrochenen Auflockerung der Parteidiktatur auf dem Festland Impulse der chinesischen Aufklärung erneut zaghaft zur Geltung. Je mehr China an internationalem Selbstbewußtsein gewinnt, desto schwieriger wird es, weiter an die Notwendigkeit des Zusammenhaltens unter äußerer Bedrohung zu appellieren. Der Disziplinierungsdruck hat sich denn auch inzwischen vom Nationalismus zur »Modernisierung« im kompetitiven Weltmarkt verschoben.

Was war die »chinesische Aufklärung«, als historisches Phänomen verstanden? Innerhalb des Konfuzianismus waren von Zeit zu Zeit immer wieder Strömungen der Selbstkritik und Ansätze zur Überwindung ideologischer Befangenheiten durch Hinwendung zu Textkritik (*kaozheng*) und zur empirischen Untersuchung der Wirklichkeit aufgetreten. Der Konfuzianismus war also kein in sich kreisendes weltfernes Denksystem, sondern besaß eingebaute Erneuerungsmechanismen und war in einem gewissen Grade zur Selbstaufklärung fähig. Die Reformlehren, die Kang Youwei in den neunziger Jahren des 19. Jahrhunderts entwickelte, waren dafür ein eindrucksvolles Beispiel. Sie kurierten aber, wie manche Vertreter einer jüngeren Generation meinten, bloß an den Symptomen der chinesischen Krise herum. Seit 1915 artikulierten sich diese radikaleren Stimmen in der Zeitschrift ›Qingnian Zazhi‹ (Jugend-Magazin), die im folgenden Jahr in ›Xin Qingnian‹ (Neue Jugend) umbenannt wurde. Ihr Gründer, Chen Duxiu (1879–1942), hatte die rasanten Veränderungen der Epoche am eigenen Leibe erfahren. Er hatte 1896 und 1897 noch an den Staatsprüfungen teilgenommen, sich dann längere Zeit in Japan aufgehalten und dort Kontakt zu revolutionären Exilchinesen gefunden; während der Revolution von 1911 war er für kurze Zeit Erziehungsminister der Provinz Anhui gewesen. 1917 berief ihn Cai Yuanpei zum Professor und Dekan der Literaturfakultät an der Peking-Universität. ›Xin Qingnian‹ wurde die wichtigste unter mehreren Zeitschriften, in denen die Vertreter einer Bewegung für Neue Kultur ihre Ideen propagierten. Aus der Kulturbewegung ging dann 1919 die politische Bewegung vom 4. Mai hervor. Ausgelöst durch die Abweisung chinesischer Ansprüche auf der Friedenskonferenz zu Versailles, trug der Studentenprotest vom Mai/Juni 1919 die Forderungen der Neuen Kulturbewegung auf die Straße. Oft faßt man daher die Neue Kulturbewegung und die Demonstrationen von 1919 unter dem umfassenden Sammelnamen der »4.Mai-Bewegung« zusammen.

Man muß sich die Gruppe um ›Xin Qingnian‹, zu der sich 1918 als wichtige Wortführer die zumeist studentischen Mitarbeiter der Zeitschrift ›Xin Chao‹ (Neue Welle) gesellten, als eine lose Koalition von Intellektuellen vorstellen, die niemals in allem übereinstimmten und die nach wenigen Jahren markant unterschiedliche Wege einschlugen. Gemeinsam war ihnen, daß sie die Schuld für Chinas Krise nicht landesfremden Aggressoren – sei es der »Fremddynastie« der Mandschuren, sei es dem »Imperialismus« – anlasteten, sondern deren Ursachen in der Bürde von Chinas eigener »feudaler« Tradition sahen. Darunter verstanden sie hauptsächlich die Ethik der Unterwerfung unter unangreifbare Autoritäten: des Vaters in der Familie, der alles regelnden Staatsbürokratie, einer kleinen Elite, die als Hüterin der Hochkultur auftrat. Als Befreiung von solcher Fremdbestimmung hatte die chinesische »Aufklärung« eine ähnliche Bedeutung wie die europäische. Auch sie bezweckte den »Ausgang des Menschen aus seiner selbst verschuldeten Unmündigkeit« (Immanuel Kant). Wandte sich die europäische Aufklärung des 18. Jahrhunderts aber gegen die Gängelung der Menschen durch die orthodoxen Lehren der Kirche, so hatte es die chinesische des frühen 20. Jahrhunderts mit einem viel zäheren Gegner zu tun: den in Jahrhunderten internalisierten Gewohnheiten des Gehorsams, der Pflicht und der Loyalität.[8] Die chinesische Aufklärung wollte und mußte daher nicht nur gesellschaftliche Institutionen reformieren, sondern auch Verhaltensweisen ändern. Sie stellte sich einen Neuen Menschen vor, wie er möglichst durch Einsicht und pädagogische Bemühung hervorzubringen sei, vielleicht aber auch – vor dieser Konsequenz aus ihrer radikalen Traditionskritik hätte es den Aufklärern des frühen 20. Jahrhunderts gegraut – durch den Terror totalitärer Staatskampagnen.

Die chinesischen Aufklärer, selbst vielfach erst in den letzten Jahren des 19. Jahrhunderts geboren, forderten mit großer Emphase eine Erneuerung Chinas durch seine Jugend. Mit ihrer Polemik attackierten sie sklavische Klassikergläubigkeit, politischen Autoritarismus, das patriarchalische Familiensystem, die Unterdrückung der Frauen und eine heuchlerische Sexualmoral. Durch ihr eigenes literarisches Vorbild trugen sie zur Vereinfachung der extrem komplizierten, nur durch langjährige Anstrengungen zu meisternden klassischen Schriftsprache und zur Entschlackung des dichterischen Ausdrucks bei. In dieser Sprach- und Literaturreform, der einzigen großen Veränderung, die sich allein kraft öffentlicher Wirksamkeit und ohne politische Unterstützung durchsetzen ließ, lag der greifbarste Erfolg der 4. Mai-Bewegung.

Die chinesische Aufklärung war, wie die europäische, wissenschaftsgläubig. Von einer vorurteilsfreien Betrachtung und Bewertung der Tatsachen versprach man sich Einsichten in Natur und Gesellschaft, die sich zum Nutzen der Gegenwart verwerten ließen. Einer Übernahme westlicher Wissenschaft und ihrer philosophischen Grundlagen sollten keine Hindernisse und Vorbehalte mehr im Wege stehen. Die Aufklärer unterstützten daher einen Wissenschaftstransfer, der dank der Bemühungen von Missionsuniversitäten und einiger »returned students« bereits begonnen hatte. Bezeichnenderweise war die Chinesische Gesellschaft der Wissenschaften (*Zhongguo kexue she*) 1914 von chinesischen Studenten an der Cornell University gegründet und erst 1918 nach China verlegt worden.[9] In einigen Fächern, etwa der Geologie, erlangten chinesische Forscher international bald hohes Ansehen. Die philosophische Begründung einer chinesischen Aufklärung verhalf einer quellenkritischen, sich neuer westlicher Methoden und Darstellungsformen bedienenden Geschichtsforschung, wie sie in den ersten Jahren des Jahrhunderts von Liang Qichao programmatisch entworfen worden war, zu größerer Wirkung. In ihrem Umkreis gedieh eine empirische Sozialwissenschaft, die sich aus ihrer Verbindung mit dem christlichen Bildungswesen zu lösen begann.[10] Stärker als jede andere Intellektuellengeneration vor ihr nahmen die Protagonisten der chinesischen Aufklärung in allen Bereichen ausländisches Wissen auf. Da es sich dabei vorwiegend um Wissen und Denkansätze der Gegenwart handelte, konnte die chinesische Aufklärung inhaltlich keine Kopie der europäischen sein, die bereits mehr als ein Jahrhundert zuvor ihr Ende gefunden hatte. Die chinesischen Aufklärer lasen eher Bertrand Russell als John Locke, eher Tolstoj als Rousseau. Sie waren aber, wie die europäischen Aufklärer des 18. Jahrhunderts, kosmopolitisch eingestellt, suchten weltweit nach Anregungen und Ideen und weigerten sich, der kulturellen »Substanz« Chinas gegenüber der des Westens Höherwertigkeit zuzumessen.

Ihr Kosmopolitismus machte die Aufklärer verwundbar für den Vorwurf, es mangele ihnen an Patriotismus: ein fataler Verdacht in einer Atmosphäre, welche – die emotionalen Reaktionen auf die Ereignisse vom 30. Mai 1925 zeigten es – von der Sorge um die »Rettung der Nation« bestimmt war und blieb. Daß die chinesische Aufklärung das Dilemma zwischen der Befürwortung philosophisch-wissenschaftlicher Verwestlichung und der Kritik, die auch sie teilte, am politischen Skandalon fortdauernder quasi-kolonialer Präsenz in China nicht zu lösen vermochte, unterstrich eine ohnehin vorhandene Schwäche und Unbestimmtheit ihrer politischen Orientierungen. Spätestens hier gelangen verallgemeinernde Aussagen über »die chinesische Aufklärung« an ihre Grenze. Waren sich die Hauptvertreter der Bewegung für Neue Kultur in kulturellen Kernfragen einig, so gingen ihre Vorstellungen darüber, wie eine künftige politische Ordnung Chinas auszusehen habe, schon früh auseinander. Chen Duxiu wurde 1921 zum Mitgründer der Kommunistischen Partei Chinas; der frühere Anarchist Wu Zhihui (1864–1953) und Cai Yuanpei, der große Erziehungsreformer und Wissenschaftsorganisator, schlossen sich hingegen dem anti-kommunistischen Flügel der Guomindang an.

Am authentischsten kam das politische Programm der chinesischen Aufklärung bei jener kleinen Gruppe von Intellektuellen zum Ausdruck, die sich für ein liberal-demokratisches System in China einsetzten. Ihr wichtigster Vertreter war der universal gebildete und interessierte Hu Shi (1891–1962), der 1917 nach seiner Rückkehr aus den USA, wo er sieben Jahre studiert hatte, zum Professor der Philosophie an der Peking-Universität berufen wurde. Während der folgenden zwanzig Jahre war er einer der kreativsten Intellektuellen Chinas, ein Anreger auf vielen Gebieten und vor allem ein Pionier der Sprach- und Schriftreform. Hu Shi hatte an der Columbia University bei John Dewey (1859–1952) promoviert, einem der Begründer der philosophischen Richtung des Pragmatismus. Es gelang ihm, den berühmten Philosophen und Pädagogen für einen Chinaaufenthalt zu gewinnen, der von Mai 1919 bis Juli 1921 dauerte und in der akademischen Öffentlichkeit eine außerordentliche Resonanz fand: Dewey sprach vor 78 Auditorien in dreizehn Provinzen; seine Pekinger Vorlesungen wurden in über 100 000 Exemplaren verbreitet.[11] Dewey lehrte Skepsis gegen jede Art von geschlossener Weltanschauung. Für ihn gab es keine perfekten und endgültigen Antworten auf theoretische und praktische Fragen, sondern nur eine ständige Suche nach der unter spezifischen Umständen relativ besten Lösung. Eine solche ideologiefreie Haltung von »Versuch und Irrtum« habe ebenfalls für die Politik zu gelten. Hu Shi folgte weitgehend der politischen Einstellung, die sein Lehrer Dewey als »Liberalismus« bezeichnete: »eine

Methode des Experimentierens, die auf Einsicht sowohl in gesellschaftliche Bestrebungen als auch in die tatsächlichen Verhältnisse beruht«[12].

Hu Shi wollte – wie viele seiner intellektuellen Zeitgenossen – das chinesische Reich in eine moderne Industrienation westlichen Typs verwandeln. Als einzig geeignetes Mittel zu diesem Zweck sah er die Beseitigung aller Reste konfuzianischen Denkens und Verhaltens und eine möglichst weitgehende Verwestlichung der chinesischen Zivilisation.[13] Die umgehende Einführung einer liberalen Demokratie nach amerikanischem Vorbild hielt Hu für möglich, da er nicht nur mit John Dewey, sondern auch mit der europäischen Aufklärung des 18. Jahrhunderts die Überzeugung von der kulturneutralen Geltung und Anwendbarkeit rationaler Denkweisen teilte. Eine vernünftige Einrichtung des Gemeinwesens nach den universalen Prinzipien von Nützlichkeit und Freiheit sollte die Lösung für Chinas Probleme bringen. Hu Shi ist jedoch auch von denen oft getadelt worden, die dem Liberalismus im Prinzip nahestehen: für die Unbestimmtheit vieler seiner Formulierungen, für seine Vernachlässigung der »tatsächlichen Verhältnisse«, deren Bedeutung Dewey ja betont hatte, für sein relativ geringes Interesses an Institutionen, für seine Distanz zur Tagespolitik, für seine elitäre Haltung, für seine naive Harmlosigkeit angesichts von Chinas blutiger Gegenwart. Tatsächlich hatte der philosophische, kaum zu brauchbaren Programmen und Verfassungsentwürfen konkretisierte Professorenliberalismus, den Hu Shi und einige andere vertraten[14], niemals zwischen 1917 und 1949 eine Chance, in China zur bestimmenden Kraft zu werden – in einer Epoche wohlgemerkt, in der weltweit die Demokratie in die Defensive geriet. Seine Bedeutung liegt in seinem oppositionellen Gehalt, in dem Widerspruch, den er – ob akademisch ungebunden, ob in winzigen Parteien organisiert – im Namen individueller Freiheiten gegen die Monopolansprüche der Guomindang wie der Kommunistischen Partei einlegte.

Andere politische Theoretiker haben dabei stärker als Hu Shi neben der Bedeutung liberaldemokratischer Verfahrensregeln die der *rechtlichen* Sicherung der Freiheit des einzelnen gegenüber dem Staat hervorgehoben. Der von Harold Laski an der London School of Economics geprägte Politikwissenschaftler und Publizist Luo Longji (1896–1965), in der Tagespolitik stets aktiver und mit größeren Risiken engagiert als der distanzierte Hu Shi, widersprach denjenigen Apologeten chinesischer »Demokratie«, in deren Augen persönliche Freiheiten allein vom Staat durch positive Rechtsetzung gewährt werden sollten und folglich leicht wieder zurückgenommen werden konnten. Der Behauptung, außerhalb des Gesetzes gebe es keine Freiheit, stellten Luo und einige seiner Mitstreiter in der sich 1929 um die Zeitschrift ›Xinyue‹ (Neumond) bildenden Menschenrechtsbewegung das Prinzip vorstaatlicher und unveräußerlicher Grundrechte des Individuums, etwa der Gedanken-, Rede- und Pressefreiheit, entgegen. Luo führte die Unterscheidung zwischen »Menschenrechten« (*renquan*) und »Bürgerrechten« (*minquan*) in die chinesische Diskussion ein – eine explosive Differenzierung, behauptete sie doch die Existenz unantastbarer Freiheitsrechte, die nicht dem opportunistischen Kriterium der Nützlichkeit für das Kollektiv und die Revolution unterlagen. Damit widersprach Luo Longji der Ankündigung aus dem Manifest des Ersten Nationalkongresses der GMD von 1924, die Partei werde jeden an der Ausübung seiner politischen Rechte hindern, der sich illoyal zur Republik verhalte.[15] Da »Republik« sehr bald Einparteiendiktatur meinte, konnte all denen jeglicher Rechtsschutz entzogen werden, die von der Partei – GMD oder KPCh – als Oppositionelle etikettiert wurden.[16]

Aus der Sicht der neunziger Jahre unseres Jahrhunderts liegt die Bedeutung dieser Gegner des linken wie rechten Autoritarismus darin, daß sie durch ihre bloße Existenz die Auffassung widerlegen, liberale und demokratische Ideen seien der politischen Kultur Chinas fremd, sie seien unnatürliche Importe aus einem sich kulturimperialistisch spreizenden Westen. Dies ist nachweislich nicht der Fall.

Nationalismus

Auch die 4. Mai-Bewegung, in deren Zusammenhang die kosmopolitische chinesische Aufklärung entstand, verfolgte das vorrangige Ziel, »die Existenz und Unabhängigkeit der Nation aufrechtzuerhalten«[17]. Bestrebungen zur umfassenden Verwestlichung von politischem Denken und politischer Kultur stießen an die Schranke eines Nationalismus, der als einzige ideologische Gemeinsamkeit nahezu alle politischen Strömungen im China der ersten Jahrhunderthälfte verband. Dieser Nationalismus war anfänglich ein Geschöpf der meinungsführenden Elite, weniger die theoretische Fassung einer Leidenserfahrung breiterer Bevölkerungskreise.[18] Chinesischer Nationalismus läßt sich nicht als ein geschlossenes Dogmengebäude fassen; es gibt keinen Text, der – analog etwa zu Fichtes ›Reden an die deutsche Nation‹ – zum Manifest des chinesischen Nationalismus getaugt hätte. Man kann vielmehr idealtypisch vier Spielarten des chinesischen Nationalismus unterscheiden, die in komplizierten Zusammenhängen miteinander standen:

1. *Anti-imperialistischer* Nationalismus. Er begann jenseits des Stadiums bloßen fremdenfeindlichen Sentiments 1874 mit dem ersten politisch motivierten Boykott gegen die Administration der Französischen Niederlassung in Shanghai und steigerte sich dann als unmittelbare Reaktion auf die chinesischen Niederlagen gegen Frankreich und Japan. Vom Boxeraufstand bis zum Zusammenbruch Japans 1945 war er diejenige Form des Nationalismus in China, die sich am sichtbarsten in politische Aktion umsetzte – etwa die Bewegung vom 30. Mai 1925 – und die den einprägsamsten programmatischen und propagandistischen Ausdruck fand. Die chinesische Nation gewann in dieser Sicht Kontur im Widerstand gegen die Aggression der europäischen Großmächte und Japans. Theoretiker wie Liang Qichao sahen im Anti-Imperialismus die Grundlage einer konstruktiven Nationsbildung. Angesichts akuter äußerer Bedrohung hielten sie eine prinzipiell wünschenswerte Demokratisierung einstweilen für unmöglich; nur ein autoritäres System könne die innere Ordnung herstellen und Chinas Abwehrkraft stärken.[19] Bereits 1902 hatte Liang Qichao eine Theorie der objektiven *ökonomischen* Notwendigkeit des Imperialismus skizziert, die in manchen Überlegungen John A. Hobsons im gleichen Jahr veröffentlichtem und bald sehr einflußreichem Buch ›Imperialism: A Study‹ nahekam. Er stand damit im Gegensatz zu Sun Yat-sen und dessen Anhängern, die damals den Imperialismus als *politisches* Phä-

nomen interpretierten und Kompromisse mit den Großmächten sowie eine wirtschaftliche Zusammenarbeit mit ihnen nicht ausschlossen. Die 4. Mai-Bewegung von 1919 und die kurz danach beginnende Rezeption von Lenins Imperialismustheorie (die Hobson Wichtiges verdankt) rückten eine ökonomische Sichtweise erneut in den Vordergrund. Sie wurde in zahlreichen Schriften zu einer Analyse der Folgen von Chinas abhängiger Einbindung in die Weltwirtschaft ausgebaut. Der Kampf gegen den Imperialismus konnte fortan als Widerstand gegen jene Kräfte gedeutet werden, die die chinesische Nation im Zustand von Armut und Rückständigkeit hielten. Nicht nur die chinesische Nation: Lenins Lehre unterstrich die globale Natur des Kapitalismus in seiner imperialistischen Phase. Widerstand gegen diesen förderte nicht allein die nationalen Interessen Chinas, sondern vermittelte den Anschluß an weltweite Bestrebungen des organisierten Proletariats. In diesem Punkt zumindest schienen sich Nationalismus und Internationalismus theoretisch leicht vereinbaren zu lassen.

2. *Politischer* Nationalismus. Er reagierte auf zwei Probleme: wie nach dem Ende des agrarischen Imperiums das zentrifugale Kollektiv des chinesischen Volkes organisatorisch zusammengehalten werden könne und durch welche Identifikationsangebote sich die Machtsymbolik des sakralen Kaisertums ersetzen ließe. Sein wichtigster Bezugspunkt war der Zentralstaat.[20] Der politische Nationalismus setzte sich die Ziele, die auch in anderen Teilen der Welt mit *nation-building* verbunden waren: Das erste war der Aufbau moderner politischer Institutionen im Zentrum und ihr Zusammenwirken mit den provinzialen, regionalen und lokalen Ebenen von Politik, anders gesagt: die horizontale und vertikale Integration des politischen Systems. Zweitens ging es ihm um die Schaffung eines gesamtchinesischen Staatsbürgerbewußtseins, also die Verbreitung der Vorstellung, politische Loyalität in erster Linie dem nationalen Gesamtstaat zu schulden, nicht länger einer Dynastie oder der Person des Monarchen. Meiji-Japan war das große Vorbild dieser Variante nationalistischen Denkens. Liang Qichao gewann sein – mit dem europäischen Republikanismus von Machiavelli bis Rousseau durchaus verwandtes – Ideal des »Neuen Staatsbürgers«, der seine eigenen Interessen

mit denen der Nation identifiziert und sich verantwortungsbewußt und aus eigenem Antrieb für die Belange der Gesamtheit einsetzt, aus seinen Erfahrungen im japanischen Exil zwischen 1898 und 1912.[21] Bei aller Beschwörung von Bürgertugenden war der politische Nationalismus seit Liang Qichao keine Lehre vom frei vereinbarten Zusammenschluß mündiger *Citoyens* nach schweizer oder nordamerikanischem Modell. Er war ein etatistischer Nationalismus: Priorität kam dem Staat zu, in dem sich die Nation verkörperte und dem der Bürger zu dienen habe. Da in China während der ersten Hälfte des 20. Jahrhunderts trotz der Bemühungen nationalistischer Kräfte ein solcher leistungsfähiger Zentralstaat nicht zustandekam, mußte der politische Nationalismus utopisch bleiben. Die innere Befriedung des Landes und die Heilung seiner Zerrissenheit bildeten seinen nur als Möglichkeit entworfenen Horizont.

3. *Ethnischer* Nationalismus. Das agrarische Imperium der Kaiserzeit war ein Vielvölkerstaat. Als sein Mitglied wurde jeder akzeptiert, der die Herrschaft des Kaisers und die Verbindlichkeit der zentralen Symbole chinesischer Kultur anerkannte. Nicht-hanchinesische Bevölkerungselemente fanden sich an seiner regionalen Peripherie und in kleinen Siedlungsinseln, besonders im Süden. Unter der Qing-Dynastie war die Machtelite ein Amalgam aus Mandschuren (samt ihren mongolischen Gefolgsleuten) und der chinesischen Beamtenschaft. Die Mandschuren schwankten zwischen Assimilation an die chinesische Kultur und Bewahrung ihrer eigenen ethnischen Identität. Auf lange Sicht erwies sich die assimilatorische Tendenz als stärker; so geriet unter den Mandschu-Stammesleuten die mandschurische Sprache während des 19. Jahrhunderts weitgehend in Vergessenheit. Umgekehrt war hanchinesische Opposition gegen die erfolgreich regierende Qing-Dynastie vom Ming-Loyalismus des späten 17. Jahrhunderts bis zur Mitte des 19. Jahrhunderts nicht als Widerstand gegen ethnisch definierte »Fremdherrschaft« ausgedrückt worden.

Während der Taiping-Rebellion kam es erstmals zu ethnisch motivierten Massakern an Mandschuren. Unter dem Einfluß europäischer Rasselehren und in Anknüpfung an ältere ethnische Grenzziehungen zwischen Chinesen und »Barbaren« konstruierten frührevolutionäre Theoretiker um die Jahrhundertwende einen ethnischen Gegensatz zwischen hanchinesischen Untertanen und der fremden Herrscher-»Rasse« der Mandschuren. Geprägt vor allem durch den Gelehrten und radikalen Publizisten Zhang Binglin (1869–1936), war der Nationalismus der frühen Bewegung Sun Yat-sens ein rassisch begründeter Anti-Mandschuismus; nicht die Imperialisten, sondern die Mandschuren wurden als die schlimmsten, durch Revolution zu beseitigenden Feinde des chinesischen Volkes angeprangert.[22]

Eine ethnisch-rassische, im deutschen Kontext: »völkische«, Konzeption des Begriffs »Nation« verbreitete sich weltweit in den Jahren des *fin de siècle*; China war in dieser Beziehung weder Ausnahme noch Vorreiter. Seit etwa 1903 lassen sich Versuche erkennen, die Nation als exklusive Rassegemeinschaft des (han-)chinesischen Volkes zu definieren. Der Begriff *minzu*, der als »Nation« ebenso wie als »Rasse« übersetzt werden kann, kombinierte das Bedeutungselement »Volk« (*min*) mit dem der biologischen Abstammungsgemeinschaft (*zu*).[23] Er wurde nun ausdrücklich vom politischen Begriff »Nationalstaat«/»Staatsnation« (*guojia*) abgesetzt. Nach dem Sturz der Qing-Dynastie und der Gründung der Republik verschob sich die Aufmerksamkeit hin zur Frage der Klassifizierung und politischen Behandlung der minoritären Randvölker: Sun Yat-sen schwenkte 1912 in der Minderheitenfrage von einem exklusiven ethnischen Nationalismus zu einem inklusiven politischen Nationalismus um, wie ihn seine früheren Gegner, die Reformer um Liang Qichao, vertreten hatten. Seiner neuen Theorie zufolge bestand die chinesische Nation aus »fünf Rassen«, die friedlich nebeneinander leben und im Kampf gegen den Imperialismus solidarisch Seite an Seite stehen sollten: Mandschuren, Mongolen, Tibeter, Muslime und Han. Nach dem Tod ihres Gründers 1925 neigte die GMD dazu, die fünf ethnischen Komponenten als Untergruppen einer »alten chinesischen Rasse« anzusehen und die kulturellen Eigentümlichkeiten der vier Minderheitsgruppen durch Angleichung an die Han-Mehrheit abzuschleifen. An dem Herrschaftsanspruch der Republik über alle Völker in den Grenzen des untergegangenen Qing-Reiches, etwa auch über die während der Republikzeit *de facto* selbständigen Tibeter, wurde kein Zweifel zugelassen.

Dieser Auffassung schlossen sich die Kommunisten an. Sie rückten bald von ihren frühen föderativen Vorstellungen ab und vertraten das Ziel eines »vereinten Vielvölkerstaates« (*tongyi duomin guojia*) als einer »großen Familie freier und gleicher Nationen«, wie er schließlich in der Verfassung der Volksrepublik von 1954 festgeschrieben wurde.[24] Ein ethnisch-völkischer Nationalismus als einflußreiche politische Richtung (im Unterschied zu rassischen Vorurteilen) blieb in China ein Intermezzo. Er hätte, konsequent verwirklicht, zu dem für nahezu alle politischen Kräfte Chinas unerwünschten Ergebnis eines auf die han-besiedelten Kernprovinzen beschränkten Klein-China führen müssen.

4. *Kultureller* Nationalismus. Darunter soll nicht allein die auf Johann Gottfried Herder zurückgehende Auffassung von der Nation als Einheit kultureller Ausdrucksformen verstanden werden, sondern eingeschränkter die Idee der Überlegenheit der eigenen Kultur über die der Nachbarn in einer pluralen Welt von nationalen Zivilisationen. In China lebte zuweilen auch im 20. Jahrhundert gleichsam naiv der tiefverwurzelte »Sinozentrismus« aus jener Zeit fort, als das Reich der Mitte sich – nicht ohne Berechtigung – als zivilisiertes Zentrum einer Welt verstanden hatte, die von konzentrischen Ringen verschiedenartiger tributbringender »Barbaren« umgeben war. Der Übergang zu einem modernen kulturellen Nationalismus vollzog sich dort, wo unter Bedingungen äußerer Bedrohung die »Essenz« des Chinesentums bewußt als Antwort auf die Frage nach Wesen und Zukunft der chinesischen Nation ins Spiel gebracht wurde. Der vormoderne »Kulturalismus«, wie man ihn im Westen genannt hat, fand seinen Bezugspunkt relativ unproblematisch in den Riten, die alle Teilhaber an der chinesischen Zivilisation (das heißt nicht nur ethnische Han-Chinesen) in vorgeschriebenen Weisen vollzogen, sowie in der Aura des universalen Kaisertums. Nach dem Sturz der Monarchie 1911 und dem radikalen Antitraditionalismus der 4. Mai-Periode mußten neue Theorien an die Stelle der alten Symbole und Selbstverständlichkeiten treten. Es war die Grundüberzeugung des kulturellen Nationalismus seit den zwanziger Jahren, daß China nur dann als Nation zusammenwachsen und im internationalen Daseinskampf überleben werde,

wenn es die Kraftquellen seiner ganz spezifischen soziokulturellen Tradition zu aktivieren verstünde. Diese kulturkonservative Position, ein deutlicher Gegenentwurf zum kosmopolitischen Aufklärertum der Traditionskritiker, war nicht unbedingt an *politischen* Konservativismus gebunden. Auch wer zum Beispiel einen modernen Sozialismus durch Rückgriff auf angebliche egalitäre und kollektivwirtschaftliche Einrichtungen des chinesischen Altertums zu begründen hoffte, bewegte sich im Rahmen eines kulturell-nationalistischen Diskurses. Dieser findet sich überall dort, wo von Chinas »nationaler Essenz« (*guocui*) oder von einem besonderen »nationalen Charakter« (*minzuxing*) der Chinesen die Rede ist. Gemeint war in jedem Falle, daß die historische Erfahrung des chinesischen Volkes einzigartig und privilegiert sei und moralische Überlegenheit über den spirituell unterentwickelten Westen beanspruchen dürfe.[25]

Stärker als etwa der politische und auch der anti-imperialistische Nationalismus tendierte der kulturelle dazu, die »imagined community« der Nation zu homogenisieren. Eine Geschichtsschreibung in solcher Perspektive betont nicht die sozialen Konflikte, sondern – wie es der große konservative Historiker Qian Mu in seiner 1940 erschienenen Geschichte Chinas (*Guoshi dagang*) tat – die allmähliche Entfaltung eines moralischen Prinzips, bei Qian Mu desjenigen des öffentlichen Pflichtbewußtseins, durch die Epochen.[26] Geist und Form der chinesischen Geschichte sind in dieser Sicht ganz eigentümlich und durch Übertragung westlicher universalhistorischer Schemata und Modelle in keiner Weise gedanklich zu erfassen. Kultureller Nationalismus war und ist, trotz seiner Relativierung des Klassenkampfes, auch dem chinesischen Kommunismus nicht fremd. Die Abweisung universalistisch begründeter Forderungen nach Beachtung von Menschenrechten geschieht vielfach in der Sprache eines »Nativismus«, der einen historisch-kulturellen Sonderweg für sich in Anspruch nimmt. Bemerkenswert sind in der Republikzeit paradoxe Bestrebungen, den chinesischen Sonderweg durch Konzepte zu untermauern, die man dem Westen entlehnte: So berief sich Zhang Junmai (Carsun Chang, 1887–1969) auf deutsche philosophische Versuche, die er während seines Studiums in Berlin und vor allem bei Rudolf Eucken in Jena kennengelernt hatte, einer angeblichen westeuropäischen Kulturhegemonie die überlegene »Innerlichkeit« des »deutschen Wesens« entgegenzusetzen.[27] In welch komplizierten Gemengelagen politische und kulturelle Haltungen im China der Übergangszeit auftreten konnten, zeigt sich daran, daß der konservative, von den deutschen »Ideen von 1914« begeisterte Kulturnationalist Zhang Junmai gleichzeitig einer der energischsten Befürworter der Einführung von Parlamentarismus und Pluralismus in China war.[28]

Kultureller Nationalismus in allen seinen Ausprägungen war, ideenpolitisch gesehen, der eigentliche Gegenspieler der kosmopolitischen Aufklärung, wie sie Hu Shi und einige andere propagierten.[29] Er trat in der Regel, aber keineswegs immer in Verbindung mit anderen Formen von Nationalismus auf. Alle Phänomene der »Sinisierung«, also der Umformulierung fremder Importe in die Sprache des chinesischen Sonderwegdenkens, sind kulturnationalistisch grundiert. Als umfassendste Variante des chinesischen Nationalismus hat sich kultureller Nationalismus auch nach dem Ende der imperialistischen Bedrohung und nach der Verwirklichung mancher Ziele des politischen Nationalismus behaupten können. Er bildet den Kern chinesischer Selbstidentifikation.

Sunyatsenismus

Rang und Wirkung des politischen Denkens Sun Yat-sens sind von jeher umstritten gewesen. Während Sun sowohl in der Volksrepublik als auch in Taiwan als patriotischer Führer und Theoretiker hohes Ansehen genießt, hat ihn die westliche Chinaforschung in der Regel als gescheiterten Politiker und oberflächlichen Denker abgetan. Insbesondere die vergleichsweise bescheidene klassische Bildung des westlich geprägten Doktors der Medizin und seine durch Pragmatismus und Opportunismus gestützte Immunität gegenüber der Spannung zwischen Tradition und Moderne, an der profundere Intellektuelle seiner Generation auf nachgerade tragische Weise litten, hat ihn den Respekt vieler Sinologen gekostet. Auf der anderen Seite haben übertriebene westliche Versuche, ihn zu einem Meisterdenker der Dritten Welt hochzustilisieren, seiner Reputation wenig nützen können. Als politischer Theoretiker ist Sun in der Tat widersprüchlich und oft wenig originell. Viele der Gedanken, die mit seinem Namen verbunden werden, stammen von jenen brillanten jungen Mitarbeitern (Song Jiaoren, Zhu Zhixin, Zhang Binglin, Wang Jingwei, Hu Hanmin und andere, die er nach der Gründung des Tongmenghui und der Zeitschrift ›Minbao‹ (Journal des Volkes) 1905 in Tokio um sich scharte.[30] Dennoch sollte Suns synthetische Leistung nicht unterschätzt werden, sein eklektischer Versuch, aus den unterschiedlichsten Quellen ein zeitgemäßes Programm für die Modernisierung Chinas zu gewinnen. Die letzte von mehreren Versionen trug er kurz vor dem Ende seines Lebens in sechzehn eilig geschriebenen Vorlesungen vor, die er zwischen Januar und August 1924 in Kanton hielt und die noch im selben Jahr unter dem Titel ›San Min zhuyi‹ (›Die drei Volksprinzipien‹) als Buch veröffentlicht wurden. Sie waren gedacht als Vermächtnis für seine Partei, die Guomindang. Suns letztes umfassendes Werk erlangte bald einen kanonischen Status, den es in Taiwan bis heute behalten hat.[31]

Sun Yat-sens Bedeutung für die programmatische Entwicklung des chinesischen *Nationalismus* liegt darin, daß er in einem innen- wie außenpolitisch besonders kritischen Moment dessen verschiedene Denkstränge auf eigenwillige Weise zusammenführte. Sun definierte die chinesische Nation zunächst ethnisch als ein Kollektiv (*minzu*), das sich schon früh einen eigenen Staatsverband (*guojia*) geschaffen habe. Ein solcher ethnischer Nationsbegriff mochte sich für einen Sproß des äußersten Südostens, der einen großen Teil seines Lebens unter Chinesen außerhalb der Reichsgrenzen verbracht hatte, von selbst verstehen: Nur so konnte die chinesische Diaspora in Übersee mit dem Heimatland verbunden bleiben. Sun konstatierte nun eine allmähliche Lösung der Bindung zwischen Volk und Staat: Die Chinesen hätten mit den Jahrhunderten ihren patriotischen Gemeinsinn verloren und seien zu »verstreutem Sand« (*sansha*) geworden.[32] Eine Rekonstruktion der chinesischen Nation könne nicht von oben erzwungen werden; sie müsse von unten her, von der Grundzelle der Familie aus, erfolgen. Dazu bedürfe es der Besinnung auf das nationale Kulturerbe, auf die »nationale Essenz«, wie sie sich in den moralischen Werten des Konfuzianismus ausdrücke. Freilich sei die westliche Zivilisation nicht völlig zu verwerfen; vor allem Wissenschaft und Technik müßten aus dem Westen übernommen werden. Sun Yat-sen schloß sich damit 1924 der Grundformel aller konservativen Modernisierer seit dem späten 19. Jahrhundert an: China müsse seinen kulturellen Kern bewahren, sich aber das instrumentelle Wissen des Westens zunutze machen.[33] Zu einer Zeit heftiger Traditionskritik nahm er in diesem Punkt ausdrücklich Stellung gegen die radikalen Verächter des Alten. Hingegen stellte er sich ganz auf die Seite des revolutionären Zeitgeistes, wenn er den Imperialismus in den schärfsten Tönen angriff. Sun erinnerte seine Landsleute daran, daß die ausländischen Mächte seit dem Weltkrieg nicht länger die koloniale Aufteilung Chinas planten, sondern zu den noch gefährlicheren Methoden der ökonomischen Aggression griffen. Suns propagandistisch effektvoller Anti-Imperialismus blieb indessen inkonsequent: Japan, von dem seit etwa 1915 die objektiv größte Bedrohung ausging, blieb außerhalb seiner Feindwahrnehmung und wurde sogar als künftiger Partner in einem panasiatischen Bündnis gegen die weiße Rasse ins Auge gefaßt.

Sun Yat-sens zweites »Volksprinzip« war das der »Demokratie«, wie man *minquan zhuyi* mangels besserer Alternativen meist übersetzt. Die Übersetzung täuscht, weil sie Sun an die Seite von Hu Shi oder Luo Longji zu rücken scheint, die ein liberales Demokratieverständnis hatten. Nichts wäre falscher. Suns Beitrag zur Diskussion um die richtige Regierungsform für China lief auf eine Sinisierung des liberalen Verfassungsstaates hinaus, die in ihrer allgemeinen Form die spätere Sinisierung des Marxismus-Leninismus durch Mao Zedong vorwegnahm. Sun dachte nicht vom Bürger und seinen Rechten her, sondern vom Staat. Sein Demokratiebegriff, wie derjenige der Reformer der Jahrhundertwende, war etatistisch. Zwar bekannte er sich emphatisch zum Prinzip der Volkssouveränität und zum Fortschritt in der Geschichte, der diesem Prinzip zum Sieg verhelfen werde, doch ordnete er für Gegenwart und nähere Zukunft die Freiheit des einzelnen der Freiheit der Nation unter: »Der einzelne sollte nicht zu viel Freiheit haben, aber die Nation [*guojia*] muß die vollkommene Freiheit erhalten. Erst wenn die Nation ihre Freiheit verwirklichen kann, wird China ein starker und blühender Staat werden. Um dies zu erreichen, müssen alle ihre [eigene] Freiheit opfern.«[34] Demokratisierungsforderungen seien vorerst dem anti-imperialistischen Kampf unterzuordnen. Auch regionalen Unabhängigkeitsbestrebungen, besonders der um 1920 weithin diskutierten Idee einer Föderation autonomer Provinzen[35], erteilte Sun eine Absage. Seine Partei schwor er auf den unitarischen, von einem einzigen Zentrum aus regierten Gesamtstaat ein.

1912 hatte Sun Yat-sen als kurz amtierender erster Präsident der chinesischen Republik unmittelbare Erfahrungen mit einer parlamentarischen Regierungsform gemacht. Während der folgenden zwölf Jahre hatte er das Umkippen liberal-demokratischer Ansätze in Militärherrschaft erlebt. 1924, auch unter dem Einfluß seiner sowjetischen Berater, ging er auf Distanz zu demokratischen Gepflogenheiten. Die Volkssouveränität sollte nach seiner Vorstellung virtuell bleiben. Eine aufgeklärte Herrschaft der Besten würde ohne näher spezifizierte Legitimation die Nation zu Macht und Wohlstand führen. Eine funktionale Arbeitsteilung unter den staatlichen Gewalten (von denen Sun fünf statt der westlichen drei unterschied) sollte weniger dem kontrollierenden Ausgleich durch »checks and balances« als der Effektivierung der Staatsmaschinerie dienen. Nach der Eroberung der Macht müsse auf eine Phase der revolutionären Militärherrschaft ohnehin erst eine Übergangsperiode der »Vormundschaftsregierung« (*xunzheng*) folgen. Gelegentlich deutete Sun sogar an, daß der Staat der Partei, also der GMD, untergeordnet werden solle. Nirgendwo sprach er sich offen für eine Diktatur aus. Aber seine Betonung der Staats*macht* fiel so deutlich und seine Erörterung demokratischer Kontrollmechanismen so knapp und vage aus, daß spätere autoritäre Systeme sich ohne grobe Verfälschung auf Sun Yat-sen berufen konnten.

Das dritte Volksprinzip, das der »Wohlfahrt des Volkes« (*minsheng zhuyi*), ist undeutlicher ausgeführt als die beiden übrigen. Dies liegt unter anderem an der heiklen Situation, in der sich Sun 1924 zwischen seinen sowjetischen Beratern und kommunistischen Verbündeten einerseits und den eher konservativen Strömungen innerhalb der GMD andererseits befand. Wie andere Denker vor ihm, hatte Sun auf der einen Seite das Fernziel der wirtschaftlichen Modernisierung Chinas vor Augen, wollte dem Land aber die Extreme der Proletarisierung ersparen, wie sie mit der Entwicklung des Kapitalismus in Europa und den USA einhergegangen waren. Auf der anderen Seite fand er sich nicht zur Übernahme sozialistischer Rezepte bereit. Er sah China nicht als Klassengesellschaft, lehnte die marxistische Auffassung von der Unausweichlichkeit von Klassenkämpfen ab und hielt nichts von revolutionärer Umverteilung durch Enteignung der Besitzenden. Das sozialökonomische Hauptproblem Chinas, seine Armut, sei nicht durch politisch verordneten Egalitarismus, sondern nur durch die evolutionäre Entfaltung der Produktivkräfte unter Anleitung eines langfristig planenden Staates zu lösen – eine Idee, die Deng Xiaoping 1980 gerne unterschrieben hätte. Sun schwebten dabei als Vorbilder Meiji-Japan und die Politik des von ihm verehrten Bismarck vor. Sein Ideal war ein Kapitalismus ohne Kapitalisten.[36] Dabei übersah er ohne Zweifel die nicht unerheblichen Ansätze eines einheimischen Privatkapitalismus. Daß die GMD niemals ein spannungsfreies Verhältnis zu den chinesischen Unternehmern entwickelte, war bereits im Denken des Parteigründers angelegt.

Seit dem Beginn der chinesischen Wirtschaftsreformen in den achtziger Jahren muten manche von Suns Vorstellungen vorausschauend an, und auch die grandiosen Projekte zur infrastrukturellen und industriellen Erschließung Chinas mit Hilfe ausländischen Kapitals, die Sun 1912 zunächst umriß und dann 1921 in seinem Buch ›The International Development of China‹ ausführlich in englischer Sprache darlegte und die damals kaum jemand ernst nahm, wirken im Rückblick eher prophetisch als weltfremd.[37] Dies gilt auch für Suns Bevorzugung von wirtschaftlichem Wachstum gegenüber der ausgleichenden Umverteilung des Eigentums. Im China des Jahres 1924 bezog Sun Yat-sen – trotz unvermittelter Bekenntnisse zum »Kommunismus« – damit eine vorsichtige, ja, konservative Position. An den gesellschaftlichen Verhältnissen sollte außer (wie Sun bereits seit 1906 gefordert hatte) der Eindämmung der städtischen Bodenspekulation wenig geändert werden, und auch die Agrarfrage lag erstaunlicherweise jenseits des Interesses dieses Sohns armer kantonesischer Bauern. Die plakative Forderung, das Land dem zu übertragen, der es bestellt, wurde in keinem Agrarprogramm konkretisiert. Es ist nur gerecht festzustellen, daß wenige politische Theoretiker aus jener Generation, die die Spätzeit des Kaiserreiches erlebt und mitgestaltet hatte, sozialen Fragen so viel Aufmerksamkeit schenkten wie Sun Yat-sen. Vom Konzept eines nicht-leninistischen Sozialismus »mit chinesischem Antlitz« blieb er indessen zeit seines Lebens weit entfernt.

Sun Yat-sen kann für die spätere ideologische Entwicklung seiner Partei, der GMD, nicht direkt verantwortlich gemacht werden, hat sie aber im Groben vorbereitet. Es waren die autoritären Facetten seiner Lehre, an die man nach der Errichtung einer eigenen Nationalregierung 1927 in Nanjing anknüpfte; eine »linke« Strömung eher demokratischen Zuschnitts verlor 1931 ihr Gewicht innerhalb der Partei. Das politische Denken – von »Theorie« zu sprechen, wäre übertrieben – innerhalb der Guomindang und in ihrem Umkreis läßt sich im Rahmen einer allgemein geteilten Feindschaft gegenüber dem Kommunismus grob in drei Richtungen differenzieren: erstens einen militärischen Neo-Traditionalismus, der an die strenge Disziplinlehre der konfuzianischen Taiping-Unterdrücker aus dem 19. Jahrhundert (besonders Zeng Guofan) anknüpfte und den man sich zur besseren Illustration als eine chinesische Form des spanischen Frankismus vorstellen kann; zweitens eine faschistische Strömung, die sich besonders von Mussolinis Regime angezogen fühlte und den Charakter der GMD als »Bewegung« betonte[38]; drittens eine elitär-technokratische Orientierung, die für Planwirtschaft und eine Modernisierungsdiktatur von Experten eintrat und am Stalinismus zumindest dessen angebliche Effizienz faszinierend fand.[39] Alle diese Strömungen beriefen sich auf Sun Yat-sen.

Sozialismus und Kommunismus

Sun Yat-sen und seine Mitstreiter hatten ihre Ideen über die Zukunft Chinas bereits seit etwa 1905 programmatisch entwickelt, vor allem in der Auseinandersetzung mit Reformern wie dem immer fortschrittsskeptischer werdenden Liang Qichao. Die Kulturrevolutionäre der Jahre nach 1915 hatten mit Suns Rezepten wenig anzufangen gewußt und nur geringen Respekt für den Veteranen der republikanischen Bewegung an den Tag gelegt, der zu jener Zeit als ein gescheiterter Politiker gelten mußte. Als Sun 1924 seine Vorlesungen über die Drei Volksprinzipien hielt, hatte sich die Lage abermals grundlegend gewandelt. Sun war es gelungen, sich mit Hilfe eines nationalrevolutionär gesonnenen Militärführers, Chen Jiongming, eine Machtbasis in Kanton zu verschaffen. Er hatte die Unterstützung der jungen Sowjetunion gefunden, deren Führung in ihm den Garanten einer progressiv-bürgerlichen Entwicklung in China sah und bereits seit dem Sommer 1918 ein Bündnis mit ihm erwogen hatte.[40] Sowjetische Zivil- und Militärberater waren ihm seit dem Herbst 1923 bei der Reorganisation der GMD als effizient geführte Kaderpartei und beim Aufbau einer eigenen Streitmacht behilflich.[41] Als Sun am 27. Januar 1924 den ersten seiner Vorträge hielt, tagte noch der Gründungskongreß der reorganisierten GMD. Er bestätigte die seit dem Vorjahr von beiden Seiten angebahnte Politik der Einheitsfront zwischen GMD und der 1921 gegründeten KP Chinas. Kommunisten traten der GMD bei und wirkten in den maßgeblichen Gremien der Partei mit. Der Kommission, die die Parteisatzung der GMD revidierte, gehörten neben einer Mehrheit von Funktionären der Sun-Bewegung auch der von Moskau entsandte Berufsrevolutionär Michail Borodin (1884–1951), der KP-Theoretiker Li Dazhao (1889–1927) sowie Mao Zedong (1893–1976) an, ein Parteiorganisator aus Hunan und Mitglied des Zentralkomitees der KP.

Der organisatorischen Annäherung der Parteien entsprach freilich nur eine begrenzte ideologische Nähe. Dies ergab sich bereits aus der unterschiedlichen Herkunft der beiden politischen Kräfte. Ging die GMD in ihrer Urgestalt auf die erste Generation des chinesischen Radikalismus, die spätkaiserzeitliche Revolutionsbewegung, zurück, so war die KP ein Produkt der jüngsten Zeitgeschichte: Ohne die 4. Mai-Bewegung und die Fernwirkungen der Oktoberrevolution auf China wäre sie nicht denkbar gewesen. Ihr Generalsekretär war Mitte der zwanziger Jahre der berühmte Chen Duxiu, einstmals der angesehenste Wortführer der Bewegung für Neue Kultur, und ihre Mitgliederschaft setzte sich zu einem großen Teil aus studentischen Aktivisten der 4. Mai-Bewegung zusammen. Wie war es dazu gekommen, daß so bemerkenswert viele Protagonisten der chinesischen Aufklärung sich wenige Jahre später als disziplinierte Kader einer bolschewistischen Partei wiederfanden? Diese Frage ist, anders gestellt, die nach den Ursprüngen des chinesischen Kommunismus. Sie ist, wohlgemerkt, weder die nach der Attraktivität sozialistischer Ideen in China überhaupt noch die nach den komplizierten Wandlungen der Parteiideologie oder gar die nach den Ursachen für den *späteren* Erfolg der KP. Um sie präzise beantworten zu können, ist es erforderlich, sich auf die Jahre 1919 bis 1923 zu konzentrieren. Weil die Geschichtsforschung eine befriedigende Lösung des schwierigen Problems noch nicht anbieten kann, muß allerdings eine hypothetische Skizze genügen.[42]

Sozialistische Vorstellungen traten in China nicht erst mit der Bewegung für Neue Kultur auf den Plan. Die Utopie der von Privatinteressen und staatlichem Zwang freien »großen Gemeinschaft« hat Wurzeln in der chinesischen Tradition. Sie fand eine eindrucksvolle Gestaltung in Kang Youweis ›Datongshu‹, dem ›Buch von der Großen Gemeinschaft‹, das er vermutlich 1902 schrieb, aber wegen der Radikalität der Vision zu seinen Lebzeiten nicht publizierte; komplett wurde es erst 1935 veröffentlicht.[43] Die verschiedenen Spielarten des europäischen Sozialismus wurden seit etwa der Jahrhundertwende allmählich in China bekannt, zu einem großen Teil auf dem Weg über japanische Kommentare und Übersetzungen. Auch die kleine Gruppe chinesischer Studenten in Paris zeigte ein sensibles Gespür für dissidente Strömungen im Westen. Die größte Resonanz fand der Anarchismus: allerdings weniger in seiner aktionistischen Variante, die Michail Bakunin repräsentierte, als in Gestalt der sanften Lehre von der Entbehrlichkeit staatlichen Zwanges und der Möglichkeit einer solidarischen Lebensführung in freien Assoziationen, wie sie der russische Fürst Pjotr Kropotkin vertrat. Als die Bewegung für Neue Kultur begann, konnte sich keine andere sozialistische Richtung mit dem Einfluß des Anarchismus in China messen. Er war keine sektiererisch abgeschottete Bewegung, sondern eine breite intellektuelle Strömung, die sämtliche Debatten der Epoche beeinflußte. Seine größte Bedeutung hatte anarchistisches Denken in zwei Beziehungen: zum einen in seiner Kritik an allen Formen politischer Autorität – nicht nur der konfuzianischen, sondern auch der von Reformern wie Liang Qichao und politischen Revolutionären wie Sun Yat-sen für das Neue China in Aussicht genommenen, zum anderen in einer allgemeinen Stimmung und Geisteshaltung, die alles Bestehende zur Disposition zu stellen bereit war.[44] Der kulturrevolutionäre Überschwang der Jahre nach 1915, der dann in der 4. Mai-Bewegung von 1919 kulminierte, war durch die Anarchisten vorbereitet worden.

Die Bewegung für Neue Kultur brachte keine eindeutige politische Orientierung hervor. Ihren Sprechern ging es zunächst mehr um die Kritik der konfuzianischen Denkweise und Lebensordnung als um Planungen für die politische Zukunft Chinas. Fast alle führenden Theoretiker der Bewegung teilten eine allgemeine Sympathie für demokratische Werte wie Freiheit und Gleichheit, ohne sich – dies gilt selbst für Hu Shi – nähere Gedanken über deren Umsetzung in konkrete politische Organisation zu machen.[45] Ihr Interesse an sozialen Fragen richtete sich vornehmlich auf den Zwangscharakter der Familie und die Unterdrückung der Frauen.

Die russische Oktoberrevolution war keineswegs, wie es die kommunistische Geschichtsschreibung lange gesehen hat, das große Fanal, das sogleich eine massenhafte politische Erweckung der chinesischen Intellektuellen auslöste. Nachrichten von der Revolution verbreiteten sich langsam, und was man hörte, wurde lange Zeit kaum verstanden. Auch der Marxismus war nur höchst lückenhaft bekannt. Von seiner Geschichtstheorie, also dem Historischen Materialismus, wußte man sehr wenig; der ersten Übersetzung einiger Marxscher Seiten im Jahre 1906 folgte fürs erste wenig nach. Marxismus wurde zunächst, auch über Schriften Karl Kautskys vermittelt, als Lehre von der Determinierung des kulturellen und politischen »Überbaus« durch die ökonomische Basis verstanden. Als in Petrograd 1917 plötzlich von der »Diktatur des Proletariats« die Rede war, wußte man in China nichts Rechtes damit anzufangen. Gleichwohl fand die Russische Revolution an sich viel pauschalen Beifall. Als neuer Aufbruch in einer verkrusteten Welt weckte sie Resonanz bei überschwenglich gestimmten, aber durch die politische Situation in China enttäuschten Beobachtern. Li Dazhao, der neu ernannte Direktor der Pekinger Universitätsbibliothek, begrüßte die Revolution im Juli 1918 in einer der ersten chinesischen Stellungnahmen als Beginn einer neuen, vom Humanismus geprägten Epoche der Weltgeschichte.[46] Die alliierte Intervention in den russischen Bürgerkrieg trug der Revolution zusätzliche Sympathien ein: Das russische Volk, so schien es, setzte sich heldenhaft gegen die Aggression der vereinigten imperialistischen Mächte zur Wehr.

Von Zustimmung zu einem politischen Ereignis im Ausland bis zur eigenen Bekehrung zu den Zielen, die eine in der Ferne tätige politische Bewegung vertritt, ist es freilich noch ein weiter Schritt. Konversionen zum Marxismus-Leninismus gab es vereinzelt erst seit der zweiten Hälfte des Jahres 1919. Eine entscheidende Schwelle war überschritten, als Chen Duxiu, der sich noch im Frühjahr gegen die soziale Revolution und für harmonische Beziehungen in der Industrie ausgesprochen hatte, im September 1920 in einem Aufsatz ›Über Politik‹ sein neues Credo offenbarte: ein Bekenntnis zum Klassenkampf und zur Anwendung revolutionärer Gewalt.[47] Die Zeitschrift ›Xin Qingnian‹ wurde damit vom Forum demokratisch inspirierter Kulturkritik zu einem Organ, das in Auseinandersetzung mit anderen sozialistischen Richtungen den Kommunismus propagierte. Zugleich kehrten die radikalen Antitraditionalisten der Geschäftsethik der Treaty Ports den Rücken, mit der sich bis dahin fast alle chinesischen Modernisierer im Einklang befunden hatten. Von einer allmählichen kapitalistischen Entwicklung Chinas wollte man sich die »Rettung« des Landes nicht länger versprechen. Bündnisse mit der chinesischen Bourgeoisie ließen sich fortan nur noch als solche taktischer Natur vorstellen.

Die Hinwendung zum Kommunismus kann an biographischen Beispielen anschaulich gezeigt werden.[48] Sie sollte allerdings nicht zur historischen Entscheidung weniger berühmter Individuen wie Chen Duxiu und Li Dazhao dramatisiert werden. Es war eine Gruppe von vielleicht zweihundert Intellektuellen in Shanghai, Peking, Paris und einigen Provinzhauptstädten, unter der sich 1920 in ständiger Diskussion eine Abkehr von westlichen Demokratievorstellungen und nicht-bolschewistischen Varianten des Sozialismus vollzog. Diese Gruppe bildete die Keimzelle des organisierten Kommunismus in China.

Mehrere äußere Umstände trugen zu dieser Entwicklung bei. Erstens mußte die 4. Mai-Bewegung ein Jahr nach ihrem Beginn als *politisch* gescheitert gelten. An der Position des Imperialismus in China und an der Herrschaft der Militärmachthaber (Warlords) hatte sie nicht das geringste ändern können. Vielmehr nahm die Repression zu. Selbst Chen Duxiu, Chinas berühmtester Publizist, wurde zwischen Juni und September 1919 ins Gefängnis geworfen. Politisch war man am Ende aller Hoffnungen angekommen. Friedliche Mittel und lockere Formen assoziativen Zusammenschlusses schienen nicht auszureichen, um in China etwas zu bewegen. Nur Organisationen von quasi-militärischer Schlagkraft mochten einen Ausweg bieten. Zweitens schob sich die *soziale* Frage, die von den kulturrevolutionären Aufklärern nur am Rande bedacht worden war, in den Mittelpunkt des Interesses. Wie später die 30. Mai-Bewegung von 1925, so war schon 1919 der Protest der Studenten und Professoren durch einen unerwarteten Ausbruch des Unmuts unter der städtischen Arbeiterschaft begleitet. Die Ausnahmekonjunktur des Weltkriegs hatte zu einem enormen Industrialisierungsschub geführt. Das neue Proletariat zeigte sich nicht nur als von außen mobilisierbare Kraft, sondern gewann auch eigenes Profil und machte auf seine eigene materielle Lage aufmerksam. Der Gesichtspunkt des Klassencharakters der chinesischen Gesellschaft, zuvor nur von wenigen kommentiert, fand erstmals das Interesse einer größeren Zahl von Intellektuellen. Drittens schien das, was man aus Rußland hörte, auf große Erfolge beim Umbau einer ebenfalls vergleichsweise rückständigen Gesellschaft hinzudeuten. Es kam hinzu, daß die Erklärung der revolutionären Regierung, auf die Privilegien des zaristischen Imperialismus in China einseitig verzichten zu wollen (»Karachan-Manifest« vom 27. Juli 1919), in ganz China ein außerordentlich günstiges Urteil über Moskaus Politik weckte – übrigens unberechtigt, denn die Sowjetregierung sollte ihre großzügigen Versprechungen später nur teilweise erfüllen. Viertens gab es zumindest *eine* leninistische Doktrin, die viele chinesische Intellektuelle auch dann in besonderem Maße ansprach, wenn sie keinerlei Zuneigung zum Sozialismus hegten: die Beauftragung einer politischen Elite als »Avantgarde« der Revolution. Dies kam ihrem messianischen Konzept von der eigenen Berufung als Lehrer und Führer des Volkes sehr entgegen, wenngleich gerade die chinesischen Kommunisten in der Frühphase ihrer Bewegung die zynisch-manipulative Tendenz der Leninschen Avantgardedoktrin nicht übernahmen und einen genuinen Respekt für die eigenständige politische Bewußtseinsentwicklung der »Volksmassen« an den Tag legten.[49]

Keiner dieser vier Faktoren kann im Einzelfall die Bekehrung zu einer kommunistischen Identität *erklären*, also die Abweisung von Alternativen, die Dogmatisierung des eigenen Denkens und den Übergang von einem Selbstbild als »freischwebendem« Intellektuellen zu dem eines der Bewegung dienenden Aktivisten. Aber sie stecken den äußeren Rahmen ab, in dem sich derlei Konversionen vollzogen. Zur politischen Organisierung wäre es allerdings ohne den direkten Eingriff Moskaus und seines weltrevolutionären Organs, der Kommunistischen Internationale, nicht gekommen. Im April 1920 traf eine kleine Komintern-Delegation unter der Leitung von Gregor N. Vojtinskij (1893–1953) in Peking ein, suchte dort Li Dazhao auf und ließ sich von diesem an Chen Duxiu in Shanghai weiterempfehlen. Mit einem Einfühlungsvermögen, das keineswegs alle späteren Komintern-Gesandten in China aufbringen sollten, machte Vojtinskij seine chinesischen Gesprächspartner mit den ideologischen und organisatorischen Grundlagen des Bolschewismus vertraut. Die Gründung einer Kommunistischen Partei Chinas (*Gongchandang*) auf deren konspirativem Ersten Nationalkongreß in Shanghai im Juli 1921, vorbereitet durch das Entstehen marxistischer Studiengesellschaften in verschiedenen Teilen des Landes, war das direkte Resultat dieser Bemühungen. Erst auf dem Zweiten Nationalkongreß zwölf Monate später erhielt die Partei aber jene bolschewistische Ausrichtung, die sie fortan charakterisieren sollte. Zu dieser Zeit hatte sich die Haltung der Komintern bereits von freundschaftlicher Beratung zur Erteilung von Direktiven gewandelt.[50] Die Formierung der chinesischen Kommunisten zur bolschewistischen Kaderpartei zog sich in ihren organisatorischen und ideologischen Einzelheiten dann freilich noch über eine ganze Reihe von Jahren hin.

Der Bolschewismus traf 1920/21 mithin auf eine erhebliche Aufnahmebereitschaft in Teilen der chinesischen Intelligenzija. Die Organisationsformen der Parteiarbeit wurden jedoch fast vollständig durch die Komintern importiert. Dasselbe gilt für große Teile der programmatischen Orientierung. Es war Chen Duxiu, der maßgebenden Gründerfigur, und einigen anderen durchaus bewußt, daß die Erschaffung der KP mitnichten auf einer gründlichen theoretischen Analyse und auf klaren Vorstellungen über die Zukunft Chinas beruhte. Es gab in China damals keinen marxistischen Theoretiker vom Range eines Plechanov oder des jungen Lenin, der sich mit großem Arbeitsaufwand ein Bild von der neueren russischen Sozial- und Wirtschaftsgeschichte gemacht hatte. Pointiert kann man sagen, daß in China die Organisierung des Kommunismus seiner ideologischen Ausarbeitung vorausging. Anerkannte Kenner der chinesischen und der westlichen Tradition wie Chen Duxiu blieben noch eine ganze Weile Schüler in Sachen Marxismus und Leninismus. Sogar die lange Zeit verbindliche Analyse der alten chinesischen Gesellschaft als einer besonderen Ausprägung von »Feudalismus« und ihrer Verwandlung in »Halbkolonialismus« übernahm man, mit manchen Mißverständnissen, von Lenin, der sich 1912 zur chinesischen Gesellschaftsentwicklung geäußert hatte. Erst Anfang der dreißiger Jahre kam es zu wirklich niveauvollen und eigenständigen Analysen der chinesischen Geschichte mit Hilfe marxistischer Instrumentarien.[51]

Im Rahmen der programmatischen Hegemonie der Komintern und der Sowjetunion vermochten die chinesischen Kommunisten während der zwanziger Jahre nur wenige originelle Akzente zu setzen. Die Debatten, die geführt wurden, drehten sich um die Abgrenzung von konkurrierenden sozialistischen Strömungen, besonders vom Anarchismus, und dienten damit auch der Selbst-Bolschewisierung durch Ausschluß von Alternativen. Umstritten und ungelöst blieb das Verhältnis von nationaler und sozialer Revolution: Sollte man dem Kampf gegen den Imperialismus oder dem gegen die einheimischen herrschenden und ausbeutenden Klassen den Vorrang geben? Kontrovers beurteilt wurde auch der »Klassencharakter« des großen Partners und Widersachers, der GMD. Ein drittes Problem, das gegen Ende des Jahrzehnts Bedeutung gewann, war das Verhältnis von städtischer zu ländlicher Revolution. Auf all diesen Gebieten überwog vielfach die von taktischen Fragen bestimmte Tagespolemik. Wie man sich ein China nach dem politischen Sieg der Revolution vorzustellen habe, blieb im Ungewissen.

Kapitel 4

Politische Wirren und expandierender Staat

Sämtliche Strömungen im politischen Denken Chinas während des 20. Jahrhunderts waren sich in dem Ziel einig, die Nation stark, wehrhaft und wohlhabend zu machen. Mit Ausnahme der Anarchisten erstrebten sie alle zu diesem Zweck einen handlungsfähigen, einen starken Staat; die meisten waren auch bereit, diesem Staat gewisse autoritäre, nicht demokratisch legitimierte Machtbefugnisse zu übertragen. Nur: Einen solchen Staat hat es in China zwischen 1916 und 1949 nicht gegeben, weder in der Warlord-Periode (1916–1928), noch während der Jahre 1928 bis 1937, als die in Nanjing ansässige Nationalregierung der GMD der wichtigste politische Faktor in China war. Jedenfalls gab es ihn nicht als zentrale Herrschaftsinstanz. Kein einziger staatlicher Apparat kontrollierte auch nur die achtzehn Kernprovinzen. Selbst im politisch vermutlich stabilsten und überhaupt glücklichsten Jahr der republikanischen Epoche – 1936 – reichte die Autorität der Nanjinger Nationalregierung unter Chiang Kai-shek nicht in alle Provinzen. Sie machte Halt vor den Gebieten unter kommunistischer Kontrolle und vor den letzten Bastionen unabhängiger Militärherrschaft, etwa der Provinz Shanxi. Bis zu einer Währungsreform im November 1935, deren praktische Durchsetzung dann bald der Krieg durchkreuzte, gab es in China keine einheitliche Währung. Barrensilber, die verschiedensten Silber- und Kupfermünzen, Papiergeld zahlreicher Warlord-Verwaltungen, Banknoten ausländischer Banken und Währungen benachbarter Kolonien (wie der Hongkong-Dollar oder der indochinesische Piaster) kursierten wirr durcheinander und erschwerten die Integration eines nationalen Marktes. Schließlich darf nicht vergessen werden, daß bis 1945 Teile Chinas unter direktem ausländischem Regiment standen. Erst die Abschaffung der letzten »ungleichen Verträge« im Jahre 1943 und der Zusammenbruch der japanischen Armee 1945 machten die Chinesen nach einem Jahrhundert eingeschränkter Souveränität wieder zu Herren im eigenen Hause.

Wie lassen sich politische Zustände und politisches »System« im republikanischen China angemessen beschreiben? Es gibt zwei Zugangsweisen, die nicht zufriedenstellen können. Die erste ist die Rede vom »Chaos«, das in China ausgebrochen sei. Das ist nicht ganz falsch. Die Republikzeit ähnelt den Perioden des inneren Zwists, der endemischen Gewalt und der »streitenden Reiche«, die sich in der Geschichte des kaiserlichen China wiederholt zwischen die Zeitalter der Pazifizierung unter energischen Dynastien schoben. Man hat sogar beobachten wollen, daß solche Wirren oft die Voraussetzung für besonders hoch entwikkelte kulturelle Kreativität waren. Aber »Chaos« bedeutet nicht Herrschaft des Zufalls; es hat seine eigenen Strukturen, die schwieriger zu erkennen sind als die geordneter Zeiten. »Chaos« verlangt, den Blick vom übersichtlichen Hochplateau des Zentralstaates auf die Ebenen regionaler und lokaler Politik zu senken. »Chaos« impliziert schließlich eine Steigerung der Brutalität des Umgangs in einer Gesellschaft. Nicht allein mit abstrakter »Herrschaft« hat es der Historiker dann zu tun, sondern auch mit einem höchst konkreten Phänomen: der Gewalt.

Die zweite Zugangsweise, die ein ziemlich ungenaues Bild der Wirklichkeit vermittelt, ist diejenige, die sich an den formellen politischen Institutionen ausrichtet. Auch sie hat ihre Vorzüge, denn es ist nicht ganz bedeutungslos zu wissen, daß China eine konstitutionelle Republik war, die als solche vom Ausland anerkannt wurde. Die Republik gab sich im Dezember 1911 ein erstes vorläufiges Verfassungsdokument, das Organgesetz der Provisorischen Regierung, dem bis 1946 mindestens fünf weitere Verfassungen oder Quasi-Verfassungen folgten. Man wird aus ihnen viel über das politische Selbstverständnis der jeweiligen Autoren lernen. Mit der Realität hatten diese Grundrißzeichnungen des politischen Systems jedoch mitunter wenig zu tun. Zwar wurden Staatsorgane nun formell konstituiert, und es gab erstmals in der chinesischen Geschichte so etwas wie Gewaltenteilung. Doch die tatsächliche Macht lag selten dort, wo die Verfassungen sie plaziert sehen wollten. Ein Beispiel: Der Stellung Deng Xiaopings als »paramount leader« der Volksrepublik China auch nach seinem Rückzug von allen Ämtern ähnelte die Position Chiang Kai-sheks nach 1928: Einerlei, welche offiziellen Ämter er gerade bekleidete – Chiang wurde von der Welt als der leitende Staatsmann Chinas betrachtet, und er war wohl auch zwanzig Jahre lang tatsächlich der mächtigste Mann der Republik. Das politische Hauptmerkmal der Republikzeit, die dominierende Stellung des Militärs, war ohnehin in keiner der Verfassungen vorgesehen.

Eine dritte Annäherung an die Geschichte der politischen Einrichtungen in China während der ersten Hälfte des 20. Jahrhunderts fragt nach den Auswirkungen staatlicher Herrschaft auf das gesellschaftliche Leben. Diese Frage ist gerade für China überaus wichtig. Der kaiserliche Staat war selbst zu Zeiten seiner größten Stärke, etwa im 15. oder im 18. Jahrhundert, kein despotisches Ungetüm mit schrankenlosen tyrannischen Möglichkeiten, aber er nahm als ständig präsente Ordnungsmacht doch einen kontinuierlichen Einfluß auf das Leben der Chinesen: als Steuereinzieher, als Hüter der Justiz oder als Träger von Wohlfahrtseinrichtungen wie dem großartigen System der öffentlichen Getreidespeicher zur Linderung von Hungersnöten, das im frühen 19. Jahrhundert in Verfall geriet.[1] Nach 1949 wurden die Chinesen dann der beispiellos entfesselten Macht eines totalitären Staates ausgesetzt. Welche Entwicklungen verbanden diese beiden Phasen? Was wissen wir über den Staat der Übergangszeit? Welche längerfristigen Kontinuitäten finden sich auf Ebenen, die unterhalb der Dramen der Ereignisgeschichte liegen? Die vielleicht wichtigste von allen ist die Militarisierung Chinas.

Militarismus

Das »militärische Charisma des Kriegsfürsten«[2] blieb im kaiserlichen China ein Monopol der Monarchen, die es aber nur selten aktivierten – zuletzt Qianlong, der Eroberer Innerasiens, im 18. Jahrhundert. Die historischen Typen des gemieteten Condottiere oder des militärischen Entrepreneurs mit eigenem Ehrgeiz wurden in China nicht ausgebildet und traten allenfalls in Zeiten des Dynastiewechsels vorübergehend hervor. Die kaiserliche Zivilbürokratie kontrollierte das Schwert, so wie, nach einer Maxime Mao Zedongs, die Führung der KP später das Gewehr kontrollieren sollte. Vor dem Hintergrund dieser Zähmung zwar nicht von Kriegführung und anderen Formen staatlicher Gewaltanwendung, aber doch der Verselbständigungstendenzen des Militärischen springt die Militarisierung von Politik und Gesellschaft in China während der ersten Hälfte des 20. Jahrhunderts um so mehr ins Auge.

Nicht jede Reform und Reorganisation der Streitkräfte muß dazu führen, daß das Militär schließlich im politischen Leben die Oberhand gewinnt. Militär erzeugt nicht unbedingt Militarismus. Es ist verlockend, aber nicht unproblematisch, den Aufstieg des Militärs im neuzeitlichen China auf die ersten Versuche zu seiner Reform zurückzuführen. Dennoch muß eine Darstellung dort beginnen. Wie in manchen anderen Bereichen, so bedeutete die »Neue Politik« (*xinzheng*) der allerletzten Qing-Jahre den Startpunkt für die Modernisierung auch des Militärs. Die Neue Politik folgte auf die Unterdrückung von Kang Youweis und Liang Qichaos »Reform der 100 Tage« im Jahre 1898 und auf das Fiasko des Boxer-Aufstandes von 1900, durch das sich die extremen Reformgegner am Hofe, nur zwei Jahre nach ihrem Triumph, vollkommen diskreditierten. Ihre alte Patronin, die Kaiserinwitwe Cixi, war pragmatisch genug, nunmehr den Kurs zu korrigieren: 1901 war die Führung der Qing-Dynastie bereit, auf den Rat weitsichtiger Spitzenbeamter, vor allem der Gouverneure Zhang Zhidong (1837–1909) und Yuan Shikai (1859–1916), zu hören und Reformen zu erwägen, in denen sich viele der Vorschläge von 1898 wiedererkennen ließen. Neuerdings ist sogar die These vertreten worden, die Neue Politik der Jahre 1901 bis 1911 sei der mögliche Beginn einer chinesischen »Meiji-Restauration« gewesen, auf jeden Fall radikaler als alle späteren Reformversuche vor 1949; die politische Revolution von 1911 habe Modernisierungsansätze abgebrochen, die begonnen hätten, sich zu einer Art von »Xinzheng-*Revolution*« zu summieren.[3] Bei mancher Übertreibung, die in dieser Interpretation steckt, wird damit zu Recht auf die große Bedeutung der ersten Dekade des 20. Jahrhunderts nicht bloß als Vorgeschichte der Revolution von 1911, sondern als Inkubationsperiode für weit in die Zukunft reichende Entwicklungen hingewiesen. Die frühesten Keime für einen starken, planmäßig intervenierenden Staat, wie er nach 1949 unter kommunistischem Vorzeichen in China in Erscheinung trat, wurden im späten Kaiserreich gelegt.

Im Zuge der Xinzheng-Reformen entstanden in China die Grundlagen einer modernen Armee. Das alte Qing-Militär hatte aus zwei kaum koordinierten Komponenten bestanden: Mandschu-»Bannertruppen« und der überwiegend han-chinesischen Armee der Grünen Standarte. Beide waren um die Mitte des 19. Jahrhunderts handlungsunfähig geworden. Gegen die Taiping-Heere vermochten sie nichts auszurichten. Die Taiping und andere Aufständische konnten nur besiegt werden, weil es einigen hohen Beamten in Mittelchina gelang, durch die Verbindung bestehender Milizkräfte mit frisch rekrutierten Truppen neuartige Verbände, die *yongying* (»mutige Bataillone«), zu schaffen. Bei ihnen trat an die Stelle einer ineffizienten bürokratischen Kommandostruktur ein persönliches Führer-Gefolgschaftsverhältnis auf der Grundlage eines gemeinsamen Lokalpatriotismus. Aus den *yongying*-Truppen entwickelten sich allerdings keine separatistisch agierenden Regionalarmeen. Ihre Loyalität zur Dynastie stand außer Frage.

Die eigentliche Militärreform begann mit der vom Hof initiierten und reichsweit verteilten Aufstellung von Verbänden, die ganz nach westlichem, insbesondere deutschem Vorbild organisiert waren. Die wichtigste Truppe dieser Art war Yuan Shikais Beiyang-Armee in Nordchina; sie hatte 1906 eine Stärke von etwa 60 000 Mann.[4] Nach ihrem Muster und seit etwa 1904 mit bedeutender Hilfe durch japanische Berater wurden bis 1911 vierzehn Divisionen der »Neuen Armee« geschaffen.[5] Die persönliche Beziehung zwischen den Truppen und ihren Führern spielte bei ihnen eine geringere Rolle als bei den *yongying*. Sie bildeten ebenfalls noch keine Machtgrundlage für semi-autonome Warlords. Im Gegenteil: Die Zentralregierung brachte immer größere Teile der Neuen Armee unter ihre direkte Kontrolle.[6] Das Militär erlebte in dieser Zeit einen bemerkenswerten Prestigegewinn. In der nationalistischen Atmosphäre nach der Jahrhundertwende sah man die Armee als Stütze der Nation. Eine

Karriere als Offizier wurde so attraktiv wie nie zuvor. Am Vorabend der Revolution von 1911 war die Neue Armee zum wichtigsten militärischen Organ der Dynastie geworden. Da indes die älteren Truppenarten daneben fortbestanden, gab es keine einheitliche und zentralisierte Militärstruktur, wie sie etwa in Japan durch die Meiji-Reformen geschaffen worden war. Diese Fragmentierung des Militärs war eine folgenreiche Hinterlassenschaft des Kaiserreichs an die Republik.

Viele Faktoren spielten zusammen, um die Neue Armee 1911 an die Seite der Gegner jener Dynastie zu treiben, die sie geschaffen hatte: nicht nur die gezielte Infiltration durch revolutionäre Kräfte, sondern zum Beispiel auch der Widerspruch zwischen den steigenden Erwartungen von Offizieren und Mannschaften und der Finanznot der Dynastie, die ihre Versprechungen immer weniger erfüllen konnte.[7] Nach dem kurzen Intermezzo der Präsidentschaft Sun Yat-sens wurde Yuan Shikai im Februar 1912 durch die Nationalversammlung in Nanjing zum Provisorischen Präsidenten der Republik gewählt. Yuan, der Militärreformer der späten Qing-Zeit, war kein Militarist. Er hatte den größten Teil seiner Laufbahn in zivilen Ämtern verbracht und verdankte sein Ansehen in erster Linie seinen Erfolgen als Administrator und Reformer auf einer Vielzahl von Gebieten.[8] Yuan, der als letzter Herrscher Chinas vor 1949 um das Jahr 1915 herum nahezu das gesamte chinesische Kernland regierte, hielt das Militär unter wirksamer Kontrolle, ohne sich ausschließlich auf Bajonette zu stützen. Auch nachdem er im Juli 1913 das Kriegsrecht erklärt, den Parlamentarismus unterdrückt und eine Kampagne blutigen Terrors gegen seine Gegner, besonders in der GMD, entfesselt hatte, regierte er eher als ein bürokratischer Despot denn als ein Militärdiktator. Sein Versuch, eine eigene Kaiserdynastie zu gründen, scheiterte 1916 maßgeblich an einer republikanisch inspirierten Militärrevolte in den Südwestprovinzen, gegen die ihn seine übrigen Kommandeure nicht verteidigen wollten. Mit dem Tod des erschöpften Yuan Shikai, der bis heute meistgeschmähten Figur der neueren chinesischen Geschichte, Anfang Juni 1916 endete eine Periode zentralstaatlicher Integration, politischer Repression, maßvoller (und mit der Zeit abnehmender) Reformorientierung auf Gebieten wie dem Erziehungswesen und ziviler

Kontrolle über das Militär. Yuan Shikai hatte die Desintegration des Landes, die bereits während der Revolution von 1911 begonnen hatte, noch einmal mit brachialen Mitteln einzudämmen vermocht. Mit seinem Fall und Tod zerbrach der chinesische Zentralstaat. Gleichzeitig wurde die staatliche Gewalt privatisiert.[9] Die Epoche der Warlords begann.

Anders als das deutsche Wort »Kriegsherr« (Wilhelm I. als der »oberste Kriegsherr des deutschen Volkes«) ist das englische »warlord« von Anfang an negativ belastet gewesen. Es eignet sich daher besser zur Übersetzung des chinesischen Ausdrucks *junfa*, der über das Japanische 1918 als kritisch aufgeladene Neuprägung für ein bis dahin unbekanntes Phänomen in die chinesische Sprache übernommen wurde.[10] Ein Warlord ist ein Militärführer, der eine ihm persönlich ergebene Armee befehligt, ihren Lebensunterhalt sichert und mit Hilfe dieser Armee die Kontrolle über ein Territorium anstrebt oder ausübt. Im übersichtlichsten Fall beherrschte ein Warlord im Range eines Militärgouverneurs eine einzige Provinz über einen längeren Zeitraum hinweg. So war General Yan Xishan (1883–1960) von 1917 bis 1949 Herr der nordwestlichen Provinz Shanxi. Seine Versuche, dort einen Musterstaat zu schaffen, waren nur begrenzt erfolgreich; immerhin gelang es ihm aber, seine Provinz aus den Kriegswirren der Epoche herauszuhalten.[11] In anderen Fällen, hauptsächlich in Nordchina, kontrollierten Warlords großräumige Territorien von mehreren Provinzen. Das Gegenteil war für den Süden und Südwesten charakteristisch, wo einige Provinzen, zum Beispiel Sichuan, in Miniatur-Herrschaftsbereiche zerfielen. Schließlich kam es vor, daß militärisch durchaus gewichtige Heerführer – der »christliche Warlord« Feng Yuxiang (1882–1948), der sich zeitweilig sowjetischer Unterstützung erfreute, wäre ein Beispiel – sich niemals für längere Zeit in einem Territorium festzusetzen vermochten. Auch der klassisch gebildete Wu Peifu (1874–1939), den Sun Yat-sen vorübergehend als Bundesgenossen umwarb, war ein solcher mobiler Warlord.[12] Insgesamt gab es etwa ein Dutzend große Kriegsherren und neben ihnen mehrere hundert kleine quasi-autonome Militärführer.

Die Militarisierung und Fragmentierung der Politik erfaßte 1916 und in den Jahren danach ganz China. Eine politische Karte des Landes um 1926 zeigt ein Bild, das manchen an die Zersplitterung des vornapoleonischen Alten Reiches in Mitteleuropa erinnern mag. Das System war in dem Sinne anarchisch, daß keine übergeordnete Zentralmacht als schlichtender und disziplinierender Schiedsrichter über den miteinander rivalisierenden Partialinteressen auftrat. Allerdings blieb das Gefühl für die Einheit Chinas so stark, daß keiner der Warlords je ernsthaft versuchte, aus dem Verfassungsrahmen der Republik auszuscheren und sich von der Regierung in Peking loszusagen. Diese Regierung wurde immer mehr zu einem Kabinett des jeweils die Hauptstadt kontrollierenden Militärführers, der sich zuweilen selber vom Parlament, das nach der Herrschaft Yuan Shikais reaktiviert worden war, zum Präsidenten der Republik wählen ließ. Aber sie fungierte gegenüber den Großmächten, die an einem völligen Auseinanderbrechen Chinas kein Interesse hatten, als außenpolitische Vertretung des gesamten Landes, und sie bot demjenigen, der sie kontrollierte, den Zugang zu einigen zusätzlichen Staatseinkünften und zu internationalen Anleihen. Daß China während der Warlord-Periode zwar fragmentiert wurde, aber nicht auseinanderbrach, lag nicht allein an der Verbindung von alter Zentralstaatstradition und neuem Nationalismus, sondern auch daran, daß das Kaiserreich schon seit Jahrhunderten mit den geographisch gegebenen und soziokulturell verstärkten Unterschieden zwischen den Makroregionen[13] erfolgreich gelebt und sie nur mit dem Universalismus seiner Bürokratie überwölbt hatte. Die Warlords erfanden also keineswegs den chinesischen Regionalismus. Sie nisteten sich – wissentlich oder unbewußt – in dessen altetablierten Strukturen ein.

Wie konnte das Militär nach 1916 zum maßgebenden politischen Faktor in China aufsteigen? Eine Erklärung ist beim heutigen Stand der Forschung schwierig. Sie muß voraussetzen, daß der chinesische Militarismus nicht in erster Linie ein Instrument *anderer* Kräfte war: Weder können die Warlords als Marionetten imperialistischer Mächte verstanden werden, die durch sie Stellvertreterkriege um Einfluß in China führen ließen, noch waren sie nichts als Büttel der herrschenden Klasse. Schon in den allerletzten Jahren des Kaiserreiches hatten sich – im Gegentrend zu den Zentralisierungsversuchen des Hofes – in zahlreichen Provinzen Bündnisse zwischen Militärführern und den jeweiligen lokalen Eliten gebildet, deren Partizipationsansprüchen die Dynastie 1909 durch die Einrichtung von Repräsentativkörperschaften auf Provinz- und Kreisebene, gewählt von weniger als einem Prozent der männlichen Bevölkerung, entgegengekommen war. Viele der Offiziere stammten just aus jenen Elitefamilien, die von dieser Entwicklung profitierten. Die politische Revolution von 1911 war von keiner sozialen Revolution begleitet. Sie ließ die spätkaiserzeitliche Elite, also die um ehemalige Beamte und um die Spitzen der nun in den Städten aufstrebenden freien Berufe ergänzte Gentry-Kaufleute-Schicht, ungeschoren. Für die Provinzen Hubei und Hunan, den Ausgangspunkten der Ereignisse von 1911, hat Edward McCord in einer sorgfältigen Fallstudie gezeigt, wie sich erst allmählich ein Übergewicht des militärischen gegenüber dem zivilen Element einstellte.[14] Durch die Revolution war der Einsatz militärischer Gewalt zu politischen Zwecken aufgewertet worden, doch dominierten zunächst die zivilen Politiker, die zum Beispiel weitreichende Demobilisierungen durchzusetzen vermochten. Die Brutalisierung der chinesischen Innenpolitik während Yuan Shikais diktatorischer Spätphase, ihre Polarisierung durch Yuans Kaiserambitionen sowie die wachsenden Spannungen zwischen den Ansprüchen des Zentralstaates und den Selbständigkeitswünschen der lokalen Eliten in den Provinzhauptstädten öffneten dann die Pandorabüchse des Militarismus. Dem Militär fiel eine Schiedsrichterrolle zu, ja, es wurde von den zivilen Politikern geradezu herbeigerufen, um die Krise der politischen Autorität zu lösen. In den Jahren 1915 und 1916 fand also ein doppelter Prozeß statt: die Verlagerung des politischen Gewichts von der Zentralregierung in Peking auf die Provinzen und in den Provinzen von den zivilen zu den militärischen Elementen innerhalb der politisch aktiven Oberschicht.

Einmal an der Macht, nutzten die Militärregime die Möglichkeiten der Steuereinziehung und der direkten Plünderung, um ihre Armeen auszuweiten. Die Zahl der Soldaten unter Waffen soll in ganz China von etwa einer halben Million 1916 auf über zwei Millionen 1925 gestiegen sein.[15] Fast alle dieser Regime waren auf kurzfristige Machtvorteile aus und verhielten sich parasitär gegenüber dem kontrollierten Territorium. Sie beraubten die Bevölkerung nicht nur durch direkte Requisitionen und phantastische, nach Belieben erfundene Sondersteuern, die zum Beispiel in Sichuan für mehrere Jahrzehnte im voraus eingefordert wurden (*yuzheng*), sondern auch durch Geldverschlechterung. Beschlagnahme von Arbeitstieren und Zwangsanbau des lukrativen Opiums beeinträchtigten die Nahrungsmittelproduktion. Nicht wenige der großen Hungersnöte der zwanziger Jahre lassen sich unmittelbar auf Warlord-Mißwirtschaft zurückführen. Die Warlord-Armeen waren nicht nur eine der Ursachen, sondern auch Nutznießer der bäuerlichen Misere. Sie hatten es selten nötig, auf Zwangsrekrutierung zurückzugreifen, denn für arme Bauernburschen war die Armee, die zumindest ihren Unterhalt garantierte, oft die einzige Möglichkeit, dem Elend auf dem Dorfe zu entkommen. Die Armee wurde in der Tat zu einer »Wachstumsindustrie«.[16]

Die meisten Warlord-Regime waren zu schwach, um systematisch in die Wirtschaft einzugreifen. Im modernen Sektor konnten sie daher nur punktuell Schaden anrichten. Die Industrie litt weniger unter direkter Plünderung als unter der Lähmung oder gar Zerstörung von Infrastruktureinrichtungen. Eisenbahnen und Dampfschiffe wurden für den Truppentransport statt für kommerzielle Fracht genutzt; oft wurde der Verkehr für längere Zeit unterbrochen. Großstädte wie Tianjin oder Hankou sahen sich mitunter für Wochen und Monate von ihrem Hinterland abgeschnitten. Obwohl das Streckennetz seitdem um mehr als ein Drittel gewachsen war, fiel die Transportleistung der Eisenbahnen 1930 auf den Stand von 1912.[17] Es gab aber auch die Ausnahme einer konstruktiven Warlord-Herrschaft: In der südöstlichen Provinz Guangxi plante und verwirklichte eine Gruppe aufgeklärter Generäle um die späteren patriotischen Kriegshelden Li Zongren (1891–1969) und Bai Chongxi (1893–1966) ein anspruchsvolles Reformprogramm, das es mit den gleichzeitigen Modernisierungsbemühungen der GMD-Regierung in Nanjing durchaus aufnehmen konnte.[18]

Die üblichen parasitären Warlord-Regime eröffneten den Militärherren, ihren Familien und den Angehörigen ihrer Cliquen kolossale Bereicherungschancen. Die größten Vermögen der zwanziger Jahre wurden über die Kontrolle des Militär- und Staatsapparates angehäuft und zum Teil im modernen Sektor, etwa in Banken und Bergwerken, investiert. Die nordchinesische Großstadt Tianjin erlebte dank der Infusion von Warlord-Kapital geradezu einen Industrialisierungsschub.[19] So kam es innerhalb der lokalen Eliten, denen das Warlord-System maßgeblich seinen Aufstieg verdankte, zur Spaltung zwischen den wenigen *mit* und den vielen *ohne* Zugang zu den Ertragsquellen staatlicher Plünderung. Der Staat wurde zur Beute privater Interessen.

Die fatalste Folge des Warlord-Unwesens war nicht die im Namen des Staates betriebene Räuberei, sondern die Anhebung des Gewaltpegels in der chinesischen Gesellschaft insgesamt. Politische Gegner und ethnische Minderheiten wurden, wie schon bei Yuan Shikais Säuberungen, gnadenlos umgebracht. Ab spätestens 1924 waren die Kriege zwischen den Warlords keine Operettenbataillen mehr, sondern blutige Gemetzel, bei denen niemand auf die Haager Konvention achtete und medizinische Versorgung unbekannt war.[20] Die Bildung großer Armeen ging fließend in das paramilitärische Banditentum über. 1930 soll es zwanzig Millionen Banditen gegeben haben, organisiert in Räuberbanden von bis zu 3 000 Mitgliedern.[21] Banditen konnten sich leicht einem Warlord anschließen, wie umgekehrt demobilisierte oder im Felde besiegte Warlord-Truppen sich im Meer des Banditentums verloren. Die Grenzen zwischen Ordnungskräften und Kräften der Unordnung waren schwer zu erkennen. Jede Provinz hatte ebenso Banditenarmeen, also Räuberbanden, die von den Behörden legalisiert und den Streitkräften einverleibt worden waren, wie Armeebanditen, also Trümmer geschlagener Armeen, die sich nur als Räuber ernähren konnten.

Wer gegen das Warlord-System vorgehen wollte, mußte es mit seinen eigenen Mitteln bekämpfen. Sun Yat-sen und seine Mitstreiter zogen aus dieser Einsicht die Konsequenz, in ihrem Stützpunkt Kanton zunächst die Whampoa-Militärakademie und dann, aus dieser hervorgehend, eine eigene Streitmacht aufzubauen: eine vorzüglich trainierte Elitetruppe, die einerseits an die militärische Elitetradition der ausgehenden Qing-Zeit anknüpfte, andererseits die Lehren ihrer sowjetischen Berater annahm. Den verwahrlosten Massenheeren der Warlords setzte man gut ausgerüstete, politisch motivierte Kämpfer entgegen. Chiang Kai-shek stieg als Führer der jungen GMD-Kadetten nach Sun Yat-sens Tod zur dominierenden Figur der nationalen Revolution auf. Im Juli 1926 begann in Kanton der Nordfeldzug, eine Expedition zur Einigung Chinas. Er wurde offiziell abgeschlossen, als die Nationale Revolutionsarmee im Juni 1928 in Peking einzog. Die Warlords in nahezu der Hälfte der Provinzen ordneten sich nun der Autorität der GMD unter, die in Nanjing ihre eigene Nationalregierung als Nachfolgerin der Pekinger Warlord-Regierung errichtete. Der Nordfeldzug kostete freilich einen hohen Preis. Er verhalf dem neuen, aus der Whampoa-Militärakademie hervorgegangenen Offizierskorps innerhalb der GMD und des Nanjing-Regimes zu einer ungewöhnlich starken Stellung. Da die Siege über die Warlords nicht nur auf dem Schlachtfeld erkämpft, sondern teilweise auch durch Kompromisse ausgehandelt und in bar gekauft worden waren, wurden manche der Militärmachthaber mitsamt ihren Truppen in das locker gefügte Herrschaftsgebilde der Nanjing-Zeit inkorporiert. So war Yan Xishan, der Warlord-Autokrat von Shanxi, beizeiten ins Lager Chiang Kai-sheks übergewechselt, hatte seine Verbände gegen den mandschurisch-nordchinesischen Warlord Zhang Zuolin ins Feld geschickt und wurde dafür mit hohen Posten in der GMD und in der neuen Nationalregierung belohnt; sein kleines Königreich Shanxi blieb unangetastet. Neuer und alter Militarismus durchsetzten mithin das GMD-System. Wie schwach die Nationalregierung gegenüber den Regionen anfangs war, zeigte sich daran, daß sie 1928 die Grundsteuer, die traditionelle Haupteinnahmequelle des chinesischen Zentralstaates, den damals überwiegend noch von Warlords kontrollierten Provinzregierungen überlassen mußte. Nach 1928 hielten sich also noch durchaus erhebliche Überreste der früheren Militärherrschaft, die ihre Interessen auf nationaler Ebene zur Geltung zu bringen vermochten. Mit dem Ende der Peking-Regierung war das Schicksal der Warlords noch keineswegs besiegelt. Chiang Kaishek führte bis 1936 Kriege gegen quasi-autonome Militärsatrapen. Während er auf diese Weise die Einigung Mittel- und Südchinas voranbrachte, unterwanderte die japanische Armee von der Mandschurei aus, wo man inzwischen das international nicht anerkannte Marionetten-Kaiserreich »Mandschukuo« mit dem letzten chinesischen Kaiser (Puyi, 1906–1967) als symbolischer Spitze errichtet hatte, Teile Nordchinas.[22] Was Chiang Kai-shek im Süden an Macht gewann, mußte er im Norden wieder abgeben.

Die Kettenreaktion des chinesischen Militarismus fand während der Republikzeit kein Ende. Nach 1916 dominierte das Militär die chinesische Politik. Gegen die Warlords rüstete die GMD auf. Gegen deren anti-kommunistischen Vernichtungskrieg der Jahre 1931 bis 1934 wehrte sich die Kommunistische Partei, die sich im August 1927 nach ihrer Vertreibung aus den Städten einen eigenen militärischen Arm geschaffen hatte, die Rote Armee. Gleichzeitig betätigte sich japanisches Militär in immer größeren Teilen Chinas: nicht nur in den Kolonialgebieten Taiwan und Mandschurei, sondern auch in den Provinzen Hebei, Shandong, Fujian sowie in der Inneren Mongolei. Mit der gewaltigen japanischen Invasion, die im Juli 1937 begann, wurde China dann für mindestens zwei Jahre zum größten Kriegsschauplatz der Welt. In der Befriedung des Landes oder, anders gesagt, der Durchsetzung eines zentralstaatlichen Gewaltmonopols lag nach 1949 eine der bedeutenden, ihrerseits mit viel Brutalität erkauften Leistungen der chinesischen Kommunisten.

Der Aufstieg des Militärs zur politisch vorherrschenden Kraft im China des frühen 20. Jahrhunderts kann weder als zwangsläufige Folge der regionalen Militarisierung in der Taiping-Zeit interpretiert noch als Attentat finsterer Generäle auf eine junge Demokratie moralisch bewertet werden. Sie war eine Konsequenz des Zusammenbruchs des Zentralstaates. Anders als in Rußland 1917 oder im Iran 1979, stand in China beim Sturz des Ancien Régime keine wohlorganisierte Gegenmacht bereit, um die vakant gewordenen Machtpositionen zu besetzen. Dies war erst 1949 der Fall. In Rußland fand der Bürgerkrieg *nach* der Machtergreifung im Zentrum als Durchsetzungskampf des neuen Regimes statt. In China füllte nahezu permanenter innerer Krieg in Formen, die an den Dreißigjährigen Krieg denken lassen, das Interregnum zwischen der Kampagne gegen Yuan Shikai 1915 (dem ersten chinesischen Bürgerkrieg des 20. Jahrhunderts) und der Niederlage der GMD 1948/49. Seit 1928 handelte es sich – im Rückblick von den Ereignissen um 1949 – um einen Verteidigungs- und Machteroberungskampf einer revolutionären Bewegung. Der chinesische Kommunismus entstand in einer Atmosphäre gewaltsam ausgetragener politischer Konflikte und gelangte nach vielerlei Gefährdungen in Bürgerkriegen und antiimperialistischem Krieg zum Erfolg.

Im Zeichen des leeren Throns nach 1911 beziehungsweise 1916 zerrissen die Bande, die die politische Ordnung des Kaiserreichs zuletzt noch notdürftig zusammengehalten hatten. In der *vertikalen* Dimension löste sich der Zusammenhang zwischen dem Zentralstaat und der Masse der Bevölkerung. Der kurzlebige Elitenparlamentarismus von 1912/13 vermochte ihn nicht wieder neu zu knüpfen. Er verfügte weder über eine breite Basis in der ausdrücklich oder stillschweigend bekundeten Loyalität weiter Bevölkerungskreise, wie sie der kaiserliche Staat außerhalb dynastischer Niedergangsphasen besessen hatte, noch gebot er über die Machtmittel, das politische System gegen zentrifugale Kräfte zusammenzuhalten. Er schwebte gleichsam zwischen dem Volk und den Überresten des Ancien Régime. Das Militär, das sich als Geschöpf der Xinzheng-Reformen in einem verhältnismäßig guten Zustand befand, füllte daher ein Vakuum; es war einstweilen der einzige Kitt, der eine noch schlimmere Unordnung verhindern konnte. Allerdings war das Militär, im Unterschied zur zivilen Bürokratie, niemals zentral organisiert gewesen. Ihm fehlte daher die Fähigkeit, China *horizontal* zusammenzuhalten. Das Militär war nur zu territorialer Kontrolle im Umfang von maximal zwei bis drei Provinzen imstande. Im besten Falle hätte es zu einer Föderation friedlich nebeneinander herlebender Provinzen oder Provinzgruppen unter gemischt militärisch-ziviler Herrschaft kommen können. Dem standen die unitarische Tradition des Imperiums, der nationalistische Zeitgeist sowie die wachsenden Entwicklungsunterschiede zwischen den einzelnen Regionen entgegen, die einen Kampf um Ressourcen auslösten. Innere Kriege nahmen während der zwanziger Jahre an Zahl und Intensität zu und durchkreuzten die minimalen positiven Wirkungen, die von der »Kitt«-Funktion des Militärs ausgehen konnten und in Provinzen wie Guangxi oder auch Shanxi zum Teil tatsächlich ausgingen.

Eine Wiedervereinigung Chinas konnte unter diesen Umständen nur militärisch erzwungen werden. Den ersten Versuch dazu unternahm Chiang Kai-shek zwischen 1926 und 1936 und war damit weitgehend, wenngleich nicht ganz erfolgreich. Die Vorteile auf seiner Seite waren eine von sowjetischen und später von deutschen Militärberatern überdurchschnittlich gut trainierte Armee, eine besonders starke ideologische Verpflichtung auf den »vormundschaftlich« regierten Einheitsstaat, die Unterstützung der westlichen Großmächte sowie der frühe Zugriff auf die reichsten Provinzen Chinas, also den Südosten, das Yangzi-Delta mit Shanghai und den Mittleren-Yangzi-Raum. Für Chiang Kai-shek war die Armee nicht länger, was sie für seinen Meister Sun Yat-sen in dessen späten Jahren gewesen war: ein Instrument zur Erreichung politischer Ziele. Chiang war nach Habitus und Weltbild Offizier. Er regierte China zwischen 1928 und 1937 nicht als ein allmächtiger Militärdiktator; dazu waren die zivilen Elemente im kompliziert austarierten Herrschaftssystem der Nanjing-Periode zu stark. Wenn aber das Militär nicht die gesamte Politik bestimmte, so besaß doch auch niemand, nicht einmal die zivile Führung der monopolistischen Staatspartei GMD, eine Kontrolle über die Streitkräfte.

Aus seinen Einigungsfeldzügen ging Chiang Kai-shek gestärkt hervor; der wachsende Druck Japans seit der Okkupation der Mandschurei 1931 machte zudem die Verteidigung des Vaterlandes immer dringlicher. Am Vorabend des Krieges gab es daher keine Anzeichen für eine Verminderung der bestimmenden Stellung des Militärs in der chinesischen Politik und für den in Sun Yat-sens politischer Theorie vorgesehenen, aber bislang immer wieder verschobenen Übergang von der »Vormundschaftsregierung« zur »verfassungsmäßigen Regierung«. Durch das ehrgeizige Vorhaben, eine von Militär kontrollierte staatliche Schwerindustrie aufzubauen, eine Art von militärisch-industriellem Komplex am Mittleren Yangzi, stand vielmehr die weitere Stärkung des Militärs bevor.[23] Der neue Militarismus der GMD setzte den alten der Warlords fort, wenn auch nicht ganz bruchlos, sondern mit neuartigen Modernisierungsakzenten. Auch in dieser Beziehung sollte 1949 eine Zäsur bedeuten: Die Re-Zivilisierung des Militärischen, die neuerliche Verstaatlichung der Gewalt und die Unterordnung der Soldaten unter die Kommissare, lassen die frühe Volksrepublik einmal mehr wie eine modifizierte Reinkarnation des dynastischen China erscheinen.

Bürokratie

Seit der Gründung des Einheitsreiches durch den Ersten Kaiser hat sich China niemals allein mit dem Schwert regieren lassen. Stets war die Hilfe des Pinsels erforderlich, der zivilen Bürokratie. »Bürokratie« bedeutet dabei im chinesischen Kontext etwas anderes als im europäischen. Die europäischen Bürokratien entstanden während der Frühen Neuzeit als Exekutivapparate der sich formierenden absoluten Monarchien. Die Beamten waren ausführende Organe, die den staatlichen Betrieb in Gang hielten. Mehr noch als in Europa war in China der Wille des Herrschers Gesetz, doch führten die Ausdehnung des Riesenreiches sowie die Monopolisierung von Verwaltungswissen durch die einheitlich gebildete und nach klaren Verfahrensregeln rekrutierte Schicht der Beamten-Gelehrten dazu, daß man von einer *Herrschaft der Bürokratie* sprechen kann. Mit der Ausnahme weniger hochaktiver Herrscher (wie der drei Qing-Kaiser des 18. Jahrhunderts) überließen die Monarchen das Regieren, vor allem in den Provinzen, ihren hohen Beamten. Auch Erobererdynastien – wie vor allem die Mongolen während ihrer Okkupation des Drachenthrons (Yuan-Dynastie, 1279–1368) – machten die Erfahrung, daß die Bürokratie unentbehrlich war. Was bedeutet dies für die Republikanische Periode? Was geschah mit dem komplexen kaiserzeitlichen Beamtenapparat, dem Stahlrahmen des Imperiums, nach der Abschaffung des Prüfungssystems 1905/06 und dann nach der Revolution von 1911? Über keines der großen Themen der neuesten Geschichte Chinas ist man weniger gut unterrichtet. Eine Antwort mag leichter fallen, wenn man die Frage ausweitet und sie auf die Entwicklung des nicht-militärischen Elements in der politischen Ordnung Chinas allgemein bezieht.

Nach dem Ende des Kaiserreiches wurden zahlreiche hohe Beamte der Qing-Dynastie im Staatsdienst weiterbeschäftigt, freilich nurmehr eine kleine Zahl direkt unter der Verantwortung der jeweiligen nominellen Zentralregierung, die übrigen innerhalb der kleineren Territorien der Warlords. Die ehemaligen Qing-Würdenträger besaßen selbstverständlich kein Herrschaftsmonopol mehr. Das Ende des Prüfungssystems hatte zahlreiche neue Karrierewege eröffnet. Viele Pfade führten fortan in die oberen Etagen der chinesischen Machtelite, auch wenn der Aufstieg durch kompetitive Staatsprüfungen weiterhin als das kulturell verbindliche Ideal galt. Es wurde aber charakteristisch für die Republikzeit, daß reguläre Rekrutierungsmechanismen für politische Spitzengruppen fehlten. Yuan Shikais energischer und weitsichtiger Versuch, die Staatsprüfungen in reformierter, nunmehr vor allem praktisches Wissen umfassender Form wiederzubeleben, ging in den Wirren der Warlord-Zeit unter.[24] Die Nanjing-Regierung beschränkte sich auf Lippenbekenntnisse zu dem von Sun Yat-sen empfohlenen Prüfungswesen und ließ es zu, daß »Beziehungen« die wichtigste Voraussetzung für den Eintritt in ihre rasch wachsenden Verwaltungsorgane blieben.[25] Die ungefestigten Verhältnisse der frühen Republik gaben Selfmademen und Abenteurern ungekannte Chancen. Das Militär wurde zu einem der wichtigsten Kanäle vertikaler Mobilität. Die kleine Gruppe der wirklich Mächtigen bestand in den zwanziger Jahren aus hohen Militärs, ehemaligen Qing-Beamten und daneben einzelnen Aufsteigern, von denen überraschend viele bäuerlicher Herkunft waren.[26]

Diese kleine Gruppe ist nicht identisch mit der »Lokalelite« der späten Qing-Zeit, also der Gentry-Kaufmanns-Schicht, die von der zaghaften wirtschaftlichen Modernisierung profitierte, den Resonanzboden für die entstehende politische Öffentlichkeit bot und während der letzten Jahrzehnte des Kaiserreichs zunehmend quasi-staatliche Aufgaben an sich zog, vor allem in der Wohlfahrtspflege. Die Lokalelite war schon vor 1911 politisch auf Selbstverwaltung gestimmt. Sie hatte die Einrichtung von Repräsentativkörperschaften im Zuge der späten Qing-Reformen begrüßt, zugleich aber jene Aspekte der Neuen Politik nach 1901 abgelehnt, die auf eine Stärkung der Zentralregierung hinausliefen. 1912/13 bildeten sich, wie sich am Beispiel der Provinz Zhejiang zeigen läßt, in allen Landkreisen beratende Versammlungen (Kreistage), die wesentlich größere Kompetenzen beanspruchten als ihre Vorläufer vor 1911. Sie wurden jedoch schon 1914 von Yuan Shikai abgeschafft und erst 1921 wieder eingeführt, allerdings nun mit beschränkteren Befugnissen. Hätten sich die lokalen Eliten politisch durchsetzen können, dann ließe sich in China vielleicht von so etwas wie einer »bürgerlichen Revolution« sprechen. Tatsächlich aber lagen seit Anbeginn der Republik die Prinzipien der Beamtenregierung (*guanzhi*) und der Selbstregierung (*zizhi*) im Widerstreit.[27] Auf längere Sicht obsiegte abermals *guanzhi*. 1911 war nur der *Zentral*staat kollabiert, nicht der Staat an sich. Die Emanzipationsbestrebungen der Lokalelite stießen nach wie vor gegen Widerstände von oben: erst Yuan Shikais, dann der Warlords, dann der GMD.

Charakteristisch für alle nicht-kommunistischen chinesischen Staatsapparate zwischen 1916 und 1949 war ein Mangel an Kalkulierbarkeit. Die Verhaltensweisen der klassischen kaiserlichen Bürokratie waren in hohem Maße berechenbar gewesen. Jahrhunderte administrativer Routine und eine strikte Dienstethik hatten dafür gesorgt. Der republikanische Staat konnte *punktuell* stärker sein als der kaiserliche und tiefer in die Gesellschaft eindringen, aber er tat dies selten mit breiter Flächenwirkung. In einer Provinz konnte eine geordnete, tatkräftige Warlord-Verwaltung herrschen, in der Nachbarprovinz die Anarchie. Diese Lückenhaftigkeit war ein hervorstechendes Merkmal des republikanischen Staates. Ein anderes war seine tendenzielle Gleichsetzung mit Privatinteressen. Die alte idealisierte Zweiteilung zwischen gemeinwohlorientierter Bürokratie und egoistischen Privatleuten verlor ihren Sinn. Der Staat wurde privatisiert. Er verwandelte sich in das, was er zur Kaiserzeit niemals in solcher Extremform gewesen war: ein Plünderungsinstrument in den Händen der jeweils Mächtigen.

Da der Staat nur lückenhaft präsent war und man selten wußte, was von den jeweils machtausübenden Bürokraten und ihren Herren zu erwarten war, gewannen informelle gesellschaftliche Zusammenschlüsse noch mehr Bedeutung, als sie sie vor 1911 schon besessen hatten: Landsmannschaften, Gilden, Berufsverbände, Studienzirkel und so weiter. Wenn der Staat die Sicherheit und Wohlfahrt seiner Untertanen oder Bürger nicht länger garantieren kann, schließen diese sich häufig zu vorstaatlichen Vereinigungen zusammen. Es wäre ein Mißverständnis, diese allesamt als Ausdrucksformen von Pluralismus und chinesischer »Zivilgesellschaft« deuten zu wollen. Viele waren dies sicherlich, andere aber waren Organisationen des Schutzes und der Defensive gegen einen Staat, der als willkürlich und ungerecht empfunden wurde.[28]

Auch in der Politik spielten Netze persönlicher Beziehungen eine große Rolle. Innerhalb der kaiserlichen Bürokratie hatten sich immer wieder Interessen- und Gesinnungsgruppen gebildet, und immer wieder war der Thron dagegen eingeschritten. Nach 1911 blühte das Cliquenwesen ungehindert und erfüllte die Funktionen der Interessensicherung und Patronage. Mit Ausnahme der GMD waren die frühen parlamentarischen Parteien eher personalistisch verbundene Cliquen (*pai*) als programmatisch geeinte Vereinigungen (*dang*). Bei der GMD wurde das Cliquenwesen internalisiert, gleichsam in die Partei hineingenommen. Dies setzte sich fort, als die Partei 1928 die Nationalregierung errichtete. Das damals etablierte Nanjing-Regime läßt sich als labile Föderation von Parteicliquen interpretieren, die nur durch die Person Chiang Kai-sheks zusammengehalten wurden.[29] Auch die Warlords schlossen sich zu Cliquen zusammen. Andere Arten persönlicher Beziehungen waren ebenfalls von großer Bedeutung. Yuan Shikai und Chiang Kai-shek wurden als »Lehrer« verehrt und bildeten die Fixsterne von Anhängerzirkeln. Gemeinsame heroische Kampferfahrungen begründeten lebenslange Loyalitäten: Dies gilt für die Absolventen der einzelnen Jahrgänge der Whampoa-Militärakademie in Kanton ebenso wie für die Teilnehmer am Langen Marsch der KPCh (1934–1936), die eine Art von Revolutionsaristokratie bildeten und von denen einige bis in die neunziger Jahre hinein die Geschicke der Volksrepublik bestimmt haben. Schließlich machten sich landsmannschaftliche Bindungen selbst in der Regierung bemerkbar: Während der Warlord-Zeit monopolisierten Leute aus der Provinz Fujian das Marine- und Nordchinesen das Armeeministerium; das Finanzministerium lag überwiegend in den Händen von Beamten aus Anhui.

Als die GMD ihre Nanjinger Nationalregierung errichtete, trat sie mit dem Anspruch an, China nicht nur legitimer, sondern auch effizienter zu regieren. Die GMD bezog ihr Staatsideal aus verschiedenen Quellen: selbstverständlich aus den Schriften Sun Yat-sens und aus einigen konfuzianischen Reminiszenzen, daneben aber auch aus der Beobachtung von interventionistischer Staatstätigkeit weltweit – von Italien und Japan bis zur Sowjetunion und dem amerikanischen New Deal. Die Nanjing-Regierung prangerte die parasitäre Primitivität der Warlord-Regime an und versprach, an ihre Stelle eine rationale Staatsverwaltung zu setzen. Besonders deutlich wurde dies auf dem fundamentalen Gebiet der Steuern. Die Nanjing-Regierung unternahm Schritte zur Schaffung einer Einkommens- und Unternehmensbesteuerung nach westlichem Vorbild. Binnenländische Transitsteuern sollten abgeschafft, die Regression der Belastung durch indirekte Steuern (etwa die Salz- oder Tabaksteuer) sollte vermindert, die Korruption eingeschränkt werden. Durch Ausschaltung von Steuerpächtern, Maklern und anderen Mittelsmännern sollte der Staat die Einziehung von Steuern ganz in die eigene Hand nehmen.[30] Weniges ist davon vor Kriegsausbruch verwirklicht worden. Es fehlte an Möglichkeiten und vielfach auch am guten Willen. Die Pläne zeigen aber immerhin, wie die GMD sich als treibende Kraft staatlicher Modernisierung verstand und darstellte. Die besten Chancen für eine Realisierung ihrer Vorstellungen hatte sie in den zuletzt unter ihre Kontrolle gelangten Gebieten. Je nach den Umständen fielen die Ergebnisse dort recht unterschiedlich aus. In der Provinz Sichuan, wo Chiang Kai-shek sich 1935 gegen die dortigen Warlords durchsetzen konnte, oktroyierte er ein Programm modern anmutender Reformen. In denjenigen Gebieten der Provinz Jiangxi hingegen, in denen die KPCh einige Jahre lang ein »Rätegebiet« beherrscht und radikale Änderungen an den Besitzverhältnissen vorgenommen hatte, wurde nach der Eroberung durch die Jiang-Armee im Herbst 1934 eine reaktionäre Politik der Wiederherstellung der alten Ordnung, des Weißen Terrors und der pseudo-konfuzianischen Indoktrinierung der Bevölkerung eingeleitet. In Sichuan kehrte das Regime sein maßvoll modernisierendes, in Jiangxi sein traditionalistisches Gesicht hervor.[31]

Insgesamt gewannen im Laufe der dreißiger Jahre die antiwestlichen, illiberalen, militärischen Kräfte innerhalb des GMD-

Regimes die Oberhand. Dies zeigte sich daran, daß der Staat die beiden wichtigsten außerstaatlichen Bereiche der chinesischen Gesellschaft unter seine autoritäre Kontrolle zu bringen versuchte: zum einen die Privatwirtschaft, zum anderen das Erziehungswesen und das geistige Leben überhaupt. Schon seit dem Kantoner Kaufmannsaufstand, den noch Sun Yat-sen im Oktober 1924 hatte niederschlagen lassen, waren die Beziehungen zwischen GMD und privater Geschäftswelt getrübt. Sie verschlechterten sich erneut nach der faktischen Machtübernahme Chiang Kai-sheks 1927. Der Tiefpunkt war 1935 mit der Verstaatlichung des privaten Bankenwesens erreicht.[32] Nun dominierte zumindest im Finanzsektor ein »bürokratischer Kapitalismus«, von dem eine kleine Zahl von Cliquen und Familien profitierte, die eng mit der politischen Führung verbunden waren. Gegenüber den nicht so stark konzentrierten Sektoren Industrie und Handel trat der Staat zurückhaltender auf. Er stellte ihnen wenige Hindernisse in den Weg, ergriff aber auch nicht jene Schutz- und Förderungsmaßnahmen, die eine bewußt prokapitalistische Entwicklungspolitik verlangt hätte und die auch von vielen Unternehmern gefordert wurden; zu manchen dieser Maßnahmen, etwa einer anti-japanischen Zollpolitik, hätten ihm ohnehin die Machtmittel gefehlt.[33] Die GMD bahnte also während ihrer Vorkriegsherrschaft in Nanjing keineswegs einem chinesischen Privatkapitalismus den Weg. Sie folgte in einigen Bereichen sogar ungeniert den propagandistisch verteufelten Warlord-Regimen auf dem Wege einer Umverteilung gesellschaftlichen Reichtums zugunsten einer kleinen Staatsklasse.[34]

Auch das Erziehungswesen, vor allem Universitäten und höhere Schulen, wurde an die Kandare gelegt. Zensur, Reglementierung und Disziplinierung bis hin zu brutaler Gewaltanwendung sollten studentische Opposition unterbinden. Mißliebige Hochschullehrer wurden drangsaliert. Die Pressefreiheit wurde mindestens ebenso wirksam eingeschränkt wie unter den Warlord-Regimen.[35] Insgesamt gesehen wurde die Nanjing-Regierung immer mißtrauischer gegenüber selbständigen Regungen gesellschaftlicher Gruppen. Es ist bemerkenswert, daß die Bereiche, die beim Regime besonderen Anstoß erregten, in Zonen des chinesisch-westlichen Kontakts entstanden waren: Sowohl der private Kapitalismus als auch das westlich geprägte höhere Bildungswesen gehörten zum maritimen, zum »blauen« China der Treaty Ports. Auch die GMD und ihre Vorläuferorganisationen waren im Milieu der Auslandschinesen, politischen Exilanten und Treaty Ports großgeworden. 1927 hatte Chiang Kai-shek sich nur durch heimliche Allianzen mit der Großbourgeoisie und der Unterwelt Shanghais gegen die Kommunisten, die Partner der GMD in der Ersten Einheitsfront, durchsetzen können. Shanghai war auch das Schaufenster gewesen, in dem sich die Nanjing-Regierung ihren britischen und amerikanischen Gönnern mit Hilfe weltläufiger Diplomaten und Finanziers wie dem in Harvard ausgebildeten T. V. Soong (Song Ziwen, 1894–1971), einem Schwager Chiang Kai-sheks, zeitweilig als Musterknabe asiatischer Verwestlichung präsentierte. Gleichzeitig wurde aber das tatsächliche und metaphorische Abrücken von der Küste durch deutsche Militärberater vorbereitet, die Chiang Kai-shek bei seinem Kampf gegen die Kommunisten und die übriggebliebenen Warlords unterstützten.[36] Nicht allein die KPCh zog sich auf das »gelbe«, das nativistische, autoritäre, orthodoxe Binnen-China zurück. Auch ihr Todfeind, das Nanjing-Regime der GMD und insbesondere dessen immer mächtiger werdender Militärflügel, vollzog diese Abkehr in der Mitte der dreißiger Jahre. Daß die GMD dabei in der ländlichen Gesellschaft niemals Wurzeln schlug, niemals die Loyalität der Bauern gewann oder wenigstens zu gewinnen versuchte, machte übrigens einen wichtigen Unterschied zu den Kommunisten aus. Schon bevor Japan das »blaue« China unter seine Herrschaft brachte, ein Prozeß, der mit der Besetzung Hongkongs und der Internationalen Niederlassung zu Shanghai im Dezember 1941 zum Abschluß kam, hatten sich die Hauptkontrahenten der chinesischen Politik ins Binnenland zurückgezogen.

Die Stärkung des Staates, dies läßt sich zusammenfassend sagen, war in vieler Hinsicht unvermeidlich. Nur so konnten innere Zersplitterung und Wehrlosigkeit nach außen allmählich reduziert werden. Politische Theoretiker und Programmatiker wie Liang Qichao und Sun Yat-sen hatten dies klar gesehen. 1928 gelangte mit der GMD eine politische Kraft an die Macht, die nicht bloß, wie die meisten Warlords, kurzfristige Ziele verfolgte, sondern mit der Vision eines planmäßig intervenierenden, Gesellschaft und Wirtschaft gestaltenden Staates antrat. Ein solch aktiver Staat mußte bei seiner Expansion an Grenzen und auf Widerstände stoßen. Der Staat der Nanjing-Periode dehnte sich auf Kosten wirtschaftlicher und intellektueller Freiheit in den Städten aus und wurde damit zum Vorläufer der kommunistischen Diktatur nach 1949. Zugleich verstärkte sich der bürokratische Zugriff auf die ländliche Lokalregierung. Dies war ein langfristig wirksamer Prozeß, der vor der Nanjing-Periode begonnen hatte.

Wie auf der höheren Ebene des nationalen Parlamentarismus, so waren 1912 und 1913 auch auf derjenigen der Lokalregierung zwei ephemere Goldene Jahre. Niemals wieder würde man einer Selbstverwaltung der lokalen Eliten, wie Kang Youwei und Liang Qichao sie theoretisch begründet hatten, so nahe kommen. Diese Selbstverwaltung wurde indessen nicht nur vom Staat in Frage gestellt, seit Yuan Shikai 1914 gegen sie eingeschritten war. Auch die Bauernschaft empfand sie als einen problematischen Segen. Nicht allein, daß mitunter »lokale Despoten« ohne das Gegengewicht der Staatsbürokratie ungehindert ihr Unwesen treiben konnten; auch manche gut gemeinten Modernisierungsprojekte weckten bäuerlichen Protest, der oft gewaltsame Formen annahm. Ein Anlaß dafür waren zum Beispiel die »neuen«, also westliches Wissen vermittelnden Schulen, deren Verbreitung sich die Lokalelite vielerorts zum Anliegen machte. Sie waren teurer als die traditionellen Schulen, zu denen gelegentlich sogar Bauernkinder Zugang fanden, was bei den exklusiven modernen Schulen nicht der Fall war. Dennoch wurden die Kosten schließlich der bäuerlichen Bevölkerung aufgebürdet.[37] In der Zange zwischen Staat und Bauernschaft hatte die Selbstverwaltung der Elite keine Chance. Sowohl in der Warlord-Zeit als auch unter der Nanjing-Regierung waren die verbleibenden Selbstverwaltungskörperschaften wenig mehr als Anhängsel der Bürokratie.

Im Vordringen des Staates hinab auf die Dorfebene lag eine wichtige Neuerung der Republikzeit. Sie bildete eine Voraussetzung für die Mobilisierung der Landbevölkerung durch die Kommunisten. Außerhalb der Kreisstädte, in denen die Landräte residierten, hatte sich die kaiserliche Bürokratie nur von Zeit zu Zeit in Gestalt steuereintreibender Büttel bemerkbar gemacht.

Seit 1908 wurde erstmals in der Geschichte der chinesischen Bürokratie unterhalb des Landkreises (*xian*) eine tiefere Ebene der ländlichen Verwaltung eingeführt: der Bezirk (*qu*), der vor allem für die Eintreibung von Steuern zuständig war. In den kleinstädtischen Bezirksämtern saß jeweils ein von oben ernannter Beamter, dem ein kleiner Exekutivstab zur Hand ging. Dazu gehörten Polizisten, die nun immer öfter in den Dörfern auftauchten. Die Kontaktzone zwischen »Staat« und »Gesellschaft« verlief nunmehr dort, wo Bezirksamtmänner und Vertreter der Dörfer zusammentrafen. Die traditionelle Mittlerrolle der lokalen Elite oder Gentry zwischen Landrat und Bauernschaft wurde dadurch teilweise entbehrlich. An die Stelle der alten Elite, die oft auch Aufgaben als Klan-Führer oder Tempelälteste wahrgenommen hatte, traten in den verworrenen zwanziger und dreißiger Jahren vielfach neue Elemente, die aus Schutz und Vertretung der dörflichen Gemeinschaften gegenüber einem ihnen oft feindlich begegnenden Staat ein Geschäft machten.[38] Der konfuzianische Gentleman in seiner für ihn natürlichen paternalistischen Führungsrolle wurde nicht selten durch den skrupelloseren, vielleicht sogar Schutzgeld kassierenden Ortstyrannen ersetzt. Dies wurde dadurch erleichtert, daß der traditionelle kulturelle Nexus zerstört war, der im Kaiserreich die Angehörigen der titeltragenden Gentry mit dem Landrat verbunden und ihm sozial (nahezu) gleichgestellt hatte. Mit den untergeordneten Bezirksbeamten der Republik ließ sich nicht länger über Klassiker und Kalligraphie diskutieren.

Die Ausbreitung der Polizei ist ein besonders deutliches Beispiel für die Ausweitung der Staatstätigkeit. Das imperiale Äquivalent einer modernen Polizei war die Anordnung der Familien beziehungsweise Haushalte in künstlichen Dezimalgruppen von je hundert und auf höherer Ebene tausend Haushalten. Der Zweck dieses sogenannten *baojia*-Systems lag darin, durch gegenseitige Überwachung und kollektive Verantwortlichkeit für Missetaten die Ordnung aufrechtzuerhalten und Gesetzesbrecher aufzuspüren.[39] Die konfuzianische Staatstheorie sah darin kein Zwangsinstrument, sondern eine Einrichtung der gegenseitigen Hilfe. In die interne Autoritätsstruktur der Familie griff der Staat nicht ein. Die aus westlicher Sicht archaisch anmutende

Praxis der Haftung der Familie oder eines größeren Kollektivs entbehrte in einer Zivilisation, in der die Herrschaft des Kaisers in Analogie zu der des Vaters in der Familie konstruiert wurde, nicht einer gewissen Logik: Das delinquente Individuum wurde nicht aus der Familie herausgerissen, diese blieb *innerlich* intakt. Zwei Entwicklungen führten nun in der Republikzeit über diesen Zustand hinaus: Zum einen wurde durch Gesetzgebung die Verantwortlichkeit von der Familie und der Gruppe auf das Individuum verlagert. Daraus folgte die Trennung von Strafe und Familie; die Familie verlor ihre Sanktionskompetenz. An die Stelle der gegenseitigen Bespitzelung der Familien trat die polizeiliche Überwachung von Individuen sowie deren Bestrafung und zum Teil auch »Umerziehung« in Gefängnissen westlich-japanischen Typs.[40]

Zum anderen wurde – selbstverständlich mit regional ganz unterschiedlicher Intensität – ein Polizeinetz über die ländlichen Gebiete gezogen. Damit hatte Yuan Shikai bereits nach 1901 während seiner Amtszeit als Gouverneur der Provinz Zhili (Hebei) begonnen. Besonders stark wuchs die Präsenz der Polizei und anderer Sicherheitskräfte dort, wo die Nanjing-Regierung im Zuge ihrer »Banditenunterdrückung« gegen wirkliche oder vermeintliche Kommunisten vorging. Von unbestechlichen Gesetzeshütern konnte freilich bis zum Ende der Republikzeit nur selten die Rede sein. Gerade die Landpolizei wurde zu einer weiteren Plage für die dörfliche Bevölkerung. Gegen Polizeiwillkür gab es kaum wirksame Rechtsmittel. Die Polizisten wollten großzügig bewirtet und unterhalten werden; sie kannten viele Wege, um ihr schmales Gehalt aufzubessern. Der »Staat« in Gestalt der ländlichen wie der städtischen Polizei drang während der Republikzeit und vor allem unter der Nanjing-Regierung nach 1928 tief in die Gesellschaft vor. Er war jedoch weit davon entfernt, als eine unparteiische und unbestechliche Ordnungsmacht zu agieren – die Utopie aller Polizeireformer. Während die Polizei etwa in Shanghai enge Beziehungen zum organisierten Verbrechen knüpfte, wurde sie auf dem Lande vielfach zum Handlanger der Grundbesitzer, deren Pachtforderungen sie gegenüber den Bauern vertrat.

Unter den Bedingungen lückenhafter und fragmentierter

Staatsautorität variierte die Staatstätigkeit von Region zu Region erheblich, und viele Pläne und Gesetze verharrten auf dem Papier. Dennoch ist ein langfristiger, durch Regimewechsel kaum unterbrochener Trend von der Neuen Politik der späten Qing-Zeit bis über 1937 hinaus unverkennbar: eine allmähliche Zunahme der Kontrolle durch die staatliche Bürokratie nicht nur im städtischen, sondern auch im ländlichen China. Damit wird ein Zusammenhang sichtbar, der verborgen bleibt, wenn man allein die Umbrüche in der politischen Ereignisgeschichte betrachtet. Die langsame Durchdringung der Gesellschaft durch den Staat war ein Basisprozeß, der sich über die zahlreichen Zäsuren und Kurswechsel der Hohen Politik hinweg entfaltete. Selbstverständlich handelt es sich dabei um ein nahezu universales Merkmal von Modernisierung. Man findet es in Europa ebenso wie in Japan. Das Frappierende an China ist, daß sich die Expansion des Staates vor dem Hintergrund territorialer Parzellierung und bürgerkriegsartiger Anarchie vollzog. Der Einklang zwischen Aufbau des Staates und Befriedung und Integration der Nation, wie er beispielhaft in Japan gelang, trat in China vor 1949 nicht ein. Als dann aber die KPCh binnen kürzester Zeit einen »starken« Staatsapparat errichtete, mußte sie dies nicht völlig vom Nullpunkt des »Chaos« aus tun. Manche Voraussetzungen waren bereits im späten Kaiserreich und während der Republik geschaffen worden.

Kapitel 5

Bauern und ländliche Gesellschaft

In den dreißiger Jahren lebten 73 Prozent der Gesamtbevölkerung von etwa fünfhundert Millionen Chinesen in Familien, die ihren Unterhalt aus der Landwirtschaft bestritten. Dies entsprach ziemlich genau der Situation in Frankreich zur Zeit der Revolution von 1789.[1] Die Proportionen sagen freilich nicht alles. Man muß auch die absoluten Zahlen sprechen lassen. Gewiß, China war die größte Agrargesellschaft der Welt, aber zugleich hatte es eine städtische Bevölkerung von um die hundert Millionen Menschen und blieb damit weiterhin, was es schon in den Augen erstaunter europäischer Besucher der Frühen Neuzeit gewesen war: ein Land der Städte.

Ganz China war Bauernland, insofern in allen Provinzen Bauern die große Mehrzahl der Bevölkerung bildeten. An der Peripherie der großen Städte begann das bäuerliche China, und in Gestalt Hunderttausender von Zuwanderern und Landflüchtigen durchdrang es sogar deren zentralere Bereiche. Trotz solcher Allgegenwärtigkeit weiß man über die Welt der chinesischen Bauern weniger als über die der städtischen Minderheit. Die traditionale Erziehung, ergänzt durch Spuren eines modernen Schulwesens, bewirkte, daß es in nahezu jedem Dorf Leute gab, die auf mindestens elementarem Niveau lesen und meist auch schreiben konnten. Da Literalität bei einer ideographischen Schrift, die nicht Lautwerte, sondern Bedeutungen ausdrückt, von der Anzahl der beherrschten Schriftzeichen abhängt und daher eine Frage gradueller Abstufung ist, läßt sich noch schwieriger als bei alphabetischen Schriftsystemen zwischen »Analphabetismus« und seinem Gegenteil unterscheiden.[2] Die verläßlichste Untersuchung, die während der Republikzeit durchgeführt wurde, ergab, daß in den dreißiger Jahren 45 Prozent aller männlichen Landbewohner im Alter von mehr als sieben Jahren irgendeine Art von Schulbildung erhalten hatten und daß etwa 30 Prozent als lesekundig gelten konnten.[3] Ein ähnlicher Anteil wird auch schon für das späte 19. Jahrhundert angenommen: durchaus beachtlich im Vergleich mit vormodernen Verhältnissen anderswo. Dennoch ist der chinesische Bauer – und erst recht die Bäuerin – stumm geblieben; dokumentarisch direkt faßbar sind sie vor allem in Sprichwörtern und Folklore sowie in »Oral History«-Aussagen, wie sie vor allem nach 1949 gesammelt wurden. Die wichtigsten Quellen zu Landwirtschaft und ländlicher Gesellschaft unter der Republik stammen von externen Beobachtern: Zeitungsberichte, einige frühe ethnographische Dorfstudien sowie systematische empirische Enqueten, darunter die in der heutigen Forschung besonders geschätzten Erhebungen, die von japanischen Wissenschaftlern zwischen 1938 und 1944 in Dörfern des besetzten Nordchina durchgeführt wurden.[4] Erst in den letzten Jahren sind chinesische Archive zugänglich geworden; Straf- und Gerichtsakten haben sich dabei als besonders ergiebig erwiesen.

Es wäre übertrieben, diese Quellenlage dürftig zu nennen. Das Problem liegt in ihrer geographischen Beschränkung. Über einige Gebiete Chinas ist man ausgezeichnet unterrichtet, über andere weiß man sehr wenig. Da die gesellschaftlichen Verhältnisse auf dem Lande sich aber von Region zu Region erheblich unterschieden, erliegt man schnell dem Fehler übereilter Verallgemeinerung. Die Zustände, die Mao Zedong 1927 in seinem berühmten ›Untersuchungsbericht über die Bauernbewegung in Hunan‹ beschrieb, herrschten keineswegs auch in jenen nördlichen Provinzen, in denen der KPCh später die Mobilisierung der Bauernschaft gelingen sollte. Frühe Feldforschungen chinesischer Wissenschaftler betrafen vor allem den Süden des Landes und ließen auf dieser Grundlage das Bild einer dominierenden, ihre Pächtermassen ausbeutenden Klasse von »Grundherren« (*dizhu, landlords*) entstehen.[5] Westliche Historiker hingegen gewannen ihr Bild vor allem auf der Grundlage der bereits erwähnten japanischen Materialien über einige Dörfer Nordchinas. Dort spielte das Verhältnis von Grundherren und Pächtern eine viel geringere Rolle, herrschte im Grunde eine andere Agrarverfassung als im Süden. Große wissenschaftliche Streitigkeiten entstanden, weil so mancher »seinen« Fall für repräsentativ erklärte und Generalisierungen wagte, denen andere Forscher widersprechen mußten.

Die wichtigsten Unterschiede liegen auf zwei Achsen. Die erste ist die ökologisch-ökonomische Nord-Süd-Achse. Hier muß unterschieden werden zwischen dem Reisland oberhalb und dem Weizenland unterhalb einer Linie, die etwa vom Huai-Fluß markiert wird und zweihundert bis dreihundert Kilometer nördlich des Yangzi verläuft: eine Unterscheidung, welche diejenige zwischen den »Makro-Regionen« noch überlagert. Die bäuerlichen Betriebe im Norden waren vor der Revolution durchschnittlich beinahe doppelt so groß wie die im Süden. Der Anteil der Kleinbauern auf eigenem Land überwog im Norden denjenigen der Pächter. Während für den Süden bis heute Naßreiskultur und künstliche Bewässerung charakteristisch sind, wurden in den dreißiger Jahren in Nordchina weniger als 10 Prozent des Landes künstlich bewässert, vorwiegend aus Brunnen. Der Süden profitierte von einem dichten System von Flüssen und Kanälen, die den Transport von Massengütern erleichterten. Im Norden hingegen erfolgte der Transport mehr durch Lasttiere, Karren und menschliche Träger und war daher langsamer und teurer. Die Eisenbahn brachte für den Norden größere Veränderungen als für den Süden. Das Kerngebiet des Nordens ist die gewaltige Ebene, die sich vom Yangzi bis hoch an den Fuß der Großen Mauer erstreckt. Sie begünstigt kulturelle Homogenität und erleichtert politische Kontrolle. Das südchinesische Landschaftsbild ist im Gegensatz dazu durch ein starkes Relief gekennzeichnet. Nahe beieinander liegende, aber durch Berge getrennte Gegenden konnten sich in Dialekt und Gebräuchen erheblich voneinander unterscheiden.

Die zweite Differenzierungsachse ist die zwischen Zentren der Besiedlung und den jeweiligen Peripherien. Jede Provinz und jede Makroregion besaß ihre eigene Peripherie. Vor allem aber gab es immer noch, wenngleich im 20. Jahrhundert in geringerem Umfang als im 18. und 19., »frontiers«, Siedlungsgrenzen, an denen Neuland kultiviert werden konnte und die deshalb Zuwanderer aus den übervölkerten Zentren anzogen. Solche »frontiers« fanden sich im süd- und zentralchinesischen Bergland und vor allem in der Mandschurei, deren große Flächen nach der Einrichtung von Eisenbahnverbindungen zum Ziel von Auswanderern und Saisonarbeitern aus dem übervölkerten Nordchina wurden. 1928, auf dem Höhepunkt einer von mehreren Migrationswellen, strömten mehr als 1,3 Millionen Menschen in die Mandschurei, von denen sich etwa die Hälfte dort dauerhaft niederlassen wollten.[6] An den Peripherien waren die gesellschaftlichen Verhältnisse offener, weniger durch Tradition gefestigt, aber dadurch auch noch weniger repräsentativ für China als Ganzes als in den Siedlungszentren.

Im Folgenden wird ein schmaler Grat zwischen Verallgemeinerung und regionaler Differenzierung beschritten. Ein übertriebener Lokalismus würde das Gesamtbild verstellen, ein zu großzügiges Portrait von China als Ganzem unterschlagen, daß gerade die kommunistische Bauernrevolution, die am Ende jeden einzelnen chinesischen Bauern berühren sollte, an ihrem Beginn als lokales Phänomen verstanden werden muß.

Arbeit und Eigentum

Die chinesische Landwirtschaft, die im Kernland ausschließlich Ackerbau war, fand meist in Kleinbetrieben statt. Die durchschnittliche Betriebsgröße in Südchina lag bei 1,13 Hektar.[7] Die winzigen Flächen dieser Parzellenwirtschaften waren oft noch in Streulagen aufgesplittert, so daß eine Bauernfamilie nicht selten mehrere unzusammenhängende Landstreifen bestellte. Obwohl die Betriebe im Norden durchschnittlich mehr als doppelt so groß waren wie die im Süden, führte die wesentlich höhere Produktivität im geographisch begünstigten Süden dazu, daß die Landwirtschaft dort die Menschen besser zu ernähren vermochte. Der Norden war die agrarisch ärmere Hälfte Chinas. Da es in den dichtbesiedelten Kernprovinzen kein neu erschließbares Land mehr gab, mußte eine wachsende Bevölkerung durch die immer weiter verfeinerte Nutzung unvermehrbarer Bodenressourcen ernährt werden. Dem Mangel an Land entsprach ein Überfluß an Arbeitskräften. Es gab daher wenig Anreiz zum Einsatz arbeitssparender Maschinerie. Andere Errungenschaften der Wissenschaft, die die Produktivität des Bodens hätten erhöhen können, wie Kunstdünger, Pestizide und ausgesuchtes Saatgut, waren nur für eine kleine Minderheit der Farmer zugänglich und erschwinglich. China hatte im Laufe seiner Geschichte mehrere »agrarische Revolutionen« erlebt, zuletzt die Einführung neuer Fruchtarten aus Amerika im 16. Jahrhundert. Die Landwirtschaft der dreißiger Jahre verharrte aber auf einem Entwicklungsstand, der nicht über den der Hohen Qing-Zeit hinausging.

Über den Lebensstandard der chinesischen Landbevölkerung wird seit Jahrzehnten debattiert.[8] Den »Pessimisten«, die eine fortschreitende Verelendung der chinesischen Bauernschaft festzustellen glauben, stehen die »Optimisten« gegenüber, die während der Republikzeit Ansätze zu wirtschaftlichem Wachstum im allgemeinen und einer Erhöhung des ländlichen Pro-Kopf-Einkommens im besonderen erkennen möchten. Eine mittlere Lösung dürfte der Realität am nächsten kommen. Vermutlich hat sich das in Zahlen schätzbare Einkommen der chinesischen Bauern im Durchschnitt bis zum Kriegsbeginn 1937 im wesentlichen auf der Höhe der späten Qing-Zeit gehalten, einem Niveau, das selbst wiederum unter dem des frühen 18. Jahrhunderts lag. Landwirtschaftliche Produktion und Bevölkerung wuchsen ungefähr im gleichen Tempo. Was nachweislich über die Jahrzehnte hinweg anstieg, war der Verbrauch von – oft selbstgewebtem – Baumwollstoff in ländlichen Haushalten. Ein solcher Durchschnitt umfaßt aber weit divergierende Extreme: einerseits sehr arme Gegenden, besonders im Nordwesten, in denen sich die Menschen auf einfachste Art ernährten (von Süßkartoffeln, Mais, Sorghum oder Hirse) und sich Weizen oder Reis nur selten leisten konnten, von Fleisch ganz zu schweigen, andererseits traditionell wohlhabende Landschaften, etwa in der Umgebung von Kanton oder im Delta des Yangzi. *Chronischer* Hunger war nicht charakteristisch für China, doch für viele Gegenden traf die Beobachtung des englischen Wirtschaftshistorikers Richard H. Tawney zu, der nach einem Studium der chinesischen Landwirtschaft zu dem Schluß gekommen war, der chinesische Bauer gleiche vielerorts einem Mann, der bis zum Hals im Wasser stehe: Ein zusätzlicher Tropfen genüge, um ihn zu ertränken.[9]

Die Lebenserwartung auf dem Lande war extrem niedrig. Sie

lag Anfang des 20. Jahrhunderts, grob geschätzt, für Frauen bei 24, für Männer bei 25 Jahren. Ein Drittel aller Kinder starb im ersten Jahr.[10] Nicht Mangelernährung, sondern fehlende Hygiene und medizinische Versorgung waren für diese hohe Mortalität verantwortlich. Die häufigsten Todesursachen waren Krankheiten wie Typhus, Cholera, Ruhr, Malaria, Pocken, Diphterie, Tuberkulose und Wurmbefall. Einige dieser Seuchen traten in bestimmten Provinzen endemisch auf. In der Mandschurei etwa forderte die Lungenpest 1910/11 60000 Todesopfer. Das enge Zusammenleben der Menschen, unentwegtes Hantieren mit den allenthalben als Dünger verwendeten Fäkalien, Mangel an fundamentalem Gesundheitswissen und die Ignoranz vieler Hebammen garantierten eine fortdauernd hohe Sterblichkeit. Die traditionelle Heilkunst konnte gegen einen großen Teil dieser Krankheiten wenig ausrichten. Westlich ausgebildete Ärzte verirrten sich selten auf das Land; wenn sie es taten, mußten sie Widerstände gegen ihre Heilmethoden mühsam überwinden. Moderne Arzneimittel waren für Bauern so gut wie unerschwinglich.[11]

Betrachtet man Bauern und Bäuerinnen des frühen 20. Jahrhunderts in ihren weiteren sozialökonomischen Bezügen, so muß man sie gewissermaßen als multiple Wesen, als Träger mehrerer Rollen zugleich verstehen: Erstens betrieben sie Subsistenzsicherung zum Zweck der Ernährung und Erhaltung von Haushalt und Familie. Dem Primat des Überlebens war alles andere untergeordnet. Zweitens waren sie auf dem Markt tätig; sie verkauften und kauften, liehen und pachteten. Um dies erfolgreich tun zu können, war rationales Geschäftsdenken, oft sogar unternehmerisches Geschick unerläßlich. Drittens waren sie Teilhaber am kulturellen Kosmos ihrer näheren Umgebung. Diese bestand hauptsächlich aus drei Segmenten: dem Dorf, dem Klan, der oft über die Dorfgrenzen hinausreichte, und schließlich der nächstgelegenen Marktstadt, die nicht bloß ein Zentrum von Tausch, sondern auch von Kommunikation und Dienstleistungen war. Viertens schließlich traten die bäuerlichen Haushalte in ein Verhältnis zu denjenigen, an die sie einen Teil ihrer Produktion abgeben mußten. Dies waren zum einen solche Grundeigentümer, von denen sie Land gepachtet hatten, zum anderen die Vertreter des Staates, die ihnen Steuern abverlangten.

Der letzte dieser vier Aspekte ist für die politische Orientierung der Bauern besonders bedeutsam, vor allem für ihre Bereitschaft oder Nicht-Bereitschaft zu Protest oder gar Revolution. Die Propaganda der KP hat seit jeher das Bild einer selbst nicht arbeitenden, parasitär von der gnadenlosen Ausbeutung der Armen lebenden Grundherrenklasse gemalt. Deren immer unerträglicher werdende Ausplünderung und Bedrückung habe die »Massen« schließlich dazu getrieben, sich der Führung der Partei anzuvertrauen und unter ihrem Schutz Rache an den Nutznießern des »Feudalismus« zu üben. Eine solch dramatisierende Interpretation der Realität ist inzwischen durch die Bemühungen nicht zuletzt auch chinesischer Historiker korrigiert worden. Im Vordergrund hat dabei lange die Frage nach der Verteilung des Grundeigentums gestanden. Die Landverteilung im China der dreißiger Jahre war in der Tat ziemlich ungleich. Im Vergleich zu Europa fällt jedoch auf, daß es *Groß*grundbesitz, wie man ihn im vorrevolutionären Frankreich, in Europa östlich der Elbe bis zu den Revolutionen des 20. Jahrhunderts antraf und etwa in England bis zum heutigen Tage findet, in China viel seltener gab. In den dreißiger Jahren besaßen nur 0,02 Prozent der in einer landesweit angelegten Untersuchung erfaßten Familien mehr als sechzig Hektar Land (im Durchschnitt etwa hundert Hektar). Besitzungen von sechshundert Hektar und mehr waren spektakuläre Sonderfälle. Solche Ausnahmen gingen fast alle darauf zurück, daß Reichtümer, die sich in Politik oder Handel angesammelt hatten, teilweise in Land investiert wurden. Die Landwirtschaft war nicht ertragreich genug, um aus sich heraus bedeutende Vermögen zu erzeugen. Noch seltener als Großgrund*besitz* gab es im 19. und 20. Jahrhundert Groß*betriebe* nach Art mittel- und osteuropäischer Gutshöfe oder lateinamerikanischer Haciendas. Es fehlte auch, wie bereits erläutert, eine geburtsständische Aristokratie, die ihre Vermögen über Generationen hinweg im Familienbesitz halten konnte. Kurz: Grundbesitz war in China weniger ungleich verteilt als in den vorrevolutionären Gesellschaften etwa Frankreichs und Rußlands. Die soziale Distanz zwischen den untersten und obersten Etagen der ländlichen Gesellschaftshierarchie war ebenfalls geringer.

Ein genaueres Bild der Eigentumsverteilung auf dem Lande

läßt sich nicht nur wegen der Lückenhaftigkeit statistischer Daten schwer gewinnen. Noch tückischer sind die Probleme, die sich aus der Schein-Präzision jener sozialstrukturellen Kategorien ergeben, wie sie seit den zwanziger Jahren in Untersuchungen des ländlichen China verwendet werden. Im abwägenden Vergleich der verschiedenen Survey-Studien hat ein vorzüglicher Kenner der Materie folgende Prozentanteile für *ganz* China geschätzt:[12]

Bevölkerung und Grundbesitz in China
nach Klassenzugehörigkeit
(1930er Jahre, Schätzungen)

	Haushalte (%)	Land (%)
Grundherren	4	39
Reiche Bauern	6	17
Mittlere Bauern	22	30
Arme Bauern	60	14
Landarbeiter	8	–
	100	100

Relativ klar ist die Kategorie »Landarbeiter«. Darunter sind jene Haushalte zu verstehen, die keinen Zugang zu Land hatten, weder als Eigentümer noch als Pächter. Sie personifizierten die eigentliche Dorfarmut; im schlimmsten Falle waren sie noch nicht einmal seßhafte Mitglieder einer Dorfgemeinschaft: die Ärmsten der Armen, eine soziale Klasse ohne Perspektive, Menschen, die oft keine eigene Familie gründen und die Ahnenlinie fortsetzen konnten.

Die übrigen Schichten innerhalb der ländlichen Gesellschaft sind schwieriger voneinander abzugrenzen. Zwei Kriterien werden in den Untersuchungen gemeinhin kombiniert: Umfang des bebauten Landes und Ausmaß der Beschäftigung von Lohnarbeitern. »Arme Bauern« bearbeiteten weniger als 0,6 Hektar und verließen sich ausschließlich auf die Kräfte der eigenen Familie.

»Mittlere Bauern« bestellten circa 0,6 bis 1,8 Hektar und beschäftigten gelegentlich familienfremde Arbeitskräfte. »Reiche Bauern« verfügten über mehr als 1,8 Hektar, die sie in Eigenarbeit mit permanenter Hilfe von Landarbeitern kultivierten. Die Flächenangaben sind dabei angesichts der Unterschiede der Betriebsgrößen in Nord- und Südchina bloß formale Mittelwerte. In welchem Verhältnis Pachtland und Eigenland jeweils standen, ist unabhängig von diesem einfachen Schichtungsmodell. Etwa ein Drittel aller ländlichen Haushalte waren Vollpächter ohne jedes Eigenland; es konnte sich dabei durchaus auch um »mittlere« oder sogar »reiche« Bauern handeln, Großpächter, wie man sie auch in der modernen westlichen Landwirtschaft kennt. Zu den »armen« Bauern zählten nicht nur kleine Pächter, sondern auch Millionen von Klein-Eigentümern. Dies war in Nordchina der häufigste Bauerntypus, zumal in Provinzen wie Hebei und Shandong, wo überhaupt nur 10 bis 12 Prozent der Agrarfläche in Pacht vergeben war.[13] Insgesamt waren etwa die Hälfte der Bauernhaushalte in Pachtbeziehungen zu Grundherren verwickelt, davon drei Fünftel als Nur-Pächter und zwei Fünftel als Teilpächter.

Wer waren die »Grundherren«? Als *dizhu* wurden im damaligen chinesischen Sprachgebrauch jene Besitzer von Land verstanden, die sich nicht selbst im Landbau die Hände schmutzig machten, sondern ihr gesamtes Grundeigentum verpachteten. Die Angehörigen dieser (um den soziologischen Klassiker Thorstein Veblen zu zitieren) »leisure class« wurden vom Beginn der kommunistischen Landrevolution an zu Volksfeinden erklärt. Sie wurden im Herrschaftsbereich der KP enteignet und in großer Zahl umgebracht. Auf dem Höhepunkt der sozialen Revolution sahen sich ohne jeden soziologischen Feinsinn alle politisch unerwünschten Mitglieder der ländlichen Gesellschaft als »Grundherren« abgestempelt. Nachkommen ehemaliger Grundherrenfamilien erlitten in der Volksrepublik noch jahrzehntelang Verfolgung und Benachteiligung. *Dizhu* ist indessen ein Sammelname, hinter dem sich sowohl vielgestaltige Pachtverhältnisse als auch unterschiedliche Arten von Landeigentümern verbargen.

In den Hochburgen der Grundherrenwirtschaft wie etwa den

relativ reichen Provinzen Jiangsu und Guangdong betrug der Pachtzins etwa die Hälfte der Ernte; im Landesdurchschnitt dürfte er in den dreißiger Jahren bei 44 Prozent gelegen haben.[14] Er konnte – wie in anderen Agrargesellschaften auch – unter verschiedenen Systemen erhoben werden: als Anteil am Produkt (Teilrente, *share-cropping*), als im voraus fixierte Naturalmenge oder als festgelegte Geldsumme. Eine Ableistung der Pacht durch Arbeit im Sinne der »Dienste« im frühneuzeitlichen Deutschland war sehr selten. Außervertragliche, gewohnheitsrechtliche Leistungen, wie man sie aus den europäischen Ancien Régimes kennt (etwa das Schwein zum Geburtstag des Seigneurs) spielten aber auch in China eine gewisse Rolle.

Teilrente wurde in etwa einem Viertel aller Fälle praktiziert, in erster Linie unter instabilen ökologischen Verhältnissen, wie sie etwa in den Trockenzonen des Nordens und Nordwestens vorherrschten. Unter diesem System teilten sich Pächter und Verpächter den Ernteertrag (meist 50:50) und damit auch das Ernterisiko; jeder von beiden bekam etwas, aber keiner hatte einen Anreiz zu Investitionen. Pachtnachlässe bei schlechten Ernten gab es unter diesem System nicht. Ähnlich wie im vorrevolutionären Südfrankreich, waren *share-croppers* kaum mehr als ein ländliches Proletariat.

Wesentlich besser standen sich die Pächter bei fixer Produktenrente, wie sie für den reicheren Süden charakteristisch war und im Landesdurchschnitt etwa die Hälfte aller Pachtverhältnisse betraf. Wenn sie mit langfristigen Pachtverträgen verbunden war, bot sie dem Pächter einen Anreiz zur Maximierung seiner Produktion nicht nur durch Arbeitseinsatz, sondern auch durch Investitionen in Inventar, Zugtiere und besseres Saatgut. Verpächter, die dieses System wählten, waren oft nicht an maximaler Rendite interessiert, sondern daran, daß die Bauern ihr Land sorgfältig kultivierten. In Zeiten ungewöhnlich schlechter Ernten war es üblich, daß die Grundherren ihre Rentenforderungen senkten oder gar stornierten. Unter dem dritten System, der fixen Geldrente, mußte der Pächter einen Teil seiner Ernte selbst verkaufen, um einen Barerlös zu erzielen. Da er selten über Ersparnisse und Lagermöglichkeiten verfügte, mußte er in der Regel sein Produkt am Ende der Ernteperiode auf den Markt bringen, also zur Zeit der tiefsten Preise. Dieses System fand sich vor allem in den Zonen mit dem höchsten Kommerzialisierungsgrad, etwa im Umland der großen Städte und an anderen Orten, wo Marktfrüchte (*cash crops*) wie Baumwolle, Tee, Maulbeerbäume (Seide), Früchte oder Gemüse angebaut wurden.

Wie drückend und »ausbeuterisch« Pachtverhältnisse waren beziehungsweise von den Pachtbauern empfunden wurden, läßt sich kaum allgemein beurteilen. Dies hing nicht nur von der Höhe der Pacht ab, sondern auch von der Laufzeit der Kontrakte, vom Umfang der Kaution, die bei Vertragsabschluß zu hinterlegen war (im Mittel eine Jahrespacht), sowie davon, ob der Verpächter Geräte und Arbeitstiere stellte. Im günstigsten Fall (etwa 10 Prozent aller Pachtverhältnisse) besaß ein Pächter dauernde Landnutzungsrechte, die er vererben konnte. Er verfügte über die Ackerkrume, während dem Grundherrn das Land unterhalb der Oberfläche gehörte. Unter diesem System, das zum Beispiel bei Staatsland, Tempelland und in neu erschlossenen Grenzregionen verbreitet war, entsprach die Stellung des Pächters der eines Quasi-Eigentümers. Schließlich spielte bei der Ausgestaltung von Pachtbeziehungen das Verhältnis von Angebot und Nachfrage eine Rolle. Keineswegs immer waren die Grundherren imstande, ihre eigenen Konditionen zu diktieren. Und auch nicht in jedem Fall gelang es ihnen, den Pachtzins, der ihnen vertraglich zustand, tatsächlich einzutreiben. Im allgemeinen aber war Unsicherheit das Los des Pächters. Sie war nicht allein wirtschaftlicher Natur: Im Falle einer Auseinandersetzung mit dem Grundherrn konnte der Pächter nicht damit rechnen, sein Recht zu bekommen.

So waren also die Verhältnisse, in denen Grundherren und Pächter zueinander standen, durchaus unterschiedlich beschaffen. Auch der Grad des latenten und offenen Konflikts, der zwischen ihnen bestand, muß differenziert beurteilt werden. Gewiß hat es den Typus des blutsaugerischen lokalen Despoten, der rücksichtslos Familien ruinierte, vielfach gegeben. Aber die Propaganda der KPCh hat seine Repräsentativität übertrieben und zu Unrecht den Anschein erweckt, als habe in den Dörfern Chinas der alltägliche Klassenkampf getobt. Durchaus glaubwürdig ist das – freilich ebensowenig verallgemeinerbare – Bild im wesentlichen harmonischer Beziehungen zwischen ungleichen Statusgruppen, wie es der Ethnologe Fei Xiaotong bei Feldstudien im Jahre 1936 in dem Dorf Kaixiangong im Hinterland von Shanghai vorfand und beschrieb.[15] Ein unvollständiger Musterkatalog weiterer Möglichkeiten mag hier genügen: Aus dem wohlhabenden Landkreis Wuxi in Süd-Jiangsu wird von Dörfern berichtet, in denen jeweils mehrere kleine, untereinander wenig verbundene Grundherren einem Pachtbauerntum gegenüberstanden, das permanente Landbesitzrechte besaß. Im selben Kreis gab es ein Städtchen, das wirtschaftlich und politisch von einem Klan beherrscht wurde, dem 61 von 68 Grundherren angehörten, wo aber die Lage der Pächter ähnlich günstig war. Im ärmeren Norden derselben Provinz überwogen ganz andere Verhältnisse: ein niedrigerer Anteil von Pächtern an der Gesamtbevölkerung, dafür aber brutale Grundherren, die ihre Bauern tyrannisierten und vor der Folterung säumiger Pächter nicht zurückschreckten. In Suzhou und Umgebung wiederum, wenige Kilometer von Wuxi entfernt, stand einer solchen archaischen Despotie eine »moderne« Form effizienter Rentenerhebung entgegen: Die meisten Grundherren lebten in Shanghai oder anderen Städten und ließen sich in den Dörfern nicht blicken. Die Pächter kannten oft noch nicht einmal die Namen ihres Grundherrn. Die Pachteinsammlung war professionellen Management-Büros übertragen worden, die sich der tatkräftigen und erfolgreichen Mithilfe der örtlichen Polizei erfreuten. Hier standen die Pächter nicht einem Dorfschinder oder einem respektierten Patron gegenüber, sondern einer nahezu anonymen Agentur.[16] In Yunnan wiederum beobachtete Fei Xiaotong das Phänomen von Landlords mit kleinem Eigentum, die es vorzogen, sich durch eine schmale Rente ein unluxuriöses Nichtstun finanzieren zu lassen, anstatt durch eigene Bewirtschaftung ihrem Boden den doppelten Ertrag abzugewinnen.[17]

War der individuelle Grundherr für Nordchina charakteristisch, so wurde korporativer Landbesitz um so verbreiteter, je weiter man nach Süden kam. Die korporativen Grundherren waren Klans, Tempel, zuweilen auch Schulen oder Akademien. Klans gab es auch überall in Nordchina, doch allein der tiefe Süden kann als eine regelrechte Klan-Gesellschaft beschrieben werden, in der der Klan die dominierende Vergesellschaftungsform jenseits der Kernfamilie darstellte. Klans konnten mit Dörfern deckungsgleich sein; dann trugen deren sämtliche Familien denselben Nachnamen. Im ländlichen Teil Hongkongs, den »New Territories«, studieren Anthropologen solche Verhältnisse noch heute. Klans konnten aber auch Mitglieder in mehreren Dörfern haben sowie Dorf und Stadt miteinander verklammern. Klans mit tausend Mitgliedern und mehr waren in Südchina keine Ausnahme. Ein Klan war ein Kollektiv, das sich auf männliche Abstammungslinien gründete, die von einem gemeinsamen Ahnherren ausgingen; fast immer existierte eine schriftlich ausgearbeitete Genealogie. Ob die Verwandtschaftsverhältnisse einwandfrei dokumentiert oder zum Teil fiktiv waren, war unerheblich; durch Adoption in allen Lebensaltern konnte man in den Klan eingegliedert werden.[18]

Ein typischer Klan, der mehrere hundert Personen umfaßte, war um den Ahnenkult in einer eigenen Ahnenhalle organisiert. Der Klan übte interne Wohlfahrtsfunktionen aus, indem er seine ärmeren Mitglieder unterstützte, Witwen und Waisen versorgte und Stipendien für die Vorbereitung auf die Staatsprüfungen und, nach 1905, zum Studium an Schulen und Universitäten vergab. Der Klan als Korporation besaß Immobilien: Gebäude, Akkerland, Obstgärten, Fischteiche. Das Land wurde überwiegend verpachtet: teils an Außenstehende, teils – oft zu günstigeren Bedingungen – an Angehörige des Klans. Der Erlös kam dem Klan insgesamt zugute und wurde teils re-investiert, teils ausgezahlt. Die Verwaltung des Klan-Vermögens ebenso wie die Vertretung des Kollektivs nach außen lag in den Händen seiner reicheren und angeseheneren Familien, die zugleich auch Landbesitzer und Verpächter auf private Rechnung waren. Vertikal waren Klans in einzelne Abstammungslinien und Faktionen aufgepalten. Horizontal existierten meist erhebliche Unterschiede in Reichtum, Macht, Bildung und Prestige. Es gab deutlich abgesetzte privilegierte Führungsgruppen, die den Klan als Quelle eigener Stärke und Bereicherung nutzten. Dennoch trat der Klan nach außen hin als geschlossener Sozialverband auf. Klans waren bewaffnet und bekämpften sich gegenseitig. Manche Gegenden Chinas, etwa die Provinz Fujian, waren schon in der Qing-Zeit für regelrechte Kriege zwischen Klans berüchtigt, denen der imperiale Staat hilflos gegenüberstand. Im frühen 20. Jahrhundert mehrten sich auch in vielen anderen Regionen die sichtbaren Zeichen solcher Anarchie: neu ummauerte Dörfer, festungsartig bewehrte Landsitze. Der Klan-Zusammenhalt war traditionell so stark, daß er die Solidarität mit der sozialen Klasse, der jemand aufgrund seiner objektiven Lebenslage »angehörte«, aufwog; auch konnte Klan-Disziplin erzwungen werden. Je mehr aber die Spannungen zwischen Reich und Arm innerhalb der Klans stiegen – und dies war etwa in der klassischen Klan-Provinz Guangdong im frühen 20. Jahrhundert der Fall –, desto mehr Bauern schlossen sich klan- und dorfübergreifenden Geheimgesellschaften an. Besonders verbreitet waren die Triaden, auch Himmel- und Erde-Gesellschaft (*Tiandihui*) genannt, die im späten 18. Jahrhundert in Taiwan und Fujian entstanden waren und sich bald auch in Guangdong und Guangxi verbreitet hatten.[19]

Die Tatsache, daß der »vertikalen« Gruppe des Klans vielfach eine größere Loyalität entgegengebracht wurde als der »horizontalen« der sozialen Schicht oder Klasse, war von großer Bedeutung für den Verlauf der Revolution. Eine funktionierende Klan-Struktur setzte der Mobilisierung von außen großen Widerstand entgegen: nicht nur, weil sie, marxistisch gesehen, die Wahrnehmung der eigenen Klassenlage behinderte, sondern auch, weil sie tatsächlich vielen eine minimal hinreichende Daseinsvorsorge bot, die traditional beglaubigt war und die man ungern aufs Spiel setzte. Die Stärke von Klan-Organisationen trug neben günstigeren Umweltbedingungen und einem insgesamt höheren materiellen Lebensniveau dazu bei, daß Regionen wie der Untere Yangzi und der Südosten sozial stabiler waren als Nordchina. Die Bauern dieser südlichen Gebiete waren weniger atomisiert. Grundeigentum wechselte weniger schnell den Besitzer. Es gab einen geringeren Anteil vollkommen landloser Menschen. Freilich sicherten nicht nur Klans die gesellschaftliche Kohäsion; auch die Kernfamilie war als Wirtschaftseinheit im Süden vitaler. Wo die alte Ordnung revolutionär überwunden werden sollte, mußten zuerst die Klan-Bindungen zerrissen werden: Mobilisierung von außen fand nur dort Ansatzpunkte, wo die innere Erosion solcher Bedingungen bereits begonnen hatte.

Aus den geschilderten Beispielen läßt sich der Schluß ziehen, daß bei aller Formenvielfalt und regionalen Unterschiedlichkeit die Grundherren im spätkaiserlichen China und der frühen Republik zwar keine landesweit einheitliche »Ausbeuterklasse« bildeten, aber doch der ländlichen Gesellschaft ihren Stempel aufprägten. Fraglich ist allerdings, ob man von einer Grundherren-»Klasse« sprechen kann. Der Begriff *dizhu* bezeichnet eher eine ökonomische Funktion (die Landverpachtung) und die sich daraus ergebenden Abhängigkeitsverhältnisse als eine soziale Lage und eine politische Machtstellung. Die Witwe eines »mittleren« Bauern, die ihre ererbten anderthalb Hektar Land verpachtete, und der Großkaufmann oder General, der Teile seines Vermögens in wenig lukrativen, aber sicheren vierhundert Hektar Pachtland anlegte – sie waren beide, formal gesehen, »Grundherren« und wurden in besonders heftigen Momenten der Revolution gleichermaßen als solche behandelt. Was aber hatten sie gemeinsam? Für eine sozialgeschichtliche Deutung des neuzeitlichen China ist es sinnvoller, auf den Begriff der »Lokalelite« zurückzukommen. Die meisten Familien, die diese Elite bildeten, waren *auch* Grundherren, daneben aber nach der Annäherung zwischen titeltragender Gentry und städtischen Kaufleuten, wie sie in den letzten Jahrzehnten der Qing-Zeit erfolgte, in einer Vielzahl anderer Funktionen am wirtschaftlichen Leben beteiligt: etwa als Kaufleute, Investoren in Industrie und Bergbau, Spekulanten in Anlage- und Kreditgeschäften oder Praktiker freier Berufe wie zum Beispiel der Advokatur. Umgekehrt gehörten keineswegs *alle* Grundherren zu dieser Lokalelite. Die Voraussetzungen dafür waren ein Maß an Besitz, das einen wohlhabenden Lebensstil, möglichst in der Stadt, ermöglichte, politische Verbindungen, die über das Dorf hinausreichten, sowie kulturelle Ambitionen, die sich in der Republikzeit vor allem auf eine moderne Ausbildung der Söhne in angesehenen Schulen und Universitäten richteten.

Über dieser Lokalelite hatte, vielfältig mit ihr verbunden, in der Kaiserzeit, die Reichselite der Beamten und ihrer Angehörigen gelegen. An deren Stelle war in der Republikzeit eine neue, zunächst primär auf militärische Macht gegründete »Staatsklasse« sozialer Aufsteiger getreten, die über den staatlichen

Exekutivapparat verfügte und bürokratische Bereicherungsmöglichkeiten weidlich nutzte. Die wenigen ganz großen Grundherren der Epoche fanden sich vorwiegend unter dieser neuen politischen Klasse, daneben noch unter den Klans des Südens, von denen manche ihren umfangreichen korporativen Landbesitz, der (ebenso wie derjenige der Kirche in Europa) nicht durch Erbteilung zersplittert wurde, über Generationen hinweg zusammenhalten oder gar vermehren konnten.

Den Bauern war es letzten Endes gleichgültig, wem sie ihre Pacht zahlten. Sie waren an der je besonderen Ausgestaltung des Pachtverhältnisses interessiert. Außerdem hatten sie noch andere Sorgen als die Pacht, von der ohnehin nur jeder zweite Bauernhaushalt betroffen war. Eine ebenso weit verbreitete Form der Belastung, die gerade auch die pachtfreien Bauern auf Eigenland berührte, war der Kredit. Etwa 44 Prozent aller Bauernhaushalte waren Anfang der dreißiger Jahre verschuldet.[20] Da ein modernes System der landwirtschaftlichen Finanzierung und ein Schuldrecht fehlten und das Genossenschaftswesen in bescheidensten Anfängen steckenblieb, waren die Bauern individuellen Geldverleihern der unterschiedlichsten Couleur ausgeliefert. Zinsen lagen durchschnittlich bei etwa 30 Prozent *per annum*; in wirtschaftlich rückständigen Gegenden konnten sie weit darüber steigen. Nur ein kleiner Teil der Kredite wurde zu produktiven Zwecken genutzt. Manche dienten zur Finanzierung der extrem teuren Hochzeiten und Begräbnisse, die die Tradition vorschrieb. Viele andere entsprangen der puren Not: schlechten Ernten, Krankheit oder dem Verlust einer Arbeitskraft in der Familie. Nicht rückzahlbare Schulden waren eine verbreitete Ursache der Entäußerung von Grundeigentum und folgender Proletarisierung; umgekehrt wurden im Nordchina der dreißiger Jahre verfallene Hypotheken zur wichtigsten Quelle der Bereicherung städtischer Geschäftsleute, die auf diese Weise großen Landbesitz ansammelten.[21] Unter den sozialen Problemen des ländlichen China rangierten Verschuldung und Wucher mit an der Spitze.

Kommerzialisierung und Stagnation

Auch im frühen 20. Jahrhundert hatte der Bauer zunächst an die Subsistenz seiner Familie zu denken, doch war das Agrarsystem längst nicht mehr auf reiner Subsistenzwirtschaft, also der Produktion für den eigenen Bedarf, aufgebaut. Interregionalen Handel mit Massengütern wie Getreide, Baumwolle und Salz hatte es bereits in den letzten Jahrhunderten der Kaiserzeit gegeben. Im 17. und 18. Jahrhundert hatten sich außerdem einige Regionen auf die Produktion von Seide, Baumwolle, Tee und Porzellan für den Export nach Europa spezialisiert. Die Öffnung Chinas nach 1842 versetzte dem Handel neue Impulse, und einige Jahrzehnte später trugen Dampfschiffahrt und Eisenbahn zur weiteren Erschließung des inneren Marktes bei. Um die Jahrhundertwende reagierten Märkte in den inneren Provinzen Chinas mit erstaunlicher Empfindlichkeit auf Bewegungen der Warenpreise in London oder New York. Steigende Auslandsnachfrage zog eine Belebung des Binnenhandels nach sich. Die Kommerzialisierung der Landwirtschaft, ablesbar an den Anteilen der bäuerlichen Produktion, die jenseits naher, lokaler Märkte angeboten wurden, schritt voran. In den dreißiger Jahren gingen im Landesdurchschnitt etwa 30 Prozent der landwirtschaftlichen Produktion in den Regionalhandel, 10 Prozent in den interprovinzialen Handel und 3 Prozent in den Außenhandel.[22]

Am Tatbestand solcher Kommerzialisierung und auch an ihrem Ausmaß besteht unter Fachleuten kein Zweifel. Umstritten sind aber ihre Folgen. Die einen sehen in den zunehmenden Marktbeziehungen eine Quelle neuer Abhängigkeiten der Bauern von monopolistischen Aufkäufern und den Unwägbarkeiten des Weltmarktes. Die anderen, mit raffinierten quantitativen Analysemethoden bewaffnet, aber ohne Interesse für außerökonomische Zusammenhänge und die mentale Welt der Dorfbevölkerung, verstehen den chinesischen Bauern als risikofreudigen Kleinunternehmer und glauben Ansätze zu einem Wachstum der agrarischen Produktivität und den durchschnittlichen bäuerlichen Einkommen nachweisen zu können, das sie als Folge von Spezialisierung und intensiviertem Handel deuten.[23] Eine umfassende Interpretation der neueren chinesischen Agrargeschichte, die diesen Widerspruch zum Teil löst, hat der amerikanische Historiker Philip C. C. Huang vorgeschlagen. Sie regt gewiß eine Reihe neuer Fragen an, bietet aber vorläufig ein Erklärungsmodell von eindrucksvoller Geschlossenheit. Huang hat sich in einem ersten Buch mit Nordchina, in einer folgenden Studie dann mit dem Unteren Yangzi beschäftigt.[24]

Huang erkennt in Nordchina einen sehr langfristigen, sich von der frühen Qing-Zeit bis zur Mitte des 20. Jahrhunderts erstreckenden Prozeß, den er als soziale Differenzierung ohne wirtschaftliches Wachstum bei ungebremster Bevölkerungszunahme beschreibt. Charakteristisch dafür war eine beträchtliche ökonomische Dynamik, die sich jedoch festlief und nicht aus der Stagnation herausführte. Hauptquelle dieser Dynamik war die Kommerzialisierung. Ihre beiden Hauptformen steuerten indes in Sackgassen. Zum einen kam es zu einer Expansion des handwerklichen Nebenerwerbs, genauer gesagt: der kleinbäuerlichen Hausindustrie (»Proto-Industrie«), besonders der Baumwollverarbeitung. Das traditionelle *Spinnen* von Baumwolle im Bauernhaushalt war zwar aus Kostengründen dem Import von maschinengesponnenem Garn und später dessen Herstellung in den Baumwollfabriken der Treaty Ports zum Opfer gefallen, doch hatte das Angebot an billigem Garn das hausindustrielle *Weben* für Eigenverbrauch und Binnenmarkt um so mehr stimuliert. Die Proto-Industrie bahnte also keineswegs – wie oft in Europa – der eigentlichen Industrie den Weg, sondern behauptete sich als deren kostengünstiger Rivale.

Zum anderen entstand in Nordchina, dem klassischen Land der kleinen Eigentumsbauern, ein neuer Typ von Agrarbetrieb: Farmen (*managerial farms*), die in den dreißiger Jahren mit Betriebsgrößen von 6 bis 12 Hektar etwa 9 bis 10 Prozent des nordchinesischen Bodens bestellten. Diese Betriebe unternehmerisch eingestellter »reicher« Bauern hätten vielleicht Ansatzpunkte zu einer generellen kapitalistischen Entwicklung in der Landwirtschaft (etwa nach englischem Beispiel) werden können. Sie wurden es aber nicht. Obwohl sie rechnerisch produktiver wirtschafteten als die kleinen Familieneinheiten der »armen« Bauern und höhere Renditen erzielten als Grundherren mit reiner Landverpachtung, erlagen sie längerfristig einem doppelten Druck: Einerseits vermochten die Farmer niemals die Kosten des Faktors Arbeit so weit gegen null zu drücken wie der kleine Familienbetrieb. Dieser verfügte, besonders außerhalb der Erntesaison, über reichlich Arbeitskräfte in allen Generationen, die zum »Nulltarif« von elementarer Ernährung, Wohnung und Kleidung eingesetzt werden konnten; kein entlohnter Landarbeiter war so billig wie die mithelfende Großmutter. Andererseits galt für die Republikzeit ebenso wie für das Kaiserreich, daß Reichtum und Macht aus Quellen außerhalb der Landwirtschaft flossen. Sobald der Farmer daher erfolgreich war, strebte er aus der Landwirtschaft hinaus in die höheren Sphären von Handel, Geldverleih, Politik und eines städtischen Luxuslebens als *absentee landlord*. An diesen embryonalen Agrarkapitalisten wiederholte sich also der Mechanismus der Absorption in die Oberschicht, der im 19. Jahrhundert auch maßgeblich dazu beigetragen hatte, daß sich die Kaufmannschaft nicht zu einer Bourgeoisie konsolidierte.

Während die Farmwirtschaft wirtschaftlich und sozial instabil blieb, setzte sich im Bereich der kleinbäuerlichen Familienwirtschaft der Prozeß der, wie Huang sagt, »Involution« fort. Um zu Überleben, nutzten die Familien ihre kostbarste Ressource, die Arbeitskraft, auf mannigfache Weise. Dazu gehörte, daß Söhne der Familie Lohnarbeit auf den Farmen aufnahmen oder in die Mandschurei auswanderten. Das Ergebnis war die »Halb-Proletarisierung« großer Teile der nordchinesischen Bauernschaft: Typisch wurde die Verbindung von Ackerbau auf Eigenland, Lohnarbeit bei anderen und Frauenarbeit in der Hausweberei. »Involution« soll dabei bedeuten, daß die Wirtschaft trotz immer größeren Arbeitsaufwandes auf der Stelle trat und daß die Gesellschaft sich intern differenzierte und sogar modernisierte – siehe die Entstehung der Farmerschicht –, ohne sich grundlegend zu wandeln, also etwa »evolutionär« zu einem voll entfalteten Kapitalismus überzugehen.

Im Mittelpunkt von Philip Huangs zweitem Buch, in dem das Yangzi-Delta behandelt wird, steht abermals die agrarische Kommerzialisierung in einer Gesellschaft, die von bäuerlicher Familienproduktion geprägt war. Diese hatte am Unteren Yangzi, der wichtigsten Exportregion der Frühen Neuzeit, eine viel längere Vorgeschichte und wurde dort auch im frühen 20. Jahrhundert mit noch größerem Erfolg betrieben.[25] Die Haushalte konnten kaum Arbeitskräfte entbehren und ließen daher keinen Raum für »managerial farming«. Es kam folglich auch nicht zur Halb-Proletarisierung der Bauernschaft, wie sie in Nordchina aufgefallen war. Allerdings setzten die Bauernhaushalte ihre sich selbst ausbeutende Arbeitskraft und ihre Fähigkeit zu rationalem Ressourceneinsatz nicht zugunsten produktiver Investitionen ein, sondern dafür, ihre Pachtpflichten begleichen zu können. Die Kommerzialisierung zementierte also das vorherrschende Pachtsystem. Die verpachtenden Grundherren ihrerseits hatten keinen Grund, zur unternehmerischen Bewirtschaftung ihrer Länder überzugehen, also selbst Farmen zu eröffnen. Das Resultat war, noch deutlicher als im Norden, ein Kreisen des Systems in sich selbst. Huang betont dabei, daß die Untere-Yangzi-Region und in gewisser Weise ganz Südchina bis zur Weltwirtschaftskrise der dreißiger Jahre im Gegensatz zum Norden kein Elendsgebiet war. Gegenüber dem Grundherrensystem erhebt er nicht den moralisch getönten Vorwurf, die Bauernschaft ausgebeutet zu haben. Auch eine revolutionäre Situation kann er im Süden nicht entdecken. Die Beseitigung der Grundherren-»Klasse« und die Kollektivierung der Landwirtschaft nach 1949 änderten daher in Huangs Sicht an der »involutionären« Grundstruktur wenig: Weiterhin setzte man auf intensiven Arbeitseinsatz – nunmehr von oben statt von unten gesteuert – und erreichte dennoch kein hinreichendes Wachstum.

So überzeugend Philip Huangs Versuch auch ist, die unübersehbare Teilkommerzialisierung der chinesischen Wirtschaft und ihre ebenso offenkundige Stagnation mit einem einzigen übergreifenden Erklärungsmodell zu erfassen, so muß doch gesehen werden, daß auch er das China der Peripherien, der Berge und Ödländer, in seiner Analyse nicht berücksichtigt. Wie viele Historiker vor ihm, macht er auf das Wohlstandsgefälle von Süden nach Norden aufmerksam und auf das unterschiedliche Maß an gesellschaftlicher Stabilität, das daraus resultiert. Es gab aber noch ärmere Gebiete als die nordchinesische Ebene und die Provinz Shandong: Regionen in Zentralchina und im Nordwesten, in denen sich Landwirtschaft auf Subsistenzsicherung reduzierte, bäuerliches Handwerk über die Befriedigung des nötigsten Eigenbedarfs nicht hinausging und an das planvolle Unternehmerhandeln, das viele westliche Wirtschaftshistoriker den chinesischen Bauern zuschreiben, mangels Anlaß und Gelegenheit nicht zu denken war.[26]

Unsicherheit und Katastrophen

Spätestens seit Alexis de Tocquevilles Deutung der Französischen Revolution empfiehlt sich Skepsis gegenüber der naiven Vorstellung, eine Verschlechterung ihrer Lebensverhältnisse motiviere die Menschen an sich schon zu gewaltsamem Protest. So naheliegend sie auf den ersten Blick sein mag: die Annahme, akute Verelendung habe Teile der chinesischen Landbevölkerung in die Revolution getrieben, muß nicht unbedingt zutreffen. Verelendung ist kein *logisch* notwendiger Bestandteil der Erklärung der Revolution. Wie es *empirisch* um die Pauperisierung in China steht, ist nicht eindeutig zu entscheiden. Philip Huang bestreitet sie für Südchina, mißt aber in Nordchina der Halb-Proletarisierung große Bedeutung bei. Es gibt in zeitgenössischen chinesischen und westlichen Quellen sowie in der Erzählliteratur zahlreiche erschütternde Beschreibungen der trostlosen Zustände in Chinas Dörfern. Doch weisen die statistischen Makro-Indikatoren auf keine dramatische Verschlechterung der Lage hin: Weder scheint das durchschnittliche bäuerliche Pro-Kopf-Einkommen dramatisch gefallen, noch scheinen Pachtzins und Grad der Bodenkonzentration nennenswert gestiegen zu sein. Dennoch spricht alles in allem mehr für als gegen die These, daß nicht erst der 1937 beginnende Krieg eine Katastrophe für die betroffene Landbevölkerung war, daß vielmehr schon das Jahrzehnt davor als eine ungewöhnlich harte Zeit gelten muß. Man hat es mit einer Häufung krisenhafter Erscheinungen zu tun, die sich nicht in gerader Kausalkette eine aus der anderen ergeben, sondern die in einer erst teilweise durchschauten komplizierten Weise miteinander zusammenhängen. Kaum hatte die Republik begonnen, da zeigten sich schon die Omina »dynastischen« Niedergangs.

In den ersten Jahren des 20. Jahrhunderts nahmen Unsicherheit und Unberechenbarkeit des Lebens für alle Teile der chinesischen Bevölkerung zu. Die Allgegenwart von Gewalt war dafür das deutlichste Indiz. Wenn auch zu keinem Zeitpunkt ganz China von innerem Krieg betroffen war und die entsetzlichen Gewaltorgien der Taiping-Zeit erst nach 1937 Nachahmung finden sollten, so erreichten doch Militarisierung und Banditentum beispiellose Ausmaße. Mord und Plünderung waren der chinesischen Landbevölkerung zwischen etwa 1917 und 1937 so nahe wie zuletzt in der Mitte des 19. Jahrhunderts und davor zur Zeit der Eroberung Chinas durch die Mandschuren. Die Treaty Ports waren sicherere Orte als Dörfer und kleine Landstädte und zogen daher Reiche und Arme aus dem Landesinneren an. Der Abfluß von Kapital in die Metropolen wiederum hatte nachteilige Folgen für die Gesamtwirtschaft; er trug zur wirtschaftlichen Depression auf dem Lande bei und verstärkte das interne Ungleichgewicht zugunsten der westlich beeinflußten Küste.

Die zweite große Plage waren Naturkatastrophen.[27] Sie häuften sich in dieser Zeit; besonders 1931, 1934 und 1935 waren verhängnisvolle Jahre. Viele der Probleme waren eindeutig menschlich verursacht, etwa durch Vernachlässigung pflegebedürftiger Bewässerungsanlagen und Eindeichungen. Niemand fühlte sich mehr dafür zuständig: weder die staatlichen Behörden noch eine lokale Oberschicht, die den Gemeinsinn des intakten (und idealen) Konfuzianismus verloren hatte und nurmehr enge Privatinteressen verfolgte. Während in ganz China Bauern mit der Waffe zur Zwangsarbeit bei der Anlage von Militärstraßen gepreßt wurden, verfiel die alte Infrastruktur, die langsam mit der chinesischen Zivilisation gewachsen war. Die ökonomischen Folgekosten, die der Historiker besser überblickt, als die handelnden Akteure es vermochten, beliefen sich auf immense Summen.[28] Bei einigen großen Naturkatastrophen, vor allem Dürren, trat zur menschlichen Verursachung eine zyklische Klimabewegung hinzu. Im Falle etwa der großen Hungersnot, die in den Jahren 1928 bis 1931 die entlegene und ohnehin arme Provinz Shaanxi heimsuchte und ihre Bevölkerung – durch Tod und Flucht – um etwa 3 Millionen Menschen verminderte, wurde die fatale Kombination von andauerndem Wassermangel und plötzlichen Wolkenbrüchen durch Banditen, Soldaten, Heuschrecken und Ratten verstärkt.[29] In den zwanziger und dreißiger Jahren fielen auch die Mittel der Katastrophenhilfe aus, die dem kaiserlichen Staat noch zu Gebote gestanden hatte. Das Engagement von Missionaren und internationalen Hilfsorganisationen bot dafür keinen hinreichenden Ersatz.

Ein deutliches Indiz für die Krise auf dem Lande war die Zunahme der Abwanderung aus dem Heimatdorf. In immer mehr Fällen handelte es sich nicht um eine rational erwogene Suche nach besseren Erwerbsmöglichkeiten, also um eine normale Form von Mobilität in einer sich modernisierenden Gesellschaft, sondern um eine ziellose Verzweiflungsflucht aus unerträglichen Verhältnissen. Jede Dürre, jede Überschwemmung, jeder Armeedurchmarsch oder Banditenangriff löste Flüchtlingsströme aus. Landverlust infolge von Verpfändung von Eigentum oder der Aussichtslosigkeit, einen Pachtvertrag zu erlangen, hatte im Einzelfall einen ähnlichen Effekt. Besonders während der Weltwirtschaftskrise entfiel das für küstennahe Gegenden klassische Ventil der Auswanderung nach Übersee. Mehr als die Hälfte der Migranten zogen in die großen Städte. Ganze Familien machten sich auf den Weg, mehr noch aber die Jungen und Starken. Es ist geschätzt worden, daß allein 1933 5 Prozent aller Bauernfamilien und sogar 9 Prozent aller männlichen und weiblichen Jugendlichen ihre Heimatdörfer verließen.[30]

Neben Gewalt und Naturkatastrophen trugen die Auswirkungen der Weltwirtschaftskrise, die China 1931 – fast gleichzeitig mit dem Verlust der Mandschurei an Japan – erreichten, zur Zuspitzung der Lage auf dem Lande bei.[31] Die Große Depression war mit dem Abfluß von Silber (China besaß bis 1935 eine Silberwährung) verbunden. Ein hoher internationaler Silberpreis zog das Währungsmetall von den Dörfern in die Städte und von dort ins Ausland. Die Folge war eine ernste Deflation auf dem Lande; die realen Rentenbelastungen der Pächter und Grundsteuerbürden der Bodeneigentümer stiegen. Verschuldung und in ihrer Folge Landverlust nahmen zu. Auch zahlreiche kleine Grundherren verloren ihr Eigentum an krisenresistentere Rivalen. Zur Verschlechterung der bäuerlichen Einkommenslage trug außerdem der Verfall der Weltmarktpreise für Chinas Exportprodukte bei; jetzt offenbarte die Kommerzialisierung ihre

Schattenseiten. Bereiche, die Hunderttausende von Familien ernährt hatten, wie die Aufzucht von Seidenraupen und die Seidenspinnerei, wurden ruiniert. Unter schärferen Wettbewerbsbedingungen auf dem Weltmarkt unterlag die chinesische Seide dem japanischen Produkt, das dank staatlicher Kontrolle und Normierung bei ähnlichen Preisen in höherer Qualität angeboten wurde. Der Zusammenbruch der Seidenindustrie in Städten wie Kanton und Shanghai zwang hochspezialisierte Bauern, ihre Maulbeerbäume zu fällen und, wenn möglich, das Land in Reis- oder Zukkerrohrfelder umzuwandeln. Seidenraupen wurden an die Fische in den Dorfteichen verfüttert. Der Teewirtschaft erging es ähnlich, freilich etwas weniger dramatisch, da man schon seit längerer Zeit auf den Auslandsmärkten der indischen Konkurrenz hatte weichen müssen.[32]

Die Lage auf dem Lande verschlimmerte sich zusätzlich durch das Anziehen der Steuerschraube. Die reguläre Grundsteuer war in Provinzen wie Guangdong und Jiangsu während der späten Qing-Zeit langsam gesunken, in der frühen Republik dann allmählich wieder gestiegen. Seit Ende der zwanziger Jahre zog sie scharf an. Nachdem Chiang Kai-shek die Warlords zurückgedrängt oder durch Eroberung beziehungsweise die sanftere Gewalt von »silver bullets« seinem Herrschaftssystem einverleibt hatte, übernahm die Nanjinger Nationalregierung die berüchtigte Warlord-Praxis der Einführung zahlreicher Sonderabgaben. Sie wurden als vorübergehende Notmaßnahmen deklariert, blieben aber in der Regel bestehen. Gegenüber der Warlord-Zeit änderte sich allein, daß die Begründungen weniger absurd waren und den ideologischen Anspruch eines Modernisierungsregimes zum Ausdruck brachten. Statt einer Hühnersteuer oder einer Schönwettersteuer gab es nun Abgaben für Erziehung oder Wohlfahrt. Fast alle davon flossen in die Taschen des Militärs, das auch Zusatzsteuern zur Finanzierung der »Banditenbekämpfung«, das heißt der Unterdrückung der Kommunisten, erhob. Am schwersten wurden dadurch die schwächeren Schichten der Landbevölkerung betroffen, auf die die Reicheren und Mächtigeren ihre Zusatzbelastung teilweise abwälzen konnten. Auch indirekte Steuern auf lebensnotwendige Güter wie Salz und Streichhölzer wurden erhöht. 1934/35 lag die gesamte Steuerbelastung des durchschnittlichen Bauernhaushalts, real gerechnet, 30 bis 50 Prozent über der des Jahres 1931.[33] Wenige der so abgeschöpften Mittel wurden in konstruktiver Weise verwendet. Die auch unter der Nanjing-Regierung grassierende Korruption forderte ihren Teil; ein anderer diente der Expansion der steuereinziehenden Bürokratie selber. Mit jeder neuen Steuerforderung vermehrten sich die Anlässe für Protest, der dann wieder mit großem Kostenaufwand unterdrückt wurde. So kam es zu einer Spirale von Steuerdruck, sozialer Unruhe und militärisch-polizeilicher »Pazifikation«.

Von höherer Warte aus betrachtet, war die Zunahme der Besteuerung nicht ungewöhnlich. Auch im Prozeß der europäischen Modernisierung ist über Jahrzehnte, ja, Jahrhunderte hinweg die Staatsquote gestiegen. Man könnte die Entwicklung unter der GMD-Regierung mit viel Wohlwollen daher als Indiz eines Modernisierungserfolges werten. Es gab aber einen entscheidenden Unterschied zu Europa: Die Ausweitung der Finanzmacht des chinesischen Staates ging einher mit einer wachsenden Anarchie auf dem Lande. Die Fähigkeit des Staates, den Reichtum der ländlichen Gesellschaft abzuschöpfen, war größer als seine Fähigkeit, diese tatsächlich zu kontrollieren und reformerisch auf sie einzuwirken. Man erkennt hier einen ähnlichen Vorgang wie den der »Involution« in der Landwirtschaft. »Staatsinvolution« war der Ausbau eines »modernen« Staatsapparates und sein Vordringen in neue gesellschaftliche Bereiche *ohne* gleichzeitige Befriedung der Gesellschaft durch Errichtung eines wirksamen staatlichen Gewaltmonopols und vielleicht sogar die Selbstverpflichtung auf gemeinwohlorientierte Reformen.[34] Der Staat richtete durch seine lückenhaften und unsystematischen Eingriffe in die Gesellschaft daher eher Schaden als Nutzen an. Die Kräfte bündelten sich nicht zu einer in die Zukunft weisenden Reformpolitik, wie dies in Japan durch die Meiji-Restauration nach 1868 geschehen war. Trotz der Modernisierungsrhetorik der GMD-Regierung blieb der Staatsapparat eine Kraft unter mehreren, die sich um die Ressourcen des ländlichen China stritten.

Zu den Veränderungen auf dem Lande, die in den zwanziger und dreißiger Jahren eintraten, gehören schließlich Umschichtungen unter der Elite. Bereits am Ende des vorigen Kapitels war auf die Schwächung der etablierten Gentry-Familien und ihres patriarchalischen Ethos sowie auf den Verlust ihrer traditionellen Mittlerrolle zwischen lokaler Gesellschaft und zentralem Staat hingewiesen worden. Dies war vor allem eine Folge des Zusammenwirkens von Militarisierung und Kommerzialisierung: Das eine trieb, das andere zog die Gentry in die Städte. In vielen Gebieten wurde spätestens in den dreißiger Jahren der spätkonfuzianische Typus des Patrons, der seine Rolle als Notabler und lokale Autoritätsfigur ernst genommen hatte, an den Rand gedrängt. An seine Seite und oft auch an seine Stelle traten zwei neue Kräfte: zum einen administrative Vermittler wie zum Beispiel die Manager von Pachtagenturen und Rentkammern, die im Auftrag von *absentee landlords* tätig wurden, teils also von abgewanderter Gentry, teils von Geschäftsleuten und Politikern, die Teile ihres Vermögens in Land angelegt hatten; zum anderen Parvenus, die ihren Aufstieg roher Gewalt und politischen Beziehungen verdankten und rücksichtslos ihren eigenen Interessen und denen ihrer Auftraggeber nachgingen. Sie standen oft außerhalb der etablierten Klanstrukturen. Solche »Lokaltyrannen und böse Gentry« (*tuhao lieshen*) – eher ein beliebig zu verwendendes Etikett als eine soziologisch präzise Bezeichnung – werden in zeitgenössischen chinesischen Aussagen immer wieder für die Brutalisierung der gesellschaftlichen Beziehungen auf dem Dorfe verantwortlich gemacht. Ihnen wurden Korruption, Erpressung, Mißachtung alter Bräuche und Rechte (wie der Pachtstundung in Hungerjahren), Schmuggel, willkürliche Abgabenforderungen und vor allem die exzessive Anwendung von Gewalt vorgeworfen.[35] Sie waren es, die Mißtrauen und Haß im Dorf säten und sich an die alte »moralische Ökonomie« verpflichtender Gegenseitigkeit im Verhältnis von Bauern und Elite nicht länger gebunden fühlten. Sofern es in kommunistisch gesicherten Gebieten später zu Szenen des »Klassenkampfes« kam, wurden diese Leute mit besonderer Wut angegriffen.

Die alte ländliche Oberschicht, die vorwiegend auf die Gentry-Familien der Kaiserzeit zurückging, hatte die Revolution von 1911 unbeschadet überstanden, ja, für kurze Zeit die Illusion hegen können, nun brächen die goldenen Zeiten unbeschränkter

Gentry-Herrschaft an. Sie geriet indessen während der Warlord-Zeit und später unter der GMD an mehreren Fronten in die Defensive. Erstens stand sie den mächtigeren und entschlosseneren unter den Militaristen relativ ungeschützt gegenüber. Diese hielten wenig von Klassensolidarität der Grundherren untereinander und plünderten die Reichen ebenso aus wie die Armen – im Einzelfall gewiß mit weniger katastrophalen Ergebnissen. Zweitens sah sie sich in Zeiten akuter wirtschaftlicher Krise (vor allem in den frühen dreißiger Jahren) einem wachsenden Druck von unten ausgesetzt, vor allem den Forderungen der Bauern nach Pachtsenkung, die sich in maßvoller Weise auch die GMD zu eigen machte, ohne sie nach 1928 durchzusetzen. Auch erschienen einige Warnzeichen am Horizont: die Agitation linker Intellektueller gegen den »Feudalismus«, die Heftigkeit der in den zwanziger Jahren kurz auflodernden Bauernbewegung in Süd- und Mittelchina sowie das Unvermögen Chiang Kai-sheks, den Kommunismus ganz zu vernichten. Drittens wurde auch ein beträchtlicher Teil der Elite durch die Weltwirtschaftskrise geschwächt. Viertens schließlich begaben sich manche der Grundherren in eine fatale Abhängigkeit vom Staat. Das Vordringen der staatlichen Bürokratie in die ländliche Gesellschaft, vor allem nach 1928, erfolgte auf Kosten der tradierten Machtstellung der Notabeln. Diese glaubten aber, wie sich zumindest für den Unteren Yangzi zeigen läßt, daraus Nutzen ziehen zu können: Sie ersuchten die Repräsentanten des neuen Polizeiapparats, die hauptsächlich mit der Einziehung der Steuern von Landbesitzern jeder Art beauftragt waren, um Hilfe bei der Eintreibung von *Pacht.* Damit machten sie sich zu Verbündeten der bei den Bauern gefürchteten Lokalbürokratie und setzten in den Augen der bäuerlichen Bevölkerung den letzten Rest ihrer Legitimität als die traditionellen Führer des Dorfes und der Region aufs Spiel; bäuerlicher Widerstand gegen den Staat und gegen die Grundherren floß nun erstmals zusammen. Die grundherrliche Elite manövrierte sich auch auf diese Weise in einigen Gegenden Chinas in eine Falle zwischen Staat und Bauernschaft.[36] Als wenige Jahre später Krieg und Landrevolution über sie hereinbrachen, war sie bereits erheblich geschwächt.

Die ländliche Gesellschaft Chinas befand sich während der

zwanziger und dreißiger Jahre ohne Zweifel in einem Zustand, den man mit »Strukturkrise« allzu distanziert-abstrakt beschreiben würde. Sie litt vor allem an drei Problemen: erstens der endemischen Gewalt, die mit unmittelbarer Brutalität und indirekten Auswirkungen auf Ökonomie und Ökologie das Leben auf dem Lande in einem hautnahen Sinne zum Überlebenskampf machte; zweitens einer zu geringen Produktivität, die eine nennenswerte Erhöhung des Einkommens pro Kopf vereitelte und landwirtschaftliche Involution und Stagnation zum Schicksal werden ließ; drittens einer Eigentumsordnung, die zwar im internationalen Maßstab nicht auffällig ungleich und ungerecht war, aber die Extreme von völliger Landlosigkeit und Verelendung einerseits und einem parasitären Grundherrentum andererseits zuließ. Die Beseitigung der Ursachen der Krise war daher nur durch die Verbindung mehrerer Veränderungen kolossalsten Ausmaßes denkbar:

erstens der Herstellung des Landfriedens und der Entmilitarisierung der chinesischen Gesellschaft als ganzer;

zweitens einer »grünen Revolution«, die mit wissenschaftlichen Mitteln zur signifikanten Steigerung der Erträge hätte führen müssen, und durch Kontrolle des Bevölkerungswachstums sowie durch den Aufbau einer die überschüssigen ländlichen Arbeitskräfte absorbierenden Industrie zu begleiten gewesen wäre;

drittens einen Umbau der Eigentumsverhältnisse auf dem Lande zugunsten einer rechtlich und wirtschaftlich (etwa durch Bereitstellung günstigen Kredits) stabilisierten mittelbäuerlichen Schicht, möglichst ergänzt durch lebensfähige Formen genossenschaftlicher Kooperation zwischen den bäuerlichen Haushalten.

So jedenfalls sieht es im Rückblick der Historiker. Befriedung, Wohlstandssteigerung und Landreform waren jedoch auf der geschichtlichen Tagesordnung einstweilen nicht vorgesehen. 1937 begann eine Epoche, in der sich gegenläufige Kräfte Bahn brachen: Krieg, wirtschaftlicher Zusammenbruch, Revolution.

Kapitel 6

Etappen kommunistischer Mobilisierung

Daß eine marxistisch inspirierte politische Bewegung ausgerechnet in einem halbkolonialen, wirtschaftlich noch kaum modernisierten Land Asiens entstehen, wachsen und schließlich an die Macht gelangen würde, widersprach allen Erwartungen der Gründer des wissenschaftlichen Sozialismus. Selbst Lenin, der der kolonialen Welt große Beachtung schenkte, sah in China nicht mehr als einen strategischen Ergänzungsraum zu der im entwickelten Europa bevorstehenden Weltrevolution. Wie der Aufstieg des Kommunismus in China gelingen konnte, ist eine der großen Fragen in der Geschichte des 20. Jahrhunderts.[1] Sie entzieht sich allen effekthascherisch einfachen Erklärungsversuchen: Weder war der Kommunismus die konsequente Verlängerung alter chinesischer Traditionen des Kollektivismus und Autoritarismus und folglich ein angemessener Ausdruck der einheimischen politischen Kultur, noch wurde er dem Land von außen aufgezwungen oder durch eine diabolische Verschwörung an die Macht geführt.

Was überhaupt will man erklären? Die *Entstehung* einer kommunistischen Bewegung in den zwanziger Jahren? Ihre *Resonanz* bei der städtischen Bevölkerung während der »Großen Revolution« von 1925 bis 1927? Ihr *Überleben* in einem gnadenlosen Kampf gegen Guomindang und japanischen Imperialismus zwischen 1927 und 1945? Den *Sieg* der KPCh im Herbst 1949, der zweifellos in mancher Hinsicht »vorprogrammiert« war, aber, ereignisgeschichtlich gesehen, nicht vor 1947 als unausweichlich erscheinen mußte? Jedes dieser historischen Probleme verlangt eine besondere Anstrengung des Verstehens, jedes ein spezifisches Erklärungsmodell.

Eine zusätzliche Komplikation ergibt sich aus dem internationalen Kontext der kommunistischen Revolution in China. Dieser Kontext war in drei ihrer Phasen von größter Wichtigkeit: Erstens war der frühe Hauptimpuls der chinesischen Revolution, als deren Bestandteil die KPCh groß wurde, die Empörung über die Erniedrigung Chinas durch die imperialistischen Mächte, wie sie 1919 am Beginn der 4. Mai-Bewegung stand. Solcher Nationalismus verlieh Massenprotesten wie demjenigen vom 30. Mai 1925 ihren ungeheuren Schwung. Zweitens verschaffte nach 1937 der Krieg der kompromißlos anti-japanischen KPCh die Gelegenheit, sich nicht nur als Vertreterin der sozial Benachteiligten, sondern – mit noch größerer Wirkung – als Repräsentantin der nationalen Interessen Chinas zu profilieren. Drittens war der Bürgerkrieg der Jahre 1946 bis 1949, der den Kommunisten schließlich zur Machtübernahme in Peking verhalf, ohne den internationalen Kontext des heraufziehenden Kalten Krieges nicht denkbar. Mindestens ebenso wichtig wie das tatsächliche Eingreifen von USA und UdSSR, das in den militärisch wichtigsten Phasen begrenzt und nicht kriegsentscheidend war, sind dabei die Erwartungen, die die Bürgerkriegsparteien hinsichtlich der weltpolitischen Lage hegten, und ihre Versuche, sich in internationale Allianzen einzufädeln.[2]

Die internationale Dimension war aber mehr als bloß Rahmen und Hintergrund. Die kommunistische Revolution verdankt dem kulturellen und politischen Import aus dem Westen Entscheidendes. Der Marxismus war in einem Bündel anderer sozialistischer Lehren und Weltanschauungen aus Europa und Japan nach China gelangt. Kaum hatte er seine ersten Sympathisanten und Anhänger gefunden, da gaben ihm Abgesandte der revolutionären Sowjetmacht eine organisatorische Form, die bolschewistische Kaderpartei, die an nichts aus der chinesischen Tradition anknüpfte und sich auch aus dem klassischen Marxismus nicht ableiten ließ. War die kommunistische Revolution in China also eine Revolution von außen? War sie gar ein Komplott des Weltkommunismus, wie Chiang Kai-shek es seit den fünfziger Jahren behauptete und wie manche im Westen es ihm nachredeten? Wohl kaum. Daß die KPCh in den zwanziger und wieder in den vierziger Jahren eine Massenanhängerschaft fand, hatte nicht allein mit ihrem überlegenen Organisierungsgeschick zu tun, sondern auch damit, daß sie vielen Menschen Auswege aus der chinesischen Krise aufzeigte, die andere politische Kräfte nicht zu bieten vermochten. Auch kann von einer Fernsteuerung der kommunistischen Revolution aus Moskau allenfalls für deren erste Phase die Rede sein. Die KPCh war meist dann besonders erfolgreich, wenn sie von Moskauer Weisungen verschont blieb oder sie ignorierte. Eine der größten Leistungen Mao Zedongs besteht in der Emanzipation der KPCh von den Anmaßungen Josef Stalins. Trotzdem darf nicht vergessen werden, daß die KPCh auch in der Periode der philosophisch belanglosen, aber politisch folgenreichen »Sinisierung des Marxismus« Elemente des stalinistischen Systems importierte, vor allem eine Nomenklatura-Hierarchie und Geheimpolizei, die der schattenhafte, 1980 postum aus der Partei ausgestoßene Kang Sheng (1898–1975) aufbaute.

War die kommunistische Revolution auch von außen geprägt, so darf sie doch keinesfalls als unchinesisches, fremdartiges Implantat mißverstanden werden. Aufstieg und Sieg der KPCh lassen sich zu einem großen Teil aus den besonderen Umständen Chinas seit dem Zerfall des Qing-Reiches erklären. Wie sehr die Revolution gerade in ihrer maoistischen Gestalt mit dem Schauplatz ihres Wachstums verbunden war, zeigt das Scheitern aller Versuche (von Albanien bis Peru), sie als »Modell« auf andere Länder zu übertragen. Vorsicht ist allerdings angebracht vor einer übertrieben »nativistischen« Interpretation, die etwa im kommunistischen Herrschaftssystem wenig mehr als eine Wiederverkörperung der kaiserlichen »Despotie« zu sehen glaubt, eine effizientere Neuauflage eines angeblich altchinesischen Totalitarismus.[3] Kurz: Die kommunistische Revolution in China war beides: hausgemacht und importiert. Versuche ihrer Deutung müssen eindimensionale Festlegungen scheuen und die Spannung zwischen mehreren Polaritäten aushalten: zwischen Innen und Außen, zwischen Kontinuität und Diskontinuität im Verhältnis zur früheren chinesischen Geschichte, zwischen objektiv-struktureller Interpretation und der Berücksichtigung von Zufall und Subjektivität.

In diesem Kapitel wird nicht die wendungsreiche Geschichte der Kommunistischen Partei Chinas erzählt werden.[4] Vielmehr steht die Frage im Mittelpunkt, wie sich die Partei zu ihrer politischen und gesellschaftlichen Umwelt verhielt, wie sie dort Ressourcen mobilisierte, wie sie Unterstützung fand und wieder verlor. Der Begriff »Mobilisierung«, der in der Überschrift des Kapitels verwendet wird, deutet an, daß die Kader der KPCh selten auf Wellen spontaner revolutionärer Begeisterung schwammen. Die »Volksmassen« mußten für die Sache der Revolution mühsam gewonnen werden; sie mußten erkennen lernen, was die Parolen der Partei mit ihren eigenen Lebensproblemen zu tun hatten. Mobilisierung setzt einen aktiven und einen passiven Teil voraus, Mobilisierer und Mobilisierte. Zwischen beiden besteht ein Verhältnis asymmetrischer Wechselwirkung. Mobilisierer haben nur Erfolg, wenn sie lernbereit und lernfähig sind und sich auf örtliche Gegebenheiten einstellen können. Mobilisierung, solange sie noch nicht von einem omnipotenten Zwangsstaat als Massenkampagne inszeniert wird, erschöpft sich nicht in reiner Manipulation. Sie packt die Menschen bei genuinen Wünschen und Bedürfnissen.

Experimente und Niederlagen: 1922 bis 1936

Die Bewegung vom 30. Mai 1925 hatte der KPCh eine Massenbasis verschafft, von der sie am Vorabend der Schüsse in der Nanking Road nur hatte träumen können. Ihre Mitgliederzahl stieg von 994 im Januar 1925 auf 10 000 zwölf Monate später und weiter auf 58 000 im April 1927; 80 Prozent der Mitglieder im Herbst 1925 waren Arbeiter.[5] Die studentischen Aktivisten der KPCh hatten der Bewegung eine öffentliche Stimme verliehen und maßgeblich die landesweiten Streiks und Boykotte vom Sommer 1925 organisiert. Arbeiterinnen und Arbeiter waren das Rückgrat dieser Aktionen. Sie traten der KPCh keineswegs als eine amorphe Masse gegenüber. Die Organisierung der neuen Arbeiterschaft in der Industrie und im Transportsektor hatte schon gleich nach dem Ersten Weltkrieg begonnen und bald auch erfolgreiche Streikaktionen ermöglicht. Traditionen städtischen Protests (getragen etwa durch Handwerkergilden) verschmolzen mit den internationalistischen Orientierungen, die 10 000 heimgekehrte chinesische Arbeiter aus den Rüstungsfabriken Europas mitbrachten.[6] Allein in Kanton bestanden im Jahre 1925 etwa einhundertsechzig Arbeiterbünde; der aktivste von ihnen war die »Gewerkschaft der Maschinenarbeiter«, die ihre Anhänger vor allem unter Eisenbahnern hatte. Um die Kontrolle über solche parteilich nicht gebundenen Gruppen bemühten sich sowohl die GMD als auch die KPCh. Beide Parteien, seit Anfang 1924 in einer Einheitsfront liiert, waren bestrebt, die Arbeiter von ihren bisherigen Gewerkschaften zu trennen und sie für die eigenen Organisationen zu gewinnen. Die Mobilisierung des Proletariats begann also nicht am Punkt Null. Wie später in zahllosen anderen Situationen, war es das Bestreben der KPCh, Menschen aus angestammten Loyalitäten zu lösen und auf die eigenen Ziele einzuschwören. Dies konnte nicht von heute auf morgen gelingen. Viele Arbeiter in Shanghai etwa waren der allgegenwärtigen Grünen Bande und anderen Gangsterorganisationen verbunden – Erzfeinden der KPCh, mit denen sie dennoch manche Kompromisse schließen mußte (auch während der 30. Mai-Bewegung), um breite Aktionsbündnisse zustande zu bringen.[7]

Unter der Decke der Einheitsfront schwelte die Rivalität zwischen GMD und KPCh. Die beiden Parteien unterschieden sich in ihrem programmatischen Appell: Betonte die KPCh den Klassenkampf, so legte die GMD den Akzent auf die Harmonie zwischen Kapital und Arbeit beim gemeinsamen Bemühen um die wirtschaftliche Modernisierung Chinas. Dadurch fühlten sich unterschiedliche Gruppen angesprochen: Die GMD fand in Shanghai ihre stärkste Unterstützung unter ungelernten oder schlechter ausgebildeten und niedrig bezahlten Arbeitern, während die KPCh vor allem unter Facharbeitern mit handwerklichem Hintergrund, unter Technikern und Angestellten, etwa denen der Post, reüssierte. Als der rechte Flügel der GMD am 12. April 1927 unter der Führung Chiang Kai-sheks die Einheitsfront mit den Kommunisten aufkündigte und danach in nahezu ganz China der Weiße Terror der GMD und ihrer Warlord-Alliierten gegen die Kommunisten und deren Massenorganisationen begann[8], war die KPCh zu einer wichtigen, aber noch nicht zur unbestritten dominierenden Kraft unter der Arbeiterschaft geworden. Die kommunistische Arbeiterbewegung war vor 1927 noch keine eigenständige politische Größe. Sie mußte taktische

Kompromisse eingehen und war, besonders in den Städten des Landesinneren, darauf angewiesen, daß patriotische Kräfte innerhalb der lokalen Elite ihre Aktionen gegen ausländische Firmen billigten und dabei Unruhe auf den Straßen und mitunter auch in einheimischen Unternehmen in Kauf nahmen.[9] Die lebensfähige »proletarische« Revolution der Jahre 1925 bis 1927 in den Städten, die nur durch übertriebenes Vertrauen in die Einheitsfront mit der GMD vereitelt worden sei, ist ein Mythos.

Nach dem blutigen Sommer des Jahres 1927 sah sich die kommunistische Bewegung aus den großen Städten verdrängt. Um so wichtiger wurden nun die spärlichen Erfahrungen, die man zuvor bereits mit politischer Arbeit unter der Bauernschaft gesammelt hatte. Wie die Arbeiter-, so war auch die revolutionäre Bauernbewegung älter als die Kommunistische Partei. Bauern waren zu Beginn des 20. Jahrhunderts in vielerlei Gruppen organisiert. Deren Spektrum reichte von subversiven Geheimgesellschaften über Bauernvereine (*nonghui*), die von der lokalen Elite dominiert wurden, bis zu bewaffneten Milizen der Grundherren (*mintuan*). Ihnen allen gemeinsam war eine defensive Orientierung in einer zunehmend anarchischen Welt. Vom Anfang bis zum Ende der Republikzeit kam es überall und immer wieder zu Akten gewaltsamen bäuerlichen Protests. Statistiken sind darüber nicht geführt worden, aber man muß mit Tausenden von Fällen rechnen, in denen Pachtzins oder Steuern, Rekrutierungen zu Zwangsarbeiten oder in eine der vielen Armeen verweigert oder Fehden zwischen Klans und Dörfern ausgetragen wurden. Hinzu kamen symbolische Taten persönlicher Verzweiflung wie der Selbstmord des Schuldners vor dem Hause des Geldverleihers, der diesem sein »Gesicht« nahm, oder die zahlreichen Versuche, vor Gericht oder Schiedsstellen Recht zu bekommen. Das chinesische Dorf war eine Arena lebhafter sozialer Auseinandersetzungen.

Spontane Bauernbewegungen, Formen sozusagen des bäuerlichen Alltagsprotests, waren durch dreierlei gekennzeichnet:[10] Erstens waren sie kaum je von einem entwickelten Klassenbewußtsein getragen. Die Bauern nahmen ihre persönlichen Probleme nicht als Exempla für allgemeinere gesellschaftliche Konflikte und fanden selten zu breiterer Solidarität mit Menschen in ähnlichen Lebenslagen. Zweitens blieben die Protestaktionen lokal begrenzt und weiteten sich nicht zu Flächenbränden aus. Selbst zwischen rebellischen Dörfern in unmittelbarer Nachbarschaft zueinander fehlten oft Verbindungen. Dies erleichterte die Unterdrückung solcher Unruhen ganz außerordentlich. Drittens waren sie fast ohne Ausnahme defensive Reaktionen auf spezifische Belastungen und Ungerechtigkeiten, hauptsächlich bei der Besteuerung, niemals Angriffe gegen die gesellschaftliche Ordnung an sich. Sämtliche dieser vorkommunistischen Bauernbewegungen wurden letzten Endes niedergeschlagen. Ihre Führer wurden mit der Grausamkeit, die man in China Rebellen und Hochverrätern stets antat, hingerichtet, die übrigen Teilnehmer nach Ermahnungen meist begnadigt. Der Kampf der Bauern war von Anfang an ungleich und aussichtslos. Ein Erfolg mit den traditionellen Mitteln des Protests, die in der Vergangenheit Dynastien gestürzt hatten, war unter modernen Bedingungen illusorisch geworden. »Während Verhalten und Bewaffnung der chinesischen Bauern des 20. Jahrhunderts,« schreibt der französische Historiker Lucien Bianco, »denen ihrer Vorfahren im 17. Jahrhundert glichen, verfügte die Regierung über die Waffen und die Transport- und Kommunikationsmittel des 20. Jahrhunderts.«[11]

Die kommunistische Revolution ließ sich nur mühsam auf dem Lande verbreiten. Sie konnte zwar an manche der älteren Aktionsformen anknüpfen, verfolgte aber doch Ziele und Strategien, die der bäuerlichen Welt fremd waren. Der Impuls mußte von außen kommen. Städtische Intellektuelle begannen in den frühen zwanziger Jahren mit politischer Agitation unter der Bauernschaft. Der bekannteste unter ihnen war Mao Zedong.[12] Anders als die meisten chinesischen Kommunisten der Gründergeneration, stammte er nicht aus einer Familie der Elite, sondern aus mittelbäuerlichen Verhältnissen. Er war Hilfsbibliothekar in Peking unter Li Dazhao und Lehrer in seiner Heimatprovinz Hunan. 1921 nahm er am Gründungskongreß der KPCh in Shanghai teil und wurde zum Parteisekretär von Hunan bestellt. Dort organisierte er Gewerkschaften und Streiks. Seit 1923 war er in verschiedenen Funktionen – unter der Einheitsfront auch in GMD-Gremien – für die KPCh in Kanton und Shanghai tätig.

Schon Ende 1922 hatte der 4. Kongreß der Komintern zur revolutionären Organisation der Bauernschaft in den Ländern des Orients aufgerufen, unter den sich gerade zum Kommunismus bekehrenden Erben der 4. Mai-Bewegung, die kein Sensorium für Probleme des ländlichen China besaßen, aber nur ein geringes Echo gefunden. Mao machte 1925 erste Erfahrungen mit der politischen Arbeit unter hunanesischen Bauern. Im selben Jahr nahm er in Kanton eine Lehrtätigkeit am Ausbildungsinstitut der Bauernbewegung der GMD auf, das im Juli 1924 gegründet worden war. Ende 1925, nachdem in vielen Gebieten Süd- und Mittelchinas Bauernbünde entstanden waren, begann er sich ernsthaft mit Fragen der ländlichen Revolution zu beschäftigen.

Mao Zedong war einer von mehreren frühen kommunistischen Organisatoren der Bauernschaft. Seine einzigartige Bedeutung, die erst im Rückblick erkennbar wird, bestand in dieser Phase der Revolution darin, daß er als erster in der KPCh die Komintern-Theorie von der »führenden Rolle der Arbeiterschaft« anzweifelte und schon im September 1926 die Bauernfrage zur »zentralen Frage der nationalen Revolution« erklärte.[13] Hier wurde zum ersten Mal der Gedanke der Verlagerung des revolutionären Schwerpunktes von den Städten auf das Land ausgesprochen. Mao hat später selten wieder so unorthodox und einseitig argumentiert. Das darf nicht vergessen werden, wenn man ihn, wie es oft geschieht, als »Theoretiker der Bauernrevolution« bezeichnet. Er hielt am Axiom der Führung durch die Partei und das »Proletariat« fest, verband damit aber die Einsicht, daß das Schicksal der Revolution auf dem Lande entschieden werden würde. Die chinesische Revolution sollte keine pure Bauernrevolution sein, wohl aber eine Revolution *auf bäuerlicher Grundlage*.

Mao Zedong erlebte im Herbst 1926 die Anfänge einer großen Erhebung der Bauern, die sich, vorbereitet durch örtliche kommunistische Aktivisten, im Gefolge des Nordfeldzugs abspielte. Zum Nordfeldzug war die Nationale Revolutionsarmee der GMD-KPCh-Einheitsfront unter der Führung Chiang Kaisheks im Juli 1926 von Kanton aus aufgebrochen. Schon nach wenigen Wochen konnte Changsha, die Hauptstadt von Hunan eingenommen werden, nach erheblich stärkerem Widerstand der gegnerischen Warlords im Oktober auch Wuhan, die strategisch entscheidende Metropole Zentralchinas. Wo immer die Nationale Revolutionsarmee bei ihrem Vormarsch durch die Provinzen Guangdong, Guangxi, Hunan, Jiangxi und Hubei erschien, organisierten sich die Bauern: meist spontan, manchmal mit Hilfe politischer Offiziere, die die Armee begleiteten. Zunächst beschränkten sich die bäuerlichen Forderungen auf das Übliche: Pachtminderung, Zinssenkung, Stabilisierung der Nahrungsmittelpreise. Bald aber kam es zu Landenteignungen und zu Angriffen auf »Lokaltyrannen« und »korrupte Beamte«. Allein in Hunan waren 1926/27 bis zu 1,5 Millionen Bauern in Bünden organisiert, deren Kontrolle keineswegs durchweg bei Kommunisten lag. Viele waren eher mit Geheimgesellschaften wie der Gesellschaft der Älteren Brüder (*Gelaohui*) verbunden; hinter anderen stand die lokale Elite, die den alten, von ihnen dominierten *nonghui* ein zeitgemäß radikales Etikett verpaßte. Die KPCh befand sich zu dieser Zeit in einem ernsten Dilemma, aus dem ihr keine Komintern-Phrasen hinaushalfen: Einerseits beruhten ihr Überleben und ihre künftige Macht auf der Stärke der Massenbewegungen, die sich nun endlich auch über Shanghai, Kanton und einige andere Großstädte hinaus verbreitet hatten. Auf der anderen Seite war Vorsicht geboten, da eine zu radikale Landpolitik jene unter den Mitgliedern des Einheitsfront-Partners GMD und unter den Offizieren der Nationalen Revolutionsarmee verprellen würde, die selbst aus Grundbesitzerfamilien stammten. Der agrarische Radikalismus unterminierte das ohnehin labile Bündnis mit der Guomindang. Dieses war bis zu Sun Yat-sens Tod am 12. März 1925 von Prestige und Charisma des Revolutionsführers zusammengehalten worden, auf dessen Person auch die Sowjetunion und ihr Werkzeug, die Komintern, ihre gesamte Chinastrategie abgestellt hatten. Danach kam es zu wachsenden Spannungen, die stetig zum Bruch der Einheitsfront im April 1927 hinführten. Die Bauernbewegung war einer der Faktoren, die dazu beitrugen.

Mao kommentierte in seinem Aufsatz vom Herbst 1926 auch Erfahrungen, die der eigentliche Pionier der kommunistischen Bauernrevolution, Peng Pai (1896–1929), in den beiden Landkreisen Haifeng und Lufeng, circa hundertfünfzig Kilometer östlich von Hongkong, gesammelt hatte.[14] Hier spitzte sich die agrarrevolutionäre Bewegung in einer Weise zu, die weit über die Begleiterscheinungen des Nordfeldzugs hinausging. Peng Pai ließ in seinem ländlichen Experimentiergebiet schließlich all jene taktischen Rücksichten hinter sich, an die die KPCh-Vertreter in der Einheitsfront sich noch gebunden fühlten. Die Bauernbewegung von Hai-Lu-feng hatte bereits im Mai 1922 begonnen und wurde im Februar 1928 grausam und gründlich unterdrückt. Sie war die erste nennenswerte Begegnung zwischen städtischen Berufsrevolutionären und der chinesischen Dorfbevölkerung und nahm viele Bedingungen und Schwierigkeiten späterer Mobilisierungsversuche vorweg.

Peng Pai entstammte einer wohlhabenden Grundbesitzerfamilie aus dem Peng-Clan, der in Haifeng 27 Hektar Land besaß. Er war während seines Studiums in Japan mit der revolutionären Bewegung in Berührung gekommen und stürzte sich nach seiner Rückkehr 1921 in die radikale Intellektuellenpolitik der Provinz Guangdong. Dabei ging er noch einen Schritt weiter als andere: nicht nur vom konfuzianischen *juste milieu* zum Radikalismus der Journale und Pamphlete, sondern danach vom Teehaus auf den Dorfplatz. Aus der Enttäuschung über die politische Folgenlosigkeit der 4. Mai-Bewegung zog er den Schluß, sich dem »wirklichen« China, dem der Bauern, zuzuwenden. Den heroischen Moment der ersten Begegnung zwischen idealistischem Grundherrensprößling und armen Bauern hat er selbst geschildert: Wie er in einer »weißen, europäischen Studentenuniform« und mit »einem weißen Hut auf dem Kopf« in einem Dorf erschien und den verblüfften Bauern »Freundschaft« anzubieten versuchte.[15] Peng korrigierte rasch sein anfängliches Ungeschick. Er kleidete sich einfach und lernte, die Sprache der Bauern zu sprechen, arbeitete und lebte mit ihnen. So begann er mit der Agitation für den Beitritt zum Bauernbund, den er auf eigene Faust gegründet hatte. Der Bund fand weniger wegen Pengs Rhetorik großen Zulauf als deswegen, weil er seinen Mitgliedern praktische Vorteile brachte: Interessenvertretung durch schriftkundige Eliteangehörige, Vermittlung bei Streitigkeiten, Schutz vor Übervorteilung durch Kaufleute und Pachteinnehmer, und so weiter. Zwischen Pächtern, die bis dahin heftig um Pachtverträge gekämpft hatten, wurden Strukturen der Solidarität aufgebaut.

Es blieb nicht lange bei solch sanftmütigen Anfängen im Geiste des Fürsten Kropotkin. Peng Pai verschärfte seine Agitation zur Attacke auf ausbeuterische Grundherren und lokale Potentaten. Wie ernst es ihm damit war, zeigte er, als er Land des Peng-Klans an die Bauern verschenkte. Gegenmaßnahmen von Grundbesitzern, Klans und politischen Autoritäten setzten eine Spirale der Gewalt in Gang. 1926 herrschten in Haifeng bürgerkriegsartige Zustände. Die Klimax der Bewegung wurde 1927 erreicht. Als in ganz China bereits der Weiße Terror eingesetzt hatte, wurde in Hai-Lu-feng, in einem Gebiet von etwa 30 000 Quadratkilometern, eine »Sowjetregierung« ausgerufen, in Wirklichkeit eine Diktatur Peng Pais. Nun wurden Pachtverträge vernichtet, Ländereien und sonstiger Besitz der Grundherren konfisziert und verteilt, Herrensitze gestürmt und eingeäschert. Es kam zu Exzessen von Gewalt. Mindestens 5 000 »Klassenfeinde« wurden im »Roten Terror« umgebracht, viele durch grausame Torturen, Zigtausende flohen nach Kanton oder Hongkong.[16] Die Unterdrükkung der ersten kommunistischen Regierung in der chinesischen Geschichte forderte ein Mehrfaches an Opfern: allein circa 15 000 während der ersten Säuberungswelle im Frühjahr 1928. Bis 1933 zogen sich die Strafaktionen hin. Haifeng wurde zu einem Leichen- und Trümmerfeld. Peng Pai selbst wurde im August 1929 auf Befehl Chiang Kai-sheks hingerichtet, sein Andenken in der KPCh später von denen verdunkelt, die Mao Zedong zum alleinigen Urheber der chinesischen Bauernrevolution stilisieren wollten.

Die Hai-Lu-feng-Bewegung zeigte Merkmale traditioneller Bauernaufstände, vor allem eine destruktive *fureur paysanne*, wie man sie von europäischen Agrarrevolten der Frühen Neuzeit kennt.[17] War die dörfliche Unterschicht erst einmal aufgestachelt und glaubte sie sich vor Repressalien sicher, dann erreichte der Haß auf Grundherren, Staatsfunktionäre und oft auch auf sämtliche Mitglieder eines fremden Klans eine Heftigkeit, die es schwer machte, den Gewaltausbruch wieder zu zähmen. Die KP-Führung hat derlei immer wieder als »linkes Abenteurertum« verurteilt, sich jedoch bis zu Mao Zedongs »Kulturrevolution«

der Jahre 1966 bis 1976 die Option der Entfesselung der »Massen« offengehalten. Ohne Zweifel waren Peng Pais Programm und seine anfängliche Praxis den Nöten des ländlichen China nicht unangemessen. Jedenfalls kam Peng den Wünschen der ärmeren Bauernschaft entgegen: Nachdem im Januar 1928 die Umverteilung abgeschlossen war, schien sich der egalitäre Traum einer Welt von Kleineigentümern ohne Herren erfüllt zu haben. Von sozialistischer Kollektivwirtschaft und technischer Modernisierung war damals noch keine Rede.[18] Fraglos hatte Peng Mobilisierungsmethoden gefunden, die erstaunliche Erfolge zeitigten. Hai-Lu-feng blieb aber eine apokalyptische Episode – ein isoliertes revolutionäres Experiment, das angesichts der Machtverhältnisse in Warlord-China von Anfang an zum Scheitern verurteilt war.

Ähnliches läßt sich von der gleichzeitige Revolution in den Städten sagen. Seit jeher wird darüber debattiert, welche strategischen und taktischen Fehleinschätzungen die KPCh 1927 vertrauensselig ins Messer Chiang Kai-sheks liefen ließen. Vor allem hat man die Naivität des Parteiführers Chen Duxiu sowie die arrogante Ahnungslosigkeit Stalins und der Komintern, die aus dem fernen Moskau ihre Befehle erteilten, für das Debakel verantwortlich machen wollen. Die KPCh hätte, so lautet das Argument, sich rechtzeitig von der GMD trennen sollen. Aber es gab niemals in den zwanziger Jahren eine realistische Chance für eine eigenständige kommunistische Revolution in China. Warum auch hätte sich, wie die Komintern träumte, die russische Entwicklung anderswo wiederholen sollen, dazu in einem Land, in dem der Kapitalismus noch bei weitem geringer entwickelt war? Die Massenbewegungen, die in den Jahren 1925 bis 1927 so spektakulär auf Chinas politischer Bühne auftraten, beruhten auf prekären Grundlagen. Die Arbeiterbewegung wurde mindestens ebensosehr von patriotischen Emotionen wie von der Wahrnehmung sozialer Mißstände angetrieben; sie bildete eine schwankende Basis für eine landesweit wirksame Strategie des Klassenkampfes. Die Bauernbewegung wiederum verharrte in vormodernen Protestformen und zehrte mehr vom Strohfeuer der Jacquerie als von einem aufgeklärten Bewußtsein der eigenen Interessen. Nach außen hin waren die Massenbewegungen der zwanziger Jahre in letzter Instanz auf die Duldung durch die wahrhaft Mächtigen in China angewiesen. Sie konnten sich daher nur in Nischen und Enklaven oder, wie 1926 während des Nordfeldzuges, unter dem Schutz der bewaffneten Macht kurzfristig halten. Als sich 1927, geführt durch Chiang Kai-shek, eine Augenblickskoalition von Warlords, Shanghaier Großbourgeoisie, organisiertem Gangstertum und dem militärischen Flügel der GMD zusammenfand und sich obendrein auch des stillschweigenden Wohlwollens der ausländischen Mächte und des Shanghai Municipal Council (SMC) versicherte, waren die kommunistischen Kader, die ihnen folgenden Intellektuellen, Arbeiter und Bauern samt ihren sowjetischen Beratern dagegen chancenlos. Vor allem die Tatsache, daß die Linke über kein eigenes Militär gebot, erwies sich nun als verhängnisvoll. Es bestätigte sich, was in Warlord-China keine sensationell neue Erkenntnis sein konnte: daß, wie Mao Zedong 1938 formulieren würde, die politische Macht aus den Gewehrläufen kommt. Und ein weiteres erwies sich: Die Internationale Niederlassung zu Shanghai war kein rechtsstaatliches Paradies. Sicher waren chinesische Radikale dort nur so lange, wie es dem quasi-kolonialen SMC paßte. Den antikommunistischen Säuberungen wurden 1927 jedenfalls kaum Hindernisse in den Weg gelegt.

Ein ganzes Jahrzehnt lang mußte die KPCh nun auf ihre nächste Chance warten. Wie brüchig ihre Massenbasis während der Großen Revolution von 1925 bis 1927 stets war, zeigte sich schon bald anläßlich von drei tollkühnen Aufständen, in die Stalin die angeschlagene Partei in der zweiten Hälfte des Jahres 1927 trieb: in Nanchang, in der Provinz Hunan und in Kanton. In allen drei Fällen ließen die Arbeiter und Bauern, auf deren Hilfe man blauäugig vertraut hatte, die Partei im Stich. Danach war diese so schwach und schutzlos, daß sie ihren 6. Kongreß im Juni/Juli 1928 nach Moskau verlegen mußte; kein chinesischer Versammlungsort hätte Sicherheit geboten. Mao Zedong hatte sich unterdessen mit einigen hundert Mann in ein gut geschütztes Hochtal in den Jinggang-Bergen auf der Grenze zwischen Jiangxi und Hunan zurückgezogen. Dort traf im April 1928 mit den etwa tausend Mann seiner »Vierten Armee« auch Zhu De (1885–1976) ein, ein Träger eines kaiserlichen Prüfungstitels, früherer General der Warlord-Armee von Yunnan und danach kurzzeitig Student in Göttingen. Er sollte zum ranghöchsten militärischen Kommandanten der kommunistischen Revolution und zum – neben Mao – wichtigsten Theoretiker des Guerillakrieges aufsteigen. Im Jinggang-Gebirge, einem alten Räubernest, formierte sich damals unter denkbar ungünstigen Auspizien der Kern der späteren maoistischen Führung.

Die Rote Armee, die nun entstand, wuchs zunächst durch Rekrutierung von Banditen, Angehörigen von Grundherrenmilizen und Deserteuren der Weißen Truppen. Sie hatten oft gar keine politischen Motive, sondern erhofften sich von der Roten Armee – wie sich zeigte, zu Recht – eine bessere Behandlung, als sie sie gewohnt waren. Solche »Lumpenproletarier« , wie Mao, einen marxistischen Schmähbegriff umwertend, nicht ohne Sympathie formulierte[19], waren exzellente, aber völlig undisziplinierte Kämpfer, die Zhu De erst in die Schule militärischer Grundausbildung nehmen mußte. Neben regulären Verbänden wurden nichtuniformierte Guerillaeinheiten aufgestellt: der Beginn der berühmten Taktik des »kleinen Krieges«, die sich auf das Vorbild der Nian-Rebellen des 19. Jahrhunderts berufen konnte. Gegen die Einkreisung durch überlegene Weiße Truppen der Warlords und der GMD konnten Mao und Zhu aber einstweilen nicht bestehen. Anfang Januar 1929 verließen sie mit 4 000 Soldaten die Jinggang-Basis. Sie zogen ostwärts durch Jiangxi und ließen sich schließlich abermals in einer entlegenen Grenzregion nieder, dem Bergland zwischen Jiangxi und Fujian. Dort machten sie die Stadt Ruijin zum Zentrum eines neuen Regimes, das als »Jiangxi-Sowjet« in die Geschichte eingegangen ist. Neben der Hauptbasis um Ruijin gab es mehr als ein Dutzend kleinerer Stützpunkte: rote Flecken auf einer politisch weiß gefärbten Landkarte. Von diesen Basen aus operierten Partei und Armee in den umliegenden Zonen diffuser Autorität.

Die KPCh begann sich nun damit abzufinden, daß sie den Kontakt zum großstädtischen China einstweilen verloren hatte. Das Zentrale Sowjetgebiet um Ruijin war mit 30 000 Quadratkilometern etwa so groß wie Brandenburg und hatte fünf bis sechs Millionen Einwohner. Hier konnte die KPCh zum ersten Mal in ihrer Geschichte Territorialherrschaft ausüben und reguläre

Staatsorgane entwickeln.[20] Ihre Politik stand dabei in der Spannung zwischen Überleben und Revolution: Wie war beides in Übereinstimmung miteinander zu bringen? Das erste Erfordernis bestand in der Stärkung der Roten Armee. Die Militarisierung war der Partei von ihren Gegnern aufgezwungen worden. Nun machte sie daraus eine Tugend. Seit Mao Zedongs Angriff auf die »Mentalität des Nur-Soldatentums« im Dezember 1929 und seinem Programm einer politisierten Armee[21] stand der Primat der zivilen Führung niemals in Frage. Dennoch erhielt die Armee ein Gewicht, für das es in der Geschichte des russischen Bolschewismus vor dessen Machtergreifung kein Vorbild gab. Damit waren Ende der zwanziger Jahre drei wesentliche Komponenten des chinesischen revolutionären Sonderwegs beisammen: die Bauernrevolution, die militärische Bewaffnung der Partei und die Strategie der Stützpunktbildung im Hinterland.

In den dreißiger und vierziger Jahren fielen dann Krieg, Bürgerkrieg und Revolution zusammen. Es ließ sich kaum erkennen, wo das eine endete und das andere begann. Die KPCh verfolgte ihre Ziele in einer der am durchgreifendsten militarisierten Gesellschaften der Welt. Sie selbst trug eine neuartige Facette solcher Militarisierung bei. Die Armee, die seit der Jinggang-Zeit sowohl aus regulären wie aus Partisaneneinheiten bestand, wurde zum Instrument des, wie Mao Zedong sagte, »Volkskrieges« (*renmin zhanzheng*), der etwas ganz anderes sein sollte als die Kriege der Warlords und der Imperialisten. Der Volkskrieg war nicht nur defensiv als Abwehr der Konterrevolution angelegt, sondern von Anfang an als Methode der Machteroberung konzipiert. Weil die Rote Armee viel mehr als die anderen Heere im damaligen China auf die Unterstützung durch die Zivilbevölkerung angewiesen war, verordnete sie sich ein Ethos der Freundlichkeit und Behutsamkeit, das im Gegensatz zur Plünderungsmentalität früherer und zeitgenössischer chinesischer Armeen stand. Sie diente als Erziehungsinstitution für junge Bauernburschen, denen Disziplin und Enthusiasmus eingeimpft wurde, und sie mußte für ihren eigenen Unterhalt aufkommen und sich zu diesem Zweck möglichst an der Produktion beteiligen. Zwischen der Armee und ihrer Umwelt entstand so ein symbiotisches Verhältnis der Gegenseitigkeit, das in China einzigartig war. Durch die Propaganda hindurch, die die Rolle der Roten Armee vernebelt, läßt sich erkennen, daß damit etwas wirklich Neues geschaffen worden war. Die sowjetischen Militärberater hatten für die GMD zwischen 1923 und 1927 eine kleine, aber hochmotivierte Elitetruppe geschaffen, die an Professionalität die besten unter den Neuen Armeen der späten Qing-Zeit noch übertraf. Diese Lehren hatten Mao Zedong und die Führer der Roten Armee nicht vergessen. Sie fügten dem eigene Einsichten in das Verhältnis von Militär und Bevölkerung hinzu. Das Volk sollte gute Erfahrungen mit »seiner« Armee machen und sich mit ihr identifizieren. Freilich war das leichter gesagt als getan.

Der Jiangxi-Sowjet der Jahre 1929 bis 1934 war das bis dahin größte Experiment der Politisierung einer ländlichen Bevölkerung. In der allerspätesten Qing-Zeit und der Revolution von 1911 waren die städtischen Eliten Chinas zum ersten Male mit moderner Politik in Berührung gekommen. In den zwanziger Jahren hatte die Politisierung die städtische Arbeiterschaft ergriffen. Nun wurde die Landrevolution über das Stadium des wilden Aufruhrs hinausgeführt, das sie in Hai-Lu-feng erreicht hatte. Die KPCh besaß in Jiangxi die Machtmittel, Grundsatzentscheidungen wie die Enteignung und Bestrafung der Landlords durchzusetzen. Alles Land, so hieß es nach den Wünschen der Komintern im Landgesetz der Chinesischen Sowjetrepublik von 1931, im Besitz von feudalen Grundherren, Dorfbossen, Beamten »und anderen großen privaten Grundbesitzern« solle entschädigungslos enteignet werden – »einerlei, ob sie den Boden selbst bestellen oder ihn verpachten«[22]. Das war eine ziemlich radikale Position, die nicht unumstritten blieb: Wie sollte man die sozialen Kategorien definieren, insbesondere die des »reichen« Bauern? Sollten diese »reichen« Bauern tatsächlich wie die Grundherren ganz enteignet werden oder sollte man ihnen einen Teil ihres Landes lassen? Welche Qualität sollte dieses Land besitzen? Was sollte mit Land geschehen, durch dessen Verpachtung Witwen und Waisen ihre Existenz finanzierten? Was mit Klan- und Tempelland? Sollte es enteignet oder sollte lediglich der Pachtzins vermindert werden? Sollte nach der Umverteilung ein Handel mit Land zugelassen werden? Sollte seine hypothekarische Belastung möglich sein? Würde privater Handel weiter existieren dürfen oder sollte er durch staatlichen beziehungsweise genossenschaftlichen Handel ersetzt werden? Auf jede dieser Fragen waren sowohl doktrinäre »linke« als auch pragmatische »rechte« Antworten denkbar.

Mao Zedong, seit November 1931 Vorsitzender des Rates der Volkskommissare der Chinesischen Sowjetrepublik, neigte zu einer eher großzügigen Behandlung der »reichen« Bauern, die als Bündnispartner wie als Garanten der Produktion nicht ohne Bedeutung waren. Er konnte sich bei seinem Urteil auf die genaue Kenntnis der ländlichen Gesellschaft dieses Teils Chinas stützen, die er 1930 durch eine gründliche Untersuchung im Landkreis Xunwu gewonnen hatte.[23] 1933 setzte er seine relativ gemäßigte Landreform gegen den schärferen Kurs seiner Gegenspieler in der Parteiführung durch, der von Moskau gestützten Gruppe der »28 Bolschewiken«. Entfesselter »Klassenkampf« wäre ohnehin nicht realisierbar gewesen. Die KPCh war auch in der Jiangxi-Zeit keine Kampforganisation der Dorfarmut. Viele ihrer Führer waren Intellektuelle der 4. Mai-Generation, die selber aus Oberschichtfamilien stammten. Auch in Jiangxi suchten sie den Kontakt zu reformerisch gesonnenen Mitgliedern der lokalen Elite, der dank eines ähnlichen kulturellen Hintergrundes um so viel einfacher herzustellen war als der zu den Bauern. Überall und immer während ihres langen Durchsetzungskampfes war die KPCh auf die Mitarbeit oder Duldung von Kräften angewiesen, die nicht zum revolutionären Kern der armen Bauern und der Arbeiter (wo gab es sie im Inneren Chinas?) gehörten: neben Teilen der lokalen Elite besonders Geheimgesellschaften, in denen wiederum Eliteangehörige Führungspositionen innehatten. Einwurzelung und Ausbreitung des Kommunismus ließen sich nicht durch revolutionäre Brachialaktionen, sondern nur durch ein feines, von Ort zu Ort anders gesponnenes Geflecht lokaler Allianzen sicherstellen.

In Jiangxi gelang eine solche Stabilisierung etwa vier Jahre lang. Dann kam die Katastrophe. Chiang Kai-shek hatte seine Truppen in vier »Einkreisungs- und Vernichtungsfeldzügen« gegen das Sowjetgebiet geführt. Ohne Erfolg. Bei seiner fünften Kampagne setzte er die ungeheure Zahl von 1,5 Millionen Soldaten ein und verwendete eine von deutschen Militärberatern ersonnene Strategie wirtschaftlicher Blockade und militärischer Strangulierung. Der durch Blockhäuser und Stacheldraht gesicherte Ring um die kommunistischen Gebiete wurde immer enger gezogen. Dagegen konnten Guerillataktiken, die auf Mobilität und der Umgehung des Feindes beruhten, wenig ausrichten.[24] Chiangs deutsche Kriegführung bewirkte den wirtschaftlichen Zusammenbruch im Sowjetgebiet; Hunger und Seuchen breiteten sich aus. Wie sollte ein erheblich reduziertes, von der Außenwelt isoliertes Gebiet auch zwei Millionen Einwohner und eine Armee von über 100 000 Mann ernähren? Jeder Dorfjunge, der zur Armee eingezogen wurde, fehlte auf dem Feld. Seit dem Frühjahr 1934 dachte die Führung deshalb im Geheimen über eine Evakuierung der Basis nach. Nachdem dies im Grundsatz beschlossen worden war, blieben taktische und nicht zuletzt moralische Probleme: Wer durfte sich am Exodus beteiligen, wer mußte zurückbleiben und sich der Rache der Sieger unterwerfen? Im Morgengrauen des 16. Oktober verließen 86 000 Männer und 35 Frauen den kleinen Rest-Sowjet um Ruijin. 50 000 bis 60 000 davon waren Soldaten, die übrigen Parteifunktionäre und Lastenträger. Der später legendäre Lange Marsch hatte begonnen. Man weiß, daß er erfolgreich ausging, und mag versucht sein, ihm eine heroische Zwangsläufigkeit zuzusprechen. Im Oktober 1934 war er ein verzweifeltes Wagnis.

Zurück blieb eine schwache Nachhut von besonders guten Kennern der Gegend, in ganz Südchina etwa 45 000 Mann. Sie lieferten der GMD in den folgenden Jahren einen heldenhaften Abwehrkampf. Zurück blieben auch Verkrüppelte und Verwundete, die Arbeiter der Rüstungsfabriken, Frauen, Kinder, Alte – die Familien auch vieler Parteiführer. Selbst die gemäßigte Landrevolution in Jiangxi war, wie nach Mao Zedongs berühmtem Wort von 1927 die Revolution überhaupt, »kein Bildermalen, keine Stickerei« gewesen[25], doch die Ausmerzung der Sowjet-Spuren übertraf sie an Brutalität. Es wiederholten sich die Szenen, die sich 1928 bei der Vernichtung des Hai-Lu-feng-Sowjets abgespielt hatten. Die KP-Führung selbst war um Haaresbreite entkommen, weil Zhou Enlais (1898–1976) Strategie, den Belagerungsring an einer schwachen Stelle im Südwesten zu durchbrechen, den Gegner überrumpelte. Aber die Partei hatte es nicht vermocht, die Mehrheit derjenigen zu schützen, die unter ihrer Anleitung die Landrevolution vorangetrieben und von ihr profitiert hatten. Das in Jahren angesammelte Loyalitätskapital war verspielt. Keine strukturgeschichtliche Analyse der Tiefenursachen der chinesischen Revolution kann darüber hinwegtäuschen, daß das Schicksal des Kommunismus in China 1934/35 erneut, wie schon von 1927 bis 1929, auf des Messers Schneide stand.

370 Tage nach dem Aufbruch, am 20. Oktober 1935, erreichten Mao Zedong und 8000 weitere Überlebende (darunter Deng Xiaoping) den Ort Wuqizhen im Norden der Provinz Shaanxi, wo sie von lokalen Guerillas empfangen wurden. Sie hatten bei ihrem Zug durch zwölf verschiedene Provinzen den Widerstand von Warlord-Armeen und Chiang-Truppen, die Luftangriffe von GMD-Fliegern und die Attacken feindseliger Nicht-Han-Völker überstanden; sie hatten zwei Dutzend reißende Flüsse und achtzehn hohe Bergmassive überwunden, von denen fünf mit ewigem Schnee bedeckt waren; sie hatten die tückischen Sümpfe von Gansu durchquert. Nach 9000 Kilometern zu Fuß waren sie in prekärer Sicherheit.[26] Während des Langen Marsches war Mao Zedong zum *primus inter pares* innerhalb der kollektiven Parteiführung aufgestiegen; die Parteispitze trat nun geschlossener denn je seit der Ablösung Chen Duxius als Generalsekretär im Jahre 1927 auf.[27] Dennoch schien die kommunistische Bewegung in China auf den Nullpunkt von Jinggang-Shan zurückgeworfen zu sein. Ende Dezember 1936 verlegte die Parteiführung ihr Hauptquartier in das Städtchen Yan'an, etwa 150 Kilometer südlich der Großen Mauer. Die Rote Armee war nun etwa 20000 Mann stark. Aber sie wurde auf allen Seiten von zehnfach überlegenen Nationaltruppen und Warlord-Verbänden bedrängt. Chiang Kai-shek bereitete den Todesstoß vor. Er hatte im Zuge der Kampagnen gegen die Kommunisten seine militärische Stellung in Mittel- und Westchina stärken und zahlreiche der in dieser Gegend verbliebenen Warlords ausschalten können und war nun im Begriffe, sich zum Herrn ganz Chinas südlich der japanischen Einflußzone zu machen. Die Vernichtung der KPCh schien nichts als eine Frage der Zeit zu sein.

Widerstand und Expansion: 1937 bis 1945[28]

Seit den ultimativen »Einundzwanzig Forderungen« an Präsident Yuan Shikai von 1915 hatte Japan eine Politik der Aggression gegen China betrieben, die von Phasen eines milderen Vorgehens immer nur zeitweilig unterbrochen wurde.[29] Die 30. Mai-Bewegung von 1925 fiel in eine solche Zwischenperiode, so daß Großbritannien den chinesischen Demonstranten vorübergehend als die bedrohlichere imperialistische Macht erscheinen konnte. Spätestens der Überfall auf die Mandschurei im September 1931 und der Angriff auf Shanghai Anfang 1932 stellten aber zweifelsfrei klar, daß mittlerweile die mit Abstand gefährlichste Bedrohung Chinas von einem Japan ausging, das sich auch durch die (freilich nicht deutlich genug artikulierte) Mißbilligung der Westmächte nicht von seiner Expansion auf dem asiatischen Kontinent abbringen ließ. Die Mandschureikrise von 1931/32 war eine große Affäre der internationalen Diplomatie. Für China bedeutete sie den Auftakt zum verlustreichsten Krieg seiner neuzeitlichen Geschichte. Nach der Proklamation des international nicht anerkannten Marionettenstaates »Mandschukuo« im März 1932 gab Japan keine Ruhe. Durch eine Politik der Nadelstiche, der Infiltration und der Erpressung gelangte erst die Innere Mongolei, dann ein immer größerer Teil Nordchinas unter faktische japanische Kontrolle. Mitte 1935 mußte Chiang Kai-sheks Nationalregierung die wichtige Provinz Hebei mit Peking den Japanern überlassen.[30] Der Anti-Japanische Verteidigungskrieg (so die chinesische Bezeichnung) begann, als sich Chiang Kai-shek Ende Juli 1937 endlich entschloß, der neuesten in einer langen Reihe japanischer Provokationen militärisch entgegenzutreten.[31]

Der Krieg rettete den Kommunismus in China vor einer Randexistenz oder gar völliger Vernichtung. Waren die Kommunisten am Vorabend des Krieges wenig mehr als ein kleiner Trupp von 40 000 bewaffneten Flüchtlingen, die im abgeschiedenen, unfruchtbaren und ärmlichen Lößland des Nordwesten über eine Bevölkerung von etwa 1,5 Millionen Menschen geboten, so zählte die Partei zum Zeitpunkt der Kapitulation Japans Anfang September 1945 2,7 Millionen Mitglieder und regierte in neunzehn Basisgebieten hundert Millionen Menschen, ein Fünftel der Bevölkerung Chinas. Ihre militärische Stärke war auf mehr als eine Million kampferprobter Soldaten angewachsen.[32] Viele Menschen außerhalb der Basisgebiete sahen in der KPCh die beste Sachwalterin ihrer Interessen. Wie war es zu diesem Aufstieg gekommen?

Bereits vor Kriegsbeginn war der KPCh der politische Ausbruch aus ihrer Isolation gelungen. Die japanische Okkupation der Mandschurei im Herbst 1931 hatte die nationalistische Stimmung in der chinesischen Öffentlichkeit angefacht; jeder weitere aggressive Akt Japans während der folgenden Jahre trug zur Erbitterung unter der politisch denkenden Bevölkerung bei. Hauptträger dieses anti-japanischen Protests waren Studenten und andere Intellektuelle. Sie ließen sich durch die Zensur in den GMD-Gebieten nicht davon abhalten, ihrem Mißfallen gegenüber Chiang Kai-sheks Politik, zunächst den Kommunismus zu unterdrücken und sich dann erst Japan entgegenzustellen, Ausdruck zu verleihen. In Shanghai bildete sich eine »Bewegung zur nationalen Rettung«, der Künstler und Wissenschaftler, Bankiers und Unternehmer angehörten. In Peking demonstrierten am 9. Dezember 1935 Tausende von Studenten gegen das *appeasement* Japans; ein brutales Vorgehen der Ordnungskräfte konnte eine ähnliche Demonstration sieben Tage später nicht verhindern. Die »9. Dezember-Bewegung« wurde zehn Jahre nach der 30. Mai-Bewegung zum Fanal für eine neue politisierte Studentengeneration. Viele ihrer Aktivisten schlossen sich nach Kriegsausbruch den Kommunisten in Yan'an oder der nationalen Notuniversität (*Lianda*) im relativ freiheitlichen Kunming (Provinz Yunnan) an.[33] Es hatte seinen Grund, daß die japanische Armee die Universitäten mit besonderem Ingrimm zerstörte.

Auch innerhalb des Militärs, das immer noch eher einer Föderation von Regionalstreitkräften als einer einheitlich durchstrukturierten Truppe glich, wuchs die Unzufriedenheit mit Chiangs Nachgiebigkeit gegenüber Japan. Patriotische Kräfte, vor allem die 1931/32 aus der Mandschurei nach Nordchina vertriebenen Verbände unter dem »Jungen Marschall« Zhang Xueliang sowie die Militärherrscher der Provinz Guangxi folgten Chiang nur noch mit wachsendem Widerstreben. Eine kompromißlos anti-japanische Position vertraten die Kommunisten. Die Sowjetregierung in Ruijin hatte schon 1932 in einem Akt vorläufig folgenloser Symbolik Japan den Krieg erklärt. In Yan'an war sie der japanischen Militärpräsenz erheblich näher gerückt, doch wäre ein einseitiges Vorgehen ohne innenpolitische Rückendeckung selbstmörderisch gewesen. Allmählich und nicht ohne starke Vorbehalte freundete sich die KPCh-Führung mit dem Gedanken einer Einheitsfront mit »bürgerlichen« Kräften an, der im Sommer 1935 vom 7. Weltkongreß der Komintern als Bestandteil einer weltweiten Strategie zur Eindämmung von Faschismus und Expansionismus lanciert worden war.[34]

Der Xi'an-Zwischenfall, eines der folgenschwersten Ereignisse in der neueren Geschichte Chinas, brachte die Dinge zur Entscheidung.[35] Am 9. Dezember 1936 nahm Zhang Xueliang in der Stadt Xi'an seinen Generalissimus Chiang Kai-shek in Gewahrsam, um ihn zum Kampf gegen Japan zu zwingen. Die KPCh, mit der Zhang in Verbindung stand, war in den Coup nicht eingeweiht, wurde aber an den nun folgenden Verhandlungen beteiligt. Dabei stellte sich heraus, daß fast alle seiner früheren Feinde um Chiangs Leben und Sicherheit bemüht waren; er allein konnte das einigende Symbol des nationalen Widerstandes sein. Chiang weigerte sich standhaft, schriftliche Versprechungen abzugeben und konnte am Weihnachtstag nach Nanjing zurückfliegen. Es war aber klar, daß er implizit sein Einverständnis zu einem härteren Kurs gegenüber Japan und zur Beendigung des Kriegszuges gegen die Kommunisten gegeben hatte. Der Gesprächskontakt riß seitdem nicht ab. Sofort nach Kriegsbeginn nahm die Anti-Japanische Nationale Einheitsfront, deren Grundlagen zwei Monate zuvor ausgehandelt worden waren, konkrete Gestalt an.

Die Zweite Einheitsfront unterschied sich von der Ersten der Jahre von 1923/24 bis 1927 dadurch, daß die KPCh in der Kontrolle eigener Territorien und Streitkräfte bestätigt wurde. Die Rote Armee in Nordchina wurde als »8. Armee« in die nationalen Streitkräfte eingegliedert; die Überlebenden der Jiangxi-Sowjetperiode in Mittelchina kamen nun aus ihren Bergverstecken hervor und bildeten die »Neue 4. Armee«. Die Sowjetregierung in Yan'an wurde zur Regierung der »Shaanxi-Gansu-Ningxia-

Grenzregion« (»Shaan-Gan-Ning«) umgestaltet und von der GMD zwar nicht offiziell anerkannt, aber doch als bedauerliche Tatsache geduldet. Die Einheitsfront war alles andere als eine Koalitionsregierung der nationalen Einheit. Sie war ein unbefristetes Stillhalteabkommen, das den Bürgerkrieg auf Eis legte. Jede Seite mußte der anderen Zugeständnisse machen. Die KPCh hatte erreicht, daß ihre Truppen nicht unter fremdes Kommando gerieten, Chiang sie also nicht in aussichtslosen Konfrontationen mit der übermächtigen japanischen Militärmaschine aufreiben konnte. Umgekehrt kam die KPCh in vieler Hinsicht der GMD entgegen, um die schlimmstmögliche Wendung der Dinge zu verhindern: einen Frieden zwischen Chiang Kai-shek und den Japanern, der die KP vermutlich zum hilflosen Opfer degradiert hätte.

Aus der Sicht der Parteiführung kam der Einheitsfront noch eine weitere Bedeutung zu: Unter dieser Parole ließen sich auf allen Ebenen bis hinunter in die Dörfer Bündnisse mit einem breiten sozialen Spektrum rechtfertigen. So wurde ein gesellschaftlicher Burgfrieden möglich, von dem nur »Landesverräter« und aggressiv antikommunistische Mitglieder der Lokalelite ausgeschlossen wurden. Allgemeiner gesagt: Die Einheitsfront war eine Art von politischer Methode, die es erlaubte, in jeder Konstellation drei Elemente zu identifizieren: die Partei und ihre verläßlichen Anhänger, ein großes Mittelfeld der gutwilligen Patrioten und schließlich die unverbesserlichen Feinde. Dies war ein überaus flexibles Schema von ebensolcher Schlichtheit wie Nützlichkeit.

Zu den Nebeneffekten der Einheitsfront gehörte schließlich, daß der Druck auf die Kommunisten im restlichen China gelokkert wurde. Sie besaßen nun größere Möglichkeiten, die chinesische wie die internationale Öffentlichkeit anzusprechen, und nutzten sie virtuos. Nach Kriegsbeginn wurde die KPCh erstmals seit 1927 wieder zu einem Faktor nationaler Politik. Einer internationalen Öffentlichkeit wurde sie bekannt, als der amerikanische Journalist Edgar Snow 1937 sein Buch ›Red Star over China‹ veröffentlichte, eine von Sympathie durchdrungene und mitreißend geschriebene Reportage aus Yan'an, das Snow als einer der ersten westlichen Ausländer besuchen konnte.[36] Das Bild

Mao Zedongs als des eigenwilligen Philosophen und volksverbundenen Streiters für eine gerechte Sache, das vor allem in den USA bis zum Beginn der Verketzerung »Rotchinas« im beginnenden Kalten Krieg maßgeblich war, geht vor allem auf Snows journalistisches Meisterwerk zurück. Während in Yan'an Mao Zedong, seit 1942 endgültig der unbestrittene Führer der Partei, den Kurs steuerte, war es ein anderer Revolutionär der ersten Stunde, der die Beziehungen zur GMD mit Geschmeidigkeit und Sinn für propagandistischen Effekt gestaltete: Zhou Enlai, der sein diplomatisches Talent schon während der Ersten Einheitsfront bewiesen hatte. Er war später ein Vierteljahrhundert lang Ministerpräsident der Volksrepublik China.

So war denn die Einheitsfront zwar keine hinreichende, aber doch eine notwendige Bedingung für die Expansion der KPCh während des Krieges. Von Anfang an war sie durch Mißtrauen belastet. Chiang Kai-shek hielt langfristig an seinem Ziel der Bekämpfung des Kommunismus fest. Die KPCh ihrerseits verteidigte ihre Unabhängigkeit und betrieb den Ausbau eigener Staatsstrukturen. Dennoch brachten beide Seiten zunächst ein erstaunliches Maß an pragmatischem guten Willen auf. Die ersten beiden Jahre des Krieges sahen eine friedliche Koexistenz der alten Bürgerkriegsgegner, die dem schwächeren Partner, der KPCh, viel Raum zur Entfaltung ließ. 1940 bauten sich Spannungen auf, und ab 1941 kam es zu Zusammenstößen zwischen GMD- und KPCh-Truppen. Schon 1939 hatte die GMD eine ökonomische Blockade über die Shaan-Gan-Ning-Basis verhängt. Mit der Zeit stellte sich eine Art natürlicher Abgrenzung von Einflußzonen ein: Während die KPCh kaum noch Anstrengungen unternahm, sich in GMD-Gebiet südlich des Yangzi festzusetzen, verflüchtigte sich der GMD-Einfluß im japanisch besetzten Nordchina. Dort konnten sich dank Stützpunktausbau und Guerillakrieg nur die KPCh und ihre Truppen behaupten.

Bildete die Einheitsfront den politischen Rahmen für die Aktivitäten der KPCh während des Krieges, so wurde ihr militärisches Schicksal vom allgemeinen Kriegsverlauf bestimmt. Es wäre allerdings frivol, den Krieg von 1937 bis 1945 vornehmlich als eine Etappe auf dem Weg der KPCh zur Macht zu betrachten.

Denn eines war er vor allen anderen Dingen: eine ungeheure Tragödie für das chinesische Volk. Der Verlust von Menschen war gigantisch: China verlor über drei Millionen Soldaten und achtzehn Millionen Zivilisten. Es stand damit hinter der Sowjetunion und ihren 25 Millionen Toten mit weitem Abstand vor allen anderen Nationen an zweiter Stelle in der Statistik der Leidtragenden des Zweiten Weltkriegs – weit vor dem Aggressor Japan, auf dessen Seite zwei Millionen Menschen starben.[37] 95 Millionen Chinesen wurden zu Flüchtlingen; in den am schwersten betroffenen Provinzen in Nord- und Mittelchina verloren mehr als 40 Prozent der Bevölkerung ihr Obdach. Der Krieg wurde mit beispielloser Grausamkeit geführt. Auf beiden Seiten wurden nur wenige Gefangene gemacht. Die Kaiserliche Japanische Armee ignorierte die Bestimmungen des Kriegsvölkerrechts. Sie richtete grauenhafte Gemetzel an der Zivilbevölkerung an und ließ unbeschreiblich sadistische medizinische Experimente an chinesischen und amerikanischen Gefangenen anstellen. Selbst nach einer ordnungsgemäßen Kapitulation wurden chinesische Soldaten massenhaft gefoltert und massakriert.

Chiang Kai-sheks vielgeschmähte Politik, die Konfrontation mit Japan hinauszuzögern, entbehrte nicht eines rationalen Kerns. Auch 1937 war die chinesische Armee auf den Krieg gegen Japan noch nicht vorbereitet. Jahrzehntelange Militarisierung hatte China zwar zum Abladeplatz für den Militärschrott der halben Welt werden lassen[38], ihm aber nicht die waffentechnischen Mittel für eine erfolgreiche Landesverteidigung in die Hand gegeben. Heldenhafter Widerstand in vielen einzelnen Situationen hinderte die Japaner nicht daran, große Teile Chinas buchstäblich zu überrollen. Sie verfügten über die besseren Waffen, über gründlicher trainierte Soldaten, überlegene Planung, Organisation und Logistik und sogar über akkuratere Karten des chinesischen Terrains. Auf chinesischer Seite herrschten vielfach Kopflosigkeit und Chaos; Stabsarbeit und Koordination waren heillos unterentwickelt, und es fehlte ein durchsetzungsfähiges nationales Oberkommando. Selbst die Kunst des geordneten Rückzugs war wenigen Befehlshabern geläufig. Da es kaum einen medizinischen Dienst gab, gingen Verwundete elend auf den Schlachtfeldern zugrunde. Ein nicht unbeträchtlicher Teil der

Verluste auf GMD-Seite resultierte aus militärischer Inkompetenz. Taktisch unsinnig war auch Chiang Kai-sheks Entscheidung, im Juni 1938 die Deiche des Gelben Flusses zu zerstören, um den Japanern den Weg zu versperren. 900 000 Menschen ertranken dabei, 3 500 Städte und Dörfer versanken in den Fluten. Unter den Überlebenden fand die KPCh leicht Anhänger.[39]

Zum Glück war der politische Widerstandsgeist der Führung nicht zu erschüttern. Zweifel waren möglich an Chiang Kai-sheks militärischem Talent, aber nicht an seinem Patriotismus. Die japanische Armee hatte zu Beginn des niemals erklärten Krieges damit gerechnet, Drohungen und chirurgische Manöver würden genügen, um die GMD-Regierung mürbe und zur Hinnahme eines Waffenstillstandsdiktats bereit zu machen. Als dies nicht eintrat, erwartete man spätestens nach der Einnahme (und entsetzlichen Verwüstung) der Hauptstadt Nanjing im Dezember 1937 eine Kapitulation Chiang Kai-sheks. Doch Chiang floh mit seiner Regierung zunächst nach Wuhan und dann in die natürliche Festung Sichuan, wo er Chongqing zur Kriegshauptstadt von »Free China« erklärte. Auf dem Höhepunkt ihrer Präsenz hatte die japanische Armee 560 000 Mann in China südlich der Großen Mauer im Einsatz. Manche Beobachter zogen Parallelen zu Napoleons »spanischem Sumpf«.

Als im Oktober 1938 nach dem Fall der Metropolen Kanton und Wuhan die japanische Angriffswelle zum Stillstand kam, lag dies daran, daß Japan damit seine strategischen Ziele fürs erste erreicht hatte. Es kontrollierte nun die gesamte nordchinesische Ebene bis zu einer Linie knapp südlich des Yangzi sowie die bergige Provinz Shanxi. Alle wirtschaftlichen Zentren Vorkriegschinas waren besetzt; nach dem Überfall auf Pearl Harbor am 7. Dezember 1941 wurden auch die beiden bis dahin ausgesparten »Inseln« Hongkong und das International Settlement in Shanghai im Handstreich genommen. Seit Herbst 1938 reichte das Okkupationsgebiet westlich bis etwa hundert Kilometer an die KPCh-Hauptstadt Yan'an und etwa fünfhundert Kilometer an den zu Lande uneinnehmbaren GMD-Sitz Chongqing heran. Daran änderte sich im Verlaufe eines fünfeinhalbjährigen Stellungskrieges wenig, bis Japan, im Pazifik bereits auf dem erzwungenen Rückzug, im April 1944 eine gewaltige Offensive (»Operation

Ichigo«) startete. Zweck der Aktion war es, angesichts der amerikanischen Überlegenheit zur See eine durchgehende Landverbindung von Korea bis Vietnam herzustellen sowie die Flugplätze in Süd- und Südwestchina zu zerstören, von denen aus US-Bomber Taiwan, die Stahlwerke von Mandschukuo, die Ölraffinerien auf Sumatra und sogar die japanische Südinsel Kyushu bedrohten. Mit dem Erfolg dieser Operation war das Maximum der japanischen Eroberungen in China erreicht. Mehr als eine halbe Million chinesischer Soldaten starben bei dem Versuch, die Großoffensive abzuwehren. Darunter waren einige der letzten Elitetruppen, die Chiang Kai-shek noch in Reserve gehalten hatte. Die Ichigo-Offensive schwächte Chiang beträchtlich, auch wenn gerade dies den Japanern nicht recht sein konnte, fürchteten sie doch ein künftiges kommunistisches China mehr als eines unter der Herrschaft der GMD. China erhielt bis 1939 militärische Hilfe von der Sowjetunion und während des Pazifischen Krieges von den USA. Aus alliierter Sicht war es eine willkommene Entlastungsfront, nicht mehr als das. Japan wurde nicht in China besiegt.

Der Japanisch-Chinesische Krieg endete am 2. September 1945 förmlich mit der Kapitulation der kaiserlichen Truppen. Aber es gab paradoxerweise auf dem chinesischen Schauplatz keine klaren Sieger und Verlierer. Die chinesische Seite hatte acht Jahre lang nahezu jede Schlacht verloren; niemals kam es zu einem chinesischen Stalingrad. Dennoch hatte sie nicht kapituliert und von mehreren Zentren, vor allem Chongqing und Yan'an, aus reguläre Regierungsfunktionen ausüben können. Japan wiederum war im chinesischen Felde unbesiegt geblieben; allein die Niederlage im pazifischen Seekrieg sowie die Atombombenabwürfe vom August 1945 hatten es in die Knie gezwungen. Doch hatte es während des gesamten Krieges zwei Fünftel seiner militärischen Macht in China binden müssen. Der chinesische Widerstand zwang Japan zu einer Zersplitterung seiner Kräfte, die immer problematischer wurde. Es fand sich in China in der Situation eines unüberwindlichen, aber gefesselten Gulliver.

Den Japanern war es nicht gelungen, ihre Ideallösung durchzusetzen: eine Verwaltung jener Gebiete Chinas, die für eine wirtschaftliche Ausbeutung am attraktivsten waren, durch verläßliche einheimische Kollaborateure. Es erwies sich als außerordentlich schwierig, solche Kollaborateure zu finden; der einzige wirklich prominente Politiker, der sich den Invasoren zur Verfügung stellte, war Wang Jingwei (1883–1944), einer der engsten Vertrauten Sun Yat-sens und 1938 Vizepräsident der GMD. Ihn trieben sein Ehrgeiz, seine Feindschaft zu Chiang Kai-shek und anscheinend auch die Hoffnung, mäßigend auf die Besatzungsmacht einwirken zu können. Wenn einmal Kollaborateure gefunden waren, stellten sie sich meist – Wang bildete keine Ausnahme – als schwache und ziemliche nutzlose Figuren heraus, die allein keine funktionierende Zivilverwaltung auf die Beine stellen konnten. Die japanische Armee kam auch deshalb um eine direkte Sicherung der eroberten Gebiete nicht herum, weil es sich bei den »Marionettentruppen« (*weijun*), die von GMD-Seite zu ihnen überliefen (Schätzungen schwanken zwischen 680 000 und 1 Million Mann), meist um Überreste aus der Warlord-Zeit handelte, die zu wenig mehr taugten als zur Terrorisierung der Bevölkerung und zu Hilfsdiensten beim Schutz von Garnisonen und Eisenbahnlinien gegen Guerillaangriffe.[40]

Guerillakämpfer vermochten den Krieg nicht zu entscheiden; sie siegten nicht in dem Sinne über einen mörderischen imperialistischen Koloß, wie dies 1975 die vietnamesischen Vietcong taten. Guerillaaktionen hatten aber einen erheblichen Irritationswert. Sie ließen den Gegner nicht zur Ruhe kommen, gaben ihm ein Gefühl dauernder Unsicherheit, gefährdeten seine Nachschubwege und Kommunikationslinien und erhöhten das Risiko der Kollaboration. Die Möglichkeit eines Guerillakampfes in großem Stil ergab sich daraus, daß die japanische Armee das besetzte Gebiet nicht in seiner ganzen Fläche kontrollieren konnte.[41] Sie hatte in der Regel die Kreisstädte fest im Griff und bemühte sich mit großem Aufwand um die Sicherung von Eisenbahnlinien und Hauptstraßen. Von dort aus unternahmen motorisierte Stoßtrupps Expeditionen in nahegelegene Dörfer, um Nahrungsmittel zu requirieren, die Bevölkerung zur Zwangsarbeit zu verschleppen und sie durch Terror einzuschüchtern. Die Japaner waren nur in begrenztem Sinne eine Ordnungsmacht. Sie bildeten *einen* Faktor innerhalb einer militarisierten Anarchie, die das Chaos der Vorkriegszeit fortsetzte. Ein weiterer Faktor waren die Partisanen. Sie waren Spezialisten darin, die Anarchie auszunutzen.[42]

Der Guerillakampf bedurfte als mentaler Grundlage keines tief verwurzelten »Bauernnationalismus«, der gewiß weit verbreitet war.[43] Die Guerilla knüpfte vielmehr an ein elementares bäuerliches Schutzbedürfnis an. Dies war weniger unproblematisch, als es klingen mag. Die Bauern erwarteten Schutz etwa vor den Übergriffen der japanischen Armee. Sie waren dafür bereit, den Kämpfern zu helfen: sie zu versorgen, zu verstecken, zu informieren und ihnen ihre Söhne anzuvertrauen. Aber dann hatten sie auch ein Recht auf Schutz vor japanischen Vergeltungsaktionen. Die Gründlichkeit japanischer Anti-Guerillamaßnahmen wurde zu einem großen Problem. Nicht immer entsprach Mao Zedongs berühmtes Bild von den Partisanen, die sich unter dem Volk wie Fische im Wasser bewegen, der Realität. Es gab die fatale Möglichkeit, das Wasser abzulassen, um die Fische zu fangen.

Die Eroberungsphase zwischen Juli 1937 und Oktober 1938 war für die Zivilbevölkerung in den betroffenen Gebieten schlimm genug gewesen. Die folgende Phase der kaum noch beweglichen Fronten war in vielen Gegenden Nordchinas noch unerträglicher. Auf den Guerillakampf, den die 8. Armee nun hinter ihren Linien begann, reagierten die Besatzer mit systematischer und vollkommen schonungsloser Repression. Die Japaner selbst sprachen von der Politik der »Drei Beseitigungen«: Alles Getreide, alle Zugtiere, alle Menschen, die den Guerilla nützlich sein könnten, sollten vernichtet werden. Die *resistance* machte daraus das Schlagwort von der »Drei-Alles-Strategie«: alles töten, alles plündern, alles verbrennen. Was das bedeutete, vermag ein keineswegs untypisches Beispiel zu zeigen: Im Landkreis Pingshan in West-Hebei, einem Zentrum des Guerillakrieges, in dem 1931 236 000 Menschen gelebt hatten, wurden zwischen dem Kriegsbeginn 1937 und dem Ende des Jahres 1942 60 000 Häuser niedergebrannt, 5 000 Menschen bei »Säuberungsaktionen« getötet und 20 000 verschleppt, 39 000 Tonnen Getreide zerstört und 10 Prozent der Ackerfläche unbrauchbar gemacht.[44]

Die Repression konnte mitunter so stark werden, daß Guerillakommandeure ihre Kampfgruppen zurückzogen und ländliche

Gebiete schutzlos den Japanern und ihren Kollaborateuren preisgaben. Dies führte – ähnlich wie in Jiangxi nach der Aufgabe des Sowjetgebietes 1934 – zu einem Verlust des Vertrauens in Armee und Partei, das später nur schwer wiederherzustellen war. Die Guerilleros lernten, wie wichtig es war, das Risiko für die Zivilbevölkerung zu minimieren. Hohe Emotionen wie Haß auf den Feind, Rache für früheres Unrecht oder Enthusiasmus für Nation und Revolution stießen mit den elementareren Affekten der Furcht vor Tod und Schmerz zusammen. Nicht jeder chinesische Bauer wollte ein Held sein. Um dauerhafte Unterstützung zu gewinnen, war es für die Partisanen nötig, mit taktischer Vorsicht und psychologischem Feingefühl zu Werke zu gehen. Volkskrieg beruht auf der Gegenseitigkeit von Volk und Kriegern. War der Druck des Gegners zu stark und fehlten Basisgebiete als stabile Kraftquellen, dann blieb kein Raum mehr für die Harmonie von Wasser und Fisch. Unter solchen Umständen vernichteten die Japaner nach 1937 die Guerilla in der Mandschurei.[45]

Daß die kommunistische Guerilla angesichts solch außerordentlicher Schwierigkeiten überlebte, Unterstützung fand und nach 1942 ihren Operationsbereich sogar merklich erweitern konnte, spricht für die Sorgfalt ihrer Organisation und die Hingabe ihrer Kämpfer. Dies war nicht selbstverständlich. Es gab auch Partisanen unter GMD-Ägide, vor allem in der Provinz Shandong, die gegen Japaner und KPCh kämpften. Sie scheiterten daran, daß sie ihren Auftrag rein militärisch definierten und gegenüber der Bevölkerung die fordernde, ja, räuberische Haltung einnahmen, die auch sonst für viele Nationaltruppen (wie zuvor für die Warlord-Armeen) charakteristisch war: Hilfe durch die Dörfler wurde nicht als Geschäft auf Gegenseitigkeit verstanden, sondern als erzwingbare Pflicht; das Verhältnis von Soldaten und Zivilisten wurde nicht als ein partnerschaftliches, sondern als eines der Unterordnung gesehen.[46] Auf solcher Grundlage war Guerillakrieg zum Scheitern verurteilt.

Die Erfolge der KPCh während des Krieges verdanken sich einer Vielzahl von Faktoren. Zu diesen gehört die Führung durch Mao Zedong. Das Bild des historischen Mao ist durch eine absurde Legendenbildung, eine Geschichtsklitterung, an der er selbst schon früh mitwirkte, durch seine verhängnisvolle Politik während des »Großen Sprungs nach vorn« (1958–1960) und der »Kulturrevolution« sowie durch die Entmaoisierung nach 1978 bis zur Unkenntlichkeit verstellt. Mao, der auf dem 7. Parteitag im April 1945 seine Apotheose als kultisch verehrter Führer der Partei und Quelle tiefster revolutionärer Weisheit erfuhr, war ohne Zweifel kein tiefgründiger marxistischer Theoretiker (wenngleich immerhin ein profunderer als Stalin). Seine kanonischen »philosophischen« Schriften und die einiger anderer Architekten des »Mao-Zedong-Denkens« lassen sich plausibel als Chiffrierungen politischer Richtungskämpfe entschlüsseln.[47] Es ist nicht schwer, Mao als unoriginellen, teilweise sogar plagiatorischen Autor zu entlarven. Damit ist über seine historische Leistung allerdings wenig gesagt. Mao bewährte sich in den mehr als zwei Jahrzehnten zwischen 1927 und 1949 als ein Machtstratege ersten Ranges. Er täuschte sich selten über die Absichten und Motive seiner Gegner innerhalb wie außerhalb der Partei und war ein Meister in der Anwendung taktischer Situationsanalyse.[48] Unter allen maßgebenden chinesischen Politikern während der ersten Hälfte des 20. Jahrhunderts kannte er die chinesischen Bauern am besten. Er war von ihrer revolutionären Kraft nicht nur theoretisch überzeugt, sondern hatte sie praktisch erfahren. Sein wichtigster Beitrag zur Strategie der Revolution lag in der Verbindung von drei Prinzipien: Guerillakrieg, Landrevolution und »Massenlinie« (*qunzhong luxian*).

Das dritte dieser Prinzipien ist die wichtigste konzeptionelle Neuerung des chinesischen Kommunismus in der Phase seiner Machteroberung. »Massenlinie«, wie Mao sie 1943 verbindlich formulierte[49], ist eine Methode politischer Führung, die ständig auf die Wünsche, Stimmungen und Ansichten der »Massen« achtet und auf sie Rücksicht nimmt. Dies geschieht nicht durch demokratische Verfahren, sondern durch die trainierte Aufmerksamkeit der Parteikader. Die höheren Parteiorgane haben die Aufgabe, die Massenstimmung zu bündeln, zu läutern, sie mit allgemeinen Orientierungen der Partei in Beziehung zu bringen und sie in Parolen und Weisungen umzusetzen, die dann wieder in die Massen hineingetragen werden. Die »Massenlinie«, so wie Mao sie versteht, stellt den Kontakt zwischen politischer Führung und den einzelnen Dorfbewohnern her: eine Neuerung in der chinesischen Geschichte, an die auch Sun Yat-sen und die vorkommunistischen Revolutionäre nicht dachten. Sie ist das Gegenteil von bürokratischer Elitenpolitik, die über die Köpfe der Mehrheit hinweg beschlossen und ausgeführt wird. An die Stelle des Mandarins tritt der Kader, der einerseits der Disziplinargewalt der Führung unterliegt, andererseits aber einen großen Handlungsspielraum bei der situationsangemessenen Ausübung seiner Aufgabe als Vorbild und örtliche Führungspersönlichkeit in Anspruch nehmen darf. Die Massenlinie wird nicht nur in der Partei selbst praktiziert, sondern erstreckt sich auch auf ihr verbundene Massenorganisationen. Sie wirkt auf die Gesellschaft in Gestalt zentral initiierter Kampagnen ein. Soweit die Theorie.

Die »Massenlinie« ist nach westlichem Verständnis bestenfalls scheindemokratisch. Sie erkennt die Wünsche des Volkes an, nicht aber seine Souveränität und knüpft dabei insgeheim an die konfuzianische Maxime an, der ideale Beamte habe sein Amt zwar nicht im Auftrag des Volkes, aber doch in seinem Sinne auszuüben. Die Führungsrolle der Partei wird ebensowenig in Frage gestellt wie vordem die des Kaisers. Den Rahmen der politischen Diskussion bestimmt die Partei; die Massen dürfen sich nur innerhalb dieses Rahmens artikulieren. Gewiß konnte diese Theorie der »Massenlinie« ohne Mühe zur Rechtfertigung der Parteidiktatur, zur Manipulation der Massen und zur Ausgrenzung und Vernichtung von Gegnern herhalten – und tat dies bereits während der Yan'an-Periode. Auch damals schon wurden Wohlverhalten und Konformität nicht selten durch Einschüchterung und Terror erzwungen.[50] Mit der großen »Ausrichtungsbewegung« von 1942 bis 1945, die innerhalb der Partei mittels der später üblichen Methoden von Denunziation, Geständnis und öffentlicher Erniedrigung erfolgreich ideologische Orthodoxie erzwang, erreichte der Prozeß der Gleichschaltung der Intellektuellen, der bereits in den zwanziger Jahren begonnen hatte, seinen krönenden Abschluß. Der 4. Mai-Traum von der weltverändernden Kraft des unabhängigen Kritikers war ausgeträumt. Bei einem Gesamturteil ist freilich auch zu bedenken, daß die Bewegung niemals den exzessiven Charakter stalinistischer Säuberungen annahm und daß die Parteiführung das Problem, in einer extrem angespannten Kriegssituation unter Tausenden schnell rekrutierter Bauernkader Disziplin und politisches Bewußtsein zu verbreiten, mit milderer Pädagogik kaum hätte lösen können.

Die »Massenlinie« hatte eine Wirkung von größter Wichtigkeit: Sie begründete einen neuartigen Führungsstil von Kämpfer-Kadern, die nicht nur aus sicherer Distanz Befehle erteilten, sondern sich selbst ins Getümmel stürzten und bei der Arbeit Hand anlegten. So wurde unter den Ausnahmebedingungen des Krieges die alte Kluft zwischen kommandierender Elite und gehorchendem Volk radikal verringert. Der Guerillaführer war der Prototyp eines solchen Kaders, und seine heroische Zeit war der Widerstandskrieg von 1937 bis 1945. Die Kaderorganisation erlaubte, anders als der für die GMD charakteristische schwerfällige und selbstbezogene Bürokratismus, eine außerordentlich flexible Anpassung an lokale Umstände und sich rasch verändernde Kräfteverhältnisse. Sie war das wichtigste Mittel der Partei zur Mobilisierung der Bevölkerung. Daß die charismatische Führung durch Kader auf allen Ebenen schnell der »Veralltäglichung« (Max Weber) anheimfallen und zu bürokratischer Herrschaft erstarren kann, steht auf einem anderen Blatt. Der chinesische Kommunismus sollte diese Erfahrung bereits nach Kriegsende machen.

Die Hauptaufgabe der KPCh bestand während des Krieges darin, das eigene physische und politische Überleben zu gewährleisten und den Japanern möglichst großen Schaden zuzufügen. Dazu war es erforderlich, einen Staat und eine Armee aufzubauen und ohne Zugang zu den wirtschaftlich höher entwickelten Gebieten Chinas und zu ausländischer Hilfe die bescheidenen Ressourcen des eigenen Herrschaftsbereichs optimal zu nutzen. Schwäche mußte in Stärke verwandelt, eine vorsichtige oder apathische Bevölkerung für die aktive – nicht bloß erzwungene – Unterstützung der eigenen Ziele gewonnen werden. Daneben dürfen der Partei beziehungsweise vielen ihrer Mitglieder und Aktivisten genuin sozialreformerische Anliegen nicht abgesprochen werden: Die Ausbeutung der kleinen Produzenten, die Unterdrückung der Frauen, der kulturelle Rückstand der Bauern sollten vermindert und letztlich abgeschafft werden.

Um diese Ziele zu erreichen, war Mobilisierung nötig, vor

allem die Mobilisierung der Armen auf dem Lande. Sie erfolgte selten spontan, obwohl die Mythologie der Partei es gern so darstellte. Bereits Peng Pai hatte erfahren, daß die Bauern zur Revolte gedrängt werden mußten. *Selbst*mobilisierung war eine besondere Fähigkeit von Intellektuellen. Wie die Mobilisierung der »Massen« in Wirklichkeit aussah, wie die KPCh in ländlichen Milieus Nordchinas Unterstützung erwarb, läßt sich aus programmatischen Erklärungen über die »Massenlinie« nicht erkennen. Nur sehr genaue, lokal begrenzte Fallstudien, wie sie erst in jüngster Zeit unternommen worden sind, können darüber Aufschluß geben.[51]

Wenn KP-Kader mit radikalen Vorstellungen auf dem Lande erschienen, taten sie sich zunächst schwer, bei der Mehrheit der Bauern dafür Interesse zu wecken.[52] Daher mußten sie sich anfangs auf soziale Gruppen stützen, die die Theorie der Bauernrevolution für diese Aufgabe nicht vorgesehen hatte: das unterbäuerliche ländliche »Lumpenproletariat« und reformerisch-patriotisch gesinnte Kräfte innerhalb der lokalen Elite. Nationalistische Appelle hatten dort, wo man die japanische Armee noch nicht kennengelernt hatte, eine geringe Wirkung. Aufrufe zur Verbesserung der eigenen materiellen Lage sprachen die Bauern eher an, doch waren nordchinesische Bauern zurückhaltender als Peng Pais aufgebrachte Pächtermassen. Sobald die Mobilisierung gegen »ausbeuterische« Elemente im Dorf aber einmal gegriffen hatte, sobald es gelungen war, eine »Kampfversammlung« gegen einen besonders berüchtigten »üblen Grundherrn« zu organisieren, waren die Bauern schwer unter Kontrolle zu halten. Es war mühsam, ihnen begreiflich zu machen, daß die Attacken vor »reichen« Bauern und sogar vor patriotisch-reformerischer Gentry Halt zu machen hätten. Pächter fanden es oft schwer verständlich, daß sie sich mit der Senkung der Pacht statt ihrer völligen Abschaffung zufriedengeben sollten. Parteikader standen vor dem Dilemma, einerseits nur durch soziale und materielle Parolen die Bauern aktivieren zu können, andererseits aber deren revolutionären Drang sogleich mit dem Hinweis auf die Klassenharmonie unter der Einheitsfront wieder dämpfen zu müssen. Bauern, die sich »Linksabweichung« vorwerfen lassen mußten, erlahmten leicht in ihrem Enthusiasmus für die Revolution. Es war mindestens ebenso schwierig, eine Mobilisierungsdynamik in Gang zu halten und zu kanalisieren, wie sie auszulösen. Die Loyalität von Bauern für die Partei war niemals bedingungslos. Sie mußte gehegt und gepflegt werden.

Das alte bäuerliche Ethos der Gegenseitigkeit bestimmte weiterhin die Erwartungen. Zwar hat sich die These, die KPCh habe die durch Weltmarktkräfte und bösartige Grundherren zerstörte »moralische Ökonomie« der Dorfgesellschaft wiederhergestellt und in einer Art von Kollektivtherapie die alten Träume der chinesischen Bauern erfüllt, als haltlose Romantik erwiesen.[53] Doch es bleibt richtig, daß die Bauern für die Steuern und Dienste, die ihnen die Partei abverlangte, mit Gegenleistungen rechneten: Hilfe bei und Vorsorge gegen Naturkatastrophen, Versorgung der Familien von Soldaten und so weiter. Überaus wichtig war auch das Verhalten der Kader. Bei einer Bevölkerung, die den Staat bis dahin nur in Gestalt habgieriger Beamter kennengelernt hatte, gewann die KPCh Prestige durch rigoroses Sparen, das Fehlen von Korruption und die spartanische Lebensführung selbst hoher Funktionäre. Die Bevölkerung war zu Opfern bereit, wenn sie sah, daß sich damit nicht die Machthaber mästeten.

Oft waren Unterschiede in der Mobilisierbarkeit der einzelnen bäuerlichen Schichten kaum zu erkennen. Ohne Zweifel bildeten die vom Krieg Entwurzelten ein großes Potential für Partei und Armee. Landlose Arbeiter in den Dörfern hingegen waren häufig, aber keineswegs in jedem Falle rebellischer als Eigentumsbauern, und unter diesen waren es keineswegs stets die Ärmeren, die sich der Partei am ehesten zuwandten. Es trifft daher nicht zu, daß die Begeisterung für die KPCh notwendig um so größer wurde, je tiefer jemand in der gesellschaftlichen Hierarchie angesiedelt war. Generationenunterschiede spielten oft eine bedeutendere Rolle als soziale Differenzen. Daß am Ende des Krieges arme Bauern in Partei, Armee und Miliz überdurchschnittlich vertreten waren, spiegelte weniger deren revolutionären Eifer als eine bewußte Rekrutierungspolitik der Führung wider.

In welchem Maße die Partei nicht nur kurzfristig mobilisieren, sondern tiefer in die gesellschaftlichen Strukturen eingreifen konnte, hing selbstverständlich vom Grad ihrer politischen Kontrolle ab. Mehrere der Basisgebiete hinter der japanischen Front wurden von der Besatzungsmacht so heftig bedrängt, daß sich dort vor 1945 keine dauerhafte Verwaltung herauskristallisieren konnte. Ein Beispiel ist die Shanxi-Hebei-Shandong-Henan-Basis, in der Deng Xiaoping während des Krieges die politische Führung innehatte.[54] Die KPCh war in solchen Gebieten hauptsächlich durch ihre hochmobile Armee vertreten, konnte aber nur Rudimente einer Ziviladministration aufbauen. Am anderen Ende des Spektrums standen die konsolidierten Basisgebiete, allen voran Shaan-Gan-Ning mit Yan'an als Sitz des Hauptquartiers. Es lag außerhalb der japanischen Besatzungszone und konnte Invasionsversuche (nicht aber Bombardierungen) erfolgreich abwehren. Hier besaß die KPCh ein gefestigtes Gewaltmonopol und war in der Lage, komplexere staatliche Strukturen aufzubauen.

In Yan'an, das schwer unter der GMD-Blockade litt und unter besonders ungünstigen Naturbedingungen um sein Überleben kämpfen mußte, führte die Anwendung des charismatischen Führungsstils der »Massenlinie« zu vielbewunderten und später mythisierten Hochleistungen der Produktion, die auf ökonomisch gut durchdachter Nutzung aller Produktionsfaktoren beruhten.[55] Hier wurde auf Landrevolution verzichtet und ein reformerisches Einheitsfrontprogramm realisiert. An die Stelle der Konfiskation und Umverteilung von Grundherrenbesitz, wie sie während der Jiangxi-Periode praktiziert worden war, traten die Begrenzung von Pachtrente und Wucherzins, die Verringerung von Einkommensunterschieden durch progressive Besteuerung und die Weiterentwicklung älterer Ansätze von gegenseitiger Hilfe zu genossenschaftlichen Arbeitsformen. Marktverkehr wurde ausdrücklich ermutigt. Das Ergebnis war eine dynamische Welt alter und neu geschaffener »Mittelbauern«. In Yan'an wurde der »Feudalismus« der Grundherren vorsichtig zurückgedrängt und der »Kapitalismus« mittlerer und sogar reicher Bauern gefördert. Manches erinnert an die »rural reconstruction« des christlichen Erziehers James Yen oder an die Agrarpolitik der Volksrepublik nach 1979.

Das »Modell Yan'an« muß freilich in seinen Beschränkungen gesehen werden. Es war keine spontane Blüte bäuerlicher Kreativität, sondern ein Experiment, das im übergreifenden Interesse des Überlebens und der Staatsbildung kontrolliert ins Werk gesetzt wurde und jederzeit revozierbar war. Es hatte solch unappetitliche Seiten wie die Kultivierung von Opium für den Export, und es beruhte auf besonderen Voraussetzungen, die nur in dem engeren Gebiet um Yan'an gegeben waren und schon im Norden derselben Basisregion fehlten: dünne Besiedlung und damit Möglichkeiten für Neukultivation, wenige Grundherren und deshalb kaum »Ausbeutung«, ein geringer Prozentsatz landloser Dorfbewohner, eine überdurchschnittlich egalitäre Besitzverteilung schon vor dem Beginn der Reform. Das »Modell Yan'an« blieb ein Exotikum.[56]

Charakteristischer waren verschärfte Disharmonien auf dem Lande. Je mehr sich zum Kriegsende hin die Kontrolle der KPCh über ihre Basisgebiete festigte und je geringer die Gefahr wurde, daß die Lokalelite mit Japanern oder GMD zusammenarbeiten könnte, desto leichter ließ sie sich unter Druck setzen. Die alte ländliche Elite fand sich in einer unbequemen Zange zwischen den Bauern, die an Selbstbewußtsein gewonnen und vielfach ihren traditionellen Respekt vor Gentry und Klanältesten abgelegt hatten, und dem erstarkenden Staat, der sie im Zweifelsfall als einziger vor der bäuerlichen Wut schützen konnte. Auch wenn die Lokalelite in den kommunistischen Gebieten – von Kollaborateuren, »Dorfdespoten« und Kriminellen abgesehen – bei Kriegsende trotz Pachtbegrenzung und höherer Besteuerung weithin Leben, Eigentum und Status bewahren konnte, auch wenn Mao Zedong im April 1945 die »aufgeklärte Gentry« (*kaiming shenshi*) ausdrücklich zu den Stützen des »neudemokratischen« Systems rechnete[57], so sah sie sich doch in einer zunehmend ungemütlichen Lage: als Klasse ohne Verbündete.

Landrevolution und militärische Eroberung: 1946 bis 1949

Trotz des bemerkenswerten Aufstiegs der KPCh stand bei Kriegsende die numerische Überlegenheit der GMD außer Frage. Chiang Kai-shek befehligte eine Armee von 3,5 Millionen

Mann und herrschte zumindest nominell über mehr als dreihundertfünfzig Millionen Menschen in den reichsten und fruchtbarsten Teilen Chinas. Mit der Ausnahme des nordmandschurischen Harbin kontrollierte die GMD bald nach Kriegsende sämtliche chinesischen Städte. Bei der Kapitulation war der größte Teil des japanischen Kriegsgeräts in Chiangs Hand gefallen; die meisten Kommandeure von Marionettentruppen im Solde der Japaner hatten sich ihm angeschlossen. Die GMD hatte während des Krieges ihre Mitgliederzahl auf drei Millionen verdoppelt. Chiang Kai-shek genoß international ein Prestige wie kein Staatsmann in der neueren Geschichte des Landes; er war von den Siegermächten als einer der »Big Four« der Nachkriegszeit kooptiert worden. Seine Nationalregierung wurde von den USA unterstützt und von der Sowjetunion als legitime Zentralmacht Chinas anerkannt.

Jedem einsichtigen Beobachter der chinesischen Szene war 1945 klar, daß das Kriegsende keinen Umbruch der Machtverhältnisse in China bedeuten würde und daß die Ursachen des 1927 begonnenen Bürgerkrieges nicht beseitigt waren. Die kommunistische Bewegung war nicht länger, wie 1927, 1935 und vielleicht auch noch 1941 in ihrer Existenz gefährdet; sie war stärker denn je. Drei Möglichkeiten ließen sich denken: erstens die Fortsetzung der politischen Geographie des Krieges durch eine Teilung Chinas; zweitens Versöhnung und Errichtung einer Koalitionsregierung von GMD und KPCh unter Beteiligung von Kräften des »dritten Weges«, die vor allem aus Vertretern des Professorenliberalismus der Vorkriegszeit bestanden; drittens offener Bürgerkrieg, den die GMD früher oder später gewinnen würde, vermutlich mit massiver Hilfe der USA. Keiner dieser drei Fälle trat ein, sondern ein überraschender vierter: eine große militärische Auseinandersetzung, die die KPCh mit ihrer Volksbefreiungsarmee (VBA), wie sich die Partei-Armee seit 1946 nannte, gewann.

Die Ursachen für diese Entwicklung sind mindestens ebensosehr in der Schwäche der GMD wie in der Stärke ihres Gegners zu suchen. Schon im Zusammenbruch gaben hohe GMD-Führer dies zu, und kein geringerer als der Generalissimus selbst gelangte zu einer solchen Einsicht. Im Januar 1948 – soeben hatte

Mao Zedong die Wende im »Befreiungskrieg« verkündet – ließ sich Chiang Kai-shek so vernehmen: »Um die Wahrheit zu sagen, hat es in China oder im Ausland niemals eine so verrottete und degenerierte revolutionäre Partei gegeben wie die unsrige [die GMD] heute; und es gab keine, der es in ähnlicher Weise an Lebendigkeit und Disziplin und noch mehr an Maßstäben für Gut und Böse fehlte. Diese Art von Partei hätte schon lange zerstört und beseitigt werden sollen.«[58] Chiang prangerte die Unfähigkeit, Lügenhaftigkeit und Korruption seiner Offiziere an, die sich selbstsüchtig wie kleine Warlords verhielten, und die noch schlimmere Korruption der zivilen Politiker. Er bedauerte, nicht wie Mao eine »Ausrichtung« in seiner Partei durchgeführt zu haben. Chiang blieb allerdings, charakteristisch für ihn, bei einer moralisierenden und psychologisierenden Kritik stehen. Tiefer schürfte Chen Lifu (1900–1993), der als Vertrauter Chiangs und hoher GMD-Funktionär das Regime von innen kannte wie kaum ein zweiter. Er beklagte, daß man nach 1927 Sun Yat-sens Aufforderung zur Landreform und zum Aufbau einer Demokratie von der Selbstverwaltung auf Kreisebene her mißachtet und nach dem Krieg durch eine verhängnisvolle Geldpolitik die schon vor 1945 begonnene Inflation ins Unermeßliche gesteigert habe. Dadurch sei die chinesische Mittelschicht ruiniert worden.[59]

Der Niedergang der GMD-Herrschaft hatte in der Tat schon während des Krieges begonnen. Dabei war ihre Situation 1937/38, als Chiang Kai-shek auf dem Gipfel seiner Popularität stand und wenige in China den Namen Mao Zedong gehört hatten, durchaus günstig gewesen. Wenn behauptet wird, der Kriegsausbruch habe die vor 1937 von der GMD herangezüchteten Keime eines nicht-kommunistisch modernisierten China vernichtet, so wäre die Gegenfrage zu stellen, warum sich die GMD den Herausforderungen des Krieges schlechter gewachsen zeigte als die KPCh. Gerade die große nationale Aufgabe der Jahre nach 1937 hätte zur glorreich bestandenen Bewährungsprobe der GMD werden können.

Tatsache ist, daß die GMD durch ihren Rückzug nach Sichuan von ihren Kraftquellen im wohlhabenden Osten des Landes abgeschnitten worden war. In Sichuan sah sie sich, freilich unter wesentlich günstigeren äußeren Bedingungen, einem ähnlichen

Problem konfrontiert wie die Kommunisten im Nordwesten: die Ressourcen einer Gegend zu nutzen, in der sie bis dahin institutionell nicht verankert war. Ihre Lösung war eine ganz andere: Die GMD schleppte ihren bürokratischen Apparat in den Südwesten und benahm sich dort im schlimmsten Falle wie ein Besatzungsregime. Steuern wurden weit über das ohnehin schon hohe Vorkriegsmaß hinaus gesteigert, ebenso Arbeitsdienste – Leistungen, von denen die Reichen und Mächtigen ausgenommen waren oder die sie abwälzen konnten. Von den seit 1940 kräftig steigenden Nahrungsmittelpreisen profitierten Grundherren, Händler und Spekulanten, während das Realeinkommen der Pächter sank.[60] Auf dem Lande herrschten Zustände wie zu den schlimmsten Warlord-Zeiten. Das Übermaß an Entbehrungen, das den Bauern auferlegt wurde, verstärkte die Wirkungen von Hungersnöten. Riesige Armeen versorgten sich auf Kosten der Dörfler, ohne sich, wie die KP-Truppen etwa in Yan'an, selbst an der Produktion zu beteiligen. Die GMD verletzte also jenes Grundgesetz der moralischen Ökonomie, das die Kommunisten mit so großem Erfolg beherzigten: Fairness der Forderungen und Gegenseitigkeit der Leistungen. Daran änderte sich auch in der Nachkriegszeit nichts. Die GMD hatte verloren, was immer sie an Loyalität der Bauernschaft besessen haben mochte.

Bei ihrer Rückkehr in die Städte schuf sich die GMD auch dort wenige Freunde. Daß sie im Herbst 1945 mit den besiegten Japanern und deren einheimischen Marionetten paktierte, um ein Vordringen der Kommunisten zu verhindern, diskreditierte sie in den Augen der Öffentlichkeit.[61] Die Inflation unterminierte die materielle Position der Staatsbediensteten, sofern sie auf Gehälter angewiesen waren, darunter auch der Professoren. Unternehmer, die ihre Fabriken zurückerhalten und wiederaufbauen wollten, fanden bei der Regierung wenig Unterstützung. Im Gegenteil: Raffgierige Staatsfunktionäre eilten aus Chongqing herbei und konfiszierten Feindesgut für die eigene Tasche. In Taiwan, das gerade ein halbes Jahrhundert japanische Kolonialherrschaft hinter sich hatte, machte die einheimische Bevölkerung ähnliche Erfahrungen mit den Nationalchinesen, die nach der Befreiung einströmten und sich bald auch schon vor den vordringenden Kommunisten in Sicherheit zu bringen versuchten. Die

Animosität gegen die rücksichtslos vorgehenden Invasoren vom Festland entlud sich im Februar 1947 in einem Aufstand, der mit außerordentlicher Härte unterdrückt wurde. In den folgenden Wochen wurden Tausende taiwanesischer Intellektueller hingerichtet.[62] Als die Nationalregierung mit ihrem gesamten aufgeblasenen Apparat wenig später auf die Insel floh, konnte sie sich dort bequem als herrschende Kaste einnisten. Bis heute ist die Tragödie von 1947 im Gedächtnis der Taiwanesen lebendig geblieben.

Die allgemeine Demoralisierung war in der unmittelbaren Nachkriegszeit einer der stärksten Verbündeten der KPCh. Auch wenn es ungewiß ist, ob in den Jahren 1947 bis 1949 eine Mehrheit des chinesischen Volkes eine Machtübernahme durch Mao und seine Bewegung ausdrücklich begrüßt hätte (selbstverständlich hat keine Wahl und keine demoskopische Untersuchung diese Frage je geklärt), so waren doch wenige bereit, die GMD zu verteidigen. Zu deren Ungunsten schlug weiterhin aus, daß sie, und nicht die KPCh, es war, die dem kriegsmüden Land einen neuerlichen Bürgerkrieg zumutete und zudem noch studentische Friedensdemonstranten verhaftete, mißhandelte und exekutierte. Liberalismus, nicht Kommunismus war insgesamt die herrschende politische Orientierung unter den städtischen Intellektuellen der unmittelbaren Nachkriegszeit.[63] Doch auch deren Unterstützung verspielte die GMD. Es schien in der Sicht großer Teile der chinesischen Bevölkerung kaum noch schlimmer kommen zu können als unter dem gegenwärtigen Regime. Die Führung von Staat und Partei erfaßte die Stimmungslage zu spät und ihre Ursachen gar nicht. Erst auf Taiwan entschloß sie sich, mit amerikanischer Hilfe, zu einem allmählichen Neuanfang.

Die Zerrüttung des GMD-Systems machte auch, wie Chiang Kai-shek selbst erkannt hatte, vor dem Militär nicht halt. Chiangs imposante Macht erwies sich bald als Koloß auf tönernen Füßen. Seit Anfang 1948 liefen immer mehr Soldaten und ganze Truppenteile der Nationalarmee zur Volksbefreiungsarmee (VBA) über. Zu dieser Zeit hatten die von General Lin Biao (1907–1971) und anderen erstklassigen Kommandeuren brillant befehligten Streitkräfte der KP das Kriegsgeschehen bereits zu ihren Gunsten wenden können. Mit der Vernichtungsschlacht von Huai-Hai (November 1948 bis Januar 1949), in der jede der beiden Seiten eine halbe Million Mann einsetzte und die Kommunisten dazu noch zwei Millionen Bauern zur logistischen Unterstützung mobilisierten, wurde der GMD militärisch das Rückgrat gebrochen. Danach fielen die großen Städte Chinas ohne ernsteren Widerstand an die VBA: Peking und Tianjin noch im Januar, Wuhan und Shanghai im Mai. Am 1. Oktober 1949 proklamierte Mao Zedong auf dem Tor des Himmlischen Friedens in Peking die Volksrepublik China. Zwei Wochen später wurde Kanton erobert, Ende Dezember als letzte große Stadt Chengdu in Sichuan. Kurz zuvor war der Generalissimus nach Taiwan geflohen.

Es kann nicht deutlich genug betont werden, daß die chinesischen Kommunisten den entscheidenden Sieg über die Guomindang auf dem Schlachtfeld errangen. Ihr langer Marsch zur Macht kulminierte in der militärischen Eroberung Chinas. Der Bürgerkrieg von 1946 bis 1949 war die letzte und vielleicht dramatischste Leidensphase, die das seit der Invasion der Großmächte gegen den Boxeraufstand im Jahre 1900 nahezu pausenlos mit Krieg überzogene Nordchina erlebte. Der VBA kam bei ihrem Sieg ihre überlegene Moral, ihre bessere Planung und ihre größere Erfahrung zugute. Sie konnte damit ihre numerische Unterlegenheit kompensieren: Beim Ausbruch ungehemmter Feindseligkeiten im Juli 1946 hatten Maos 1,2 Millionen Soldaten 4,3 Millionen Mann unter dem Kommando Chiang Kai-sheks gegenübergestanden.[64] Eine ihrer eindrucksvollsten Leistungen war die Umstellung vom Guerillakrieg auf die Strategie der großen Feldschlachten, mit der man bis dahin wenig Erfahrung gemacht hatte. Die dafür nötigen Waffen erhielt man teils aus japanischen Beständen, die sich die Sowjetunion in der Mandschurei angeeignet hatte und die sie an die VBA weitergab, teils direkt vom Gegner. Als Mao in Peking einzog, folgten ihm seine Truppen auf erbeuteten amerikanischen Militärtransportern.

Zum »Amboß des Sieges«, wie der amerikanische Historiker Steven Levine formuliert hat, wurde ausgerechnet die Mandschurei, ein Gebiet, in dem die KPCh gegen die japanische Übermacht nie hatte Fuß fassen können. Hier gelang ihr binnen kürzester Zeit eine der größten Mobilisierungsaktionen ihrer Geschichte. Die GMD hatte, ihrer allgemeinen urbanen Tendenz folgend, den großen Fehler begangen, sich auf die Verteidigung der Städte zu konzentrieren und das Land zu vernachlässigen. Auch die Kommunisten besaßen nun erstmals eine ansehnliche städtische Basis: Harbin, eine Industriestadt mit etwa 800 000 Einwohnern – kein Vergleich mit dem kleinen Landstädtchen Yan'an. In Harbin durchlief die KPCh eine nützliche Lehrzeit in kommunaler Verwaltung. Von dort aus wurden seit dem Sommer 1946 12 000 Kader ins Umland entsandt, um mit dem Versprechen einer radikalen Landreform die Unterstützung der Bauern zu gewinnen. Die Mandschurei eignete sich dafür besonders gut, weil es unter japanischer Herrschaft zur Konzentration von Grundbesitz in den Händen relativ weniger Kollaborateure gekommen war. Es gab hier also genügend reiche Grundherren, die im kleinbäuerlichen Nordchina so häufig fehlten: 3 bis 4 Prozent der Bevölkerung besaßen 40 bis 50 Prozent des Bodens. Umgekehrt existierte ein großes Reservoir an landlosen Arbeitern, das 30 bis 40 Prozent der Bevölkerung ausmachte, weit mehr als irgendwo südlich der Großen Mauer.[65] Die Landrevolution in der Mandschurei war ein fast ganz von außen initiierter Prozeß, bei dem ursprüngliche spontane Erhebungen der Bauern keine Rolle spielten. Von den Bauern, denen die Partei Land zuteilte, erwartete sie im Gegenzug Getreide, Tiere, Karren und vor allem Arbeitskräfte und Soldaten. Der taktische Zweck der Landrevolution bestand in der Freisetzung von Ressourcen, die für den Kriegseinsatz dringend benötigt wurden. Dieses Kalkül ging auf.

Nicht nur in der Mandschurei, sondern auch im gesamten nordchinesischen Herrschafts- und Einflußbereich der KPCh wurde 1946 der agrarpolitische Kurs verschärft. Das publizistisch gut verwertbare Genossenschaftsidyll von Yan'an war unter den Kriegsbasen von Anfang an eine Ausnahme gewesen, und bereits seit 1943 war es auch dort vermehrt zu direkten Attacken auf die ländliche Oberschicht gekommen. 1946 begann die Landrevolution in großem Stil. Sie wurde durch das Bodengesetz der Volksrepublik im Juni 1950 auch auf die sogenannten »neu befreiten Gebiete« im Süden und Südwesten übertragen. Die Landrevolution, die in etwas besser geordneter Form unter der verharmlosenden Bezeichnung »Landreform« (*tudi gaige*) bis 1952 fortgesetzt wurde, war die im klassischen Sinne revolutionärste Episode im China des 20. Jahrhunderts. Gemeinsam mit der Verstaatlichung von Banken, Industrie und Handel während der ersten Jahre der Volksrepublik zerstörte sie die Grundlagen der Vorkriegsgesellschaft. Alle »Grundherren« und die meisten »reichen Bauern« wurden enteignet. Insgesamt wurden 43 Prozent der kultivierten Fläche an 60 Prozent der Landbevölkerung umverteilt.[66] Nutznießer war, grob gesagt, die ärmere Hälfte der Bauernschaft. Deren Wünsche wurden damit auf grandiose Weise befriedigt, doch das Problem der ländlichen Armut war keineswegs gelöst. Die durchschnittliche Betriebsgröße betrug nun weniger als ein Hektar, ein Tiefpunkt in der chinesischen Wirtschaftsgeschichte. China war einen historischen Moment lang zu einem Ozean des molekularen Parzellenbauerntums geworden. Die Kollektivierung der Landwirtschaft, die sich, 1953 beginnend, unmittelbar an die Umverteilung anschloß, war dann der Versuch, die Produktionsengpässe, die durch die Umverteilung entstanden waren, zu beseitigen.

Die Landrevolution war ökonomisch wenig sinnvoll (und ohnehin nur als Übergangslösung gedacht). Ihr Zweck war politisch, wie die Parteiführung offen eingestand.[67] Während des Bürgerkrieges diente sie dazu, nicht nur in der Mandschurei die bäuerlichen Unterschichten auf die Seite der Partei zu ziehen und sie zum Militärdienst zu motivieren. Nach 1949 schuf sie dem neuen Regime in ganz China ein Loyalitätsreservoir in der Bauernschaft. Für die ländliche Oberschicht war die Landrevolution eine Katastrophe. Sie wurde, wie es in einer Sprache hieß, die auf Stalins Verfolgung der Kulaken zurückging, »als Klasse« vernichtet. Zwei bis fünf Millionen Menschen – die Schätzungen klaffen ungewöhnlich weit auseinander – fanden dabei den Tod. Das Muster des »Klassenkampfes« war überall dasselbe; schon Peng Pais Hai-Lu-feng-Sowjet und das kommunistische Regime vor dem Langen Marsch in Jiangxi hatten damit experimentiert. Kadertrupps kamen ins Dorf und riefen zu Massenversammlungen auf. Die örtlichen Reichen und Bösewichter wurden identifiziert und den leidenschaftlichen Anklagen der Dörfler ausgesetzt, die ihnen ihr angebliches Sündenregister vorhielten. »Geständnisse« wurden nicht selten durch Folter erzwungen. Die Versammlung endete oft mit der Hinrichtung mindestens eines »Grundherren« und der sofortigen Umverteilung seines Landes und des der anderen »Klassenfeinde«.[68]

Daß die KPCh ab 1946 eine Gewalttätigkeit billigte und sogar förderte, die sie zuvor unter Kontrolle zu halten bestrebt war, kann nicht nur aus einer ideologischen Radikalisierung, sondern muß auch aus den Umständen des Bürgerkriegs erklärt werden. Die KPCh hatte 1945/46 – zu einem für sie ungünstigen Zeitpunkt – den Bürgerkrieg nicht gewollt. Nun, da er ihr aufgezwungen wurde, zerbrachen alle Illusionen der Einheitsfront. Die KPCh sah in der ländlichen Oberschicht potentielle Verbündete der GMD und beschloß, ihre politische Machtstellung auf dem Dorfe endgültig zu zerstören. Ein durch Klassenkampf zerrissenes Dorf wurde zu einem fruchtbaren Rekrutierungsfeld für Armee und Partei. Die Landrevolution war im Kern eher eine politische Revolution mit sozialen Auswirkungen als umgekehrt – wie es die marxistische Revolutionstheorie vorsah – eine soziale Revolution mit politischen Konsequenzen.

Der psychologische Effekt der »Kampfversammlungen«, die hunderttausendfach in ganz China stattfanden, war außerordentlich groß. Bauern überwanden Respekt und Furcht vor den dörflichen Herren und fanden erstmals eine Sprache, um ihre Leiden und Beschwerden zu artikulieren. So sah es jedenfalls die Theorie der Partei, und oft mag es auch so gewesen sein. Auch hatte sich die ländliche Oberschicht der späten Republikzeit weit von dem Ideal des wohlwollenden konfuzianischen Patrons entfernt; manch gewalttätiger Dorftyrann wurde gewiß einer Strafe zugeführt, die ihn angesichts des embryonalen Zustandes der Justiz bei regulären Gerichtsverfahren niemals ereilt hätte.

Aber das ist nur die eine Seite. Die andere liegt in der oft völligen Willkürlichkeit der Beschuldigungen. Sie sollte zu einer verhängnisvollen Korrumpierung der öffentlichen Moral in Maos Staat führen. Die kriminellen Absurditäten der »Kulturrevolution« zwanzig Jahre später wurden während der Landrevolution vorbereitet. Hatte die Partei in den zwanziger und dreißiger Jahren ihre soziologische Analyse der »Klassen auf dem Dorfe« noch einigermaßen ernstgenommen, so verloren Kategorien wie

»Grundherr« und »reicher Bauer« während der Landrevolution nahezu jeden objektiven Sinn. Auch die Abgrenzung zwischen diesen beiden Klassen, also immerhin die marxistisch nicht unwichtige zwischen »Feudalismus« und »Kapitalismus« in der Landwirtschaft, wurde in Praxis und Gesetz hinfällig.[69] Viele Dörfer Nordchinas setzten sich aus kleinen Eigentumsbauern mit nur geringen Besitzunterschieden zusammen. Es gab dort keine Grundherren und Farmer-Mittelbauern. Der einzige »Ausbeuter« war der Staat. In solchen Fällen wurden unglückliche Außenseiter der Dorfgemeinschaft kurzerhand zu Klassenfeinden erklärt und der entsprechenden Behandlung unterzogen. In Nordchina waren die *großen* Grundbesitzer außerdem meist *absentee landlords* und damit für den »spontanen« Volkszorn ohnehin nicht erreichbar. Es war auch keineswegs ausgemacht, daß alle Dörfer entlang Klassenlinien zerrissen waren. Oft spielten Spannungen zwischen verschiedenen Klans, zwischen Alteingesessenen und Zuzüglern, zwischen Christen und Nichtchristen, zwischen ethnischen Gruppen (zum Beispiel Han und Hakka in Südchina) eine größere Rolle. Der »Klassenkampf« wurde in solchen Fällen von den Mobilisierungstrupps der KPCh künstlich erzeugt – ein weit hergeholtes Verständnis von »Massenlinie«. Das große Drama des Kampfes zwischen Gut und Böse *mußte* aus politischen und massenpsychologischen Gründen überall gespielt werden. Man darf übrigens nicht vergessen, daß es zu einem erheblichen Teil städtische Intellektuelle waren, die solche Kampagnen in die Dörfer trugen. Die Neigung im Westen, die chinesischen Intellektuellen pauschal zu unschuldigen Opfern der Mächtigen zu stilisieren, bedarf angesichts einer solchen *trahison des clercs* einer gewissen Relativierung.

Eine Ironie der Landrevolution liegt darin, daß sie manches an der früheren Politik der KPCh widerrrief. In der Periode von Krieg und Einheitsfront hatten sich die ländlichen Kader darum bemüht, Dorfgesellschaften untereinander zu versöhnen, durch behutsame Methoden – wie etwa eine vorsichtige Umverteilung per Steuerreform – übergroße soziale Gegensätze auszugleichen und die ländliche Oberschicht nicht allein durch Einschüchterung zu deaktivieren und von Kollaboration mit den Japanern abzuhalten, sondern sie auch durch Überzeugung für die Sache des antijapanischen Widerstandes zu gewinnen. Tatsächlich scheint eine besonders hohe Zahl von Widerstandskämpfern aus wohlhabenderen Familien gekommen zu sein. Patrioten und »aufgeklärte Gentry«, die reibungslos mit der KPCh und der Guerilla zusammengearbeitet und bei der Steuerreform bereits einen Teil ihres Besitzes abgegeben hatten, sahen sich während der Landrevolution plötzlich als Volksfeinde diffamiert, angeprangert und in ihrer Existenz bedroht. Dörfer wurden erneut polarisiert.[70] Die vorübergehende Eintracht der Kriegszeit ging in einer Orgie von Willkür, Lüge und Gewalt unter. Die Mobilisierung der Bevölkerung wurde fortan von oben befohlen. Ein Vierteljahrhundert lang wurden die Chinesen von Massenkampagne zu Massenkampagne gehetzt. Erst in den achtziger Jahren setzten greise Überlebende des Langen Marsches dem Treiben ein Ende.

Mit der nordchinesischen Landrevolution, deren Methoden nach der Errichtung der Volksrepublik auf ganz China übertragen wurden, erfolgte jener Schlag gegen den »Feudalismus«, den die KPCh seit ihren Anfängen zu einem ihrer Hauptziele erklärt hatte. Zwei weitere programmatische Absichten aus der Zeit nach dem Ersten Weltkrieg wurden in den Jahren nach dem Ende des Zweiten erreicht: zum einen die Entmachtung einer Militäroligarchie, die China seit dem Tode Yuan Shikais 1916 beherrscht hatte und deren letzter und erfolgreichster Vertreter Chiang Kaishek, der einstige Revolutionsgeneral, gewesen war, zum anderen die Ausschaltung des politischen und wirtschaftlichen Einflusses der westlichen Großmächte. Dieser zweite Punkt führt zum 30. Mai 1925 zurück. Damals hatten die Demonstranten mit flammender Empörung auf den mörderischen Amtsmißbrauch einer nichtchinesischen Regierung auf chinesischem Boden, des britisch dominierten Shanghai Municipal Council, reagiert. Großbritannien hatte kurz darauf seine Chinapolitik revidiert und sich zur Anerkennung der maßvolleren Ziele des chinesischen Nationalismus entschlossen. Verhandlungen mit der Nanjinger Nationalregierung über den allmählichen Abbau der in den alten »ungleichen Verträgen« festgelegten Privilegien der Ausländer machten gute Fortschritte, als Japan im September 1931 die Mandschurei besetzte. Daraufhin wurde der Prozeß der

Vertragsrevision abgebrochen und auf Eis gelegt. Die quasi-imperialen Strukturen, die 1925 so viel Unmut erregt hatten, bestanden in ihren Grundzügen fort, wenngleich sich Großbritannien die Wahrung seiner beträchtlichen Wirtschaftsinteressen von nun an eher von der Kooperationswilligkeit der Nanjing-Regierung als von einer Politik des Pochens auf verbriefte Rechte erhoffte.[71] Nach 1931 war die chinesische Diplomatie um ein gutes Verhältnis zu sämtlichen europäischen Mächten und den USA bemüht. Der Hauptfeind war jetzt Japan. Neben der massiven Kolonisierung der Mandschurei und der gleichzeitigen Unterwanderung und Destabilisierung Nordchinas verblaßte der vergleichsweise harmlose Quasi-Kolonialismus in Shanghai und den übrigen Treaty Ports. Die »ungleichen Verträge« mit ihrem Herzstück, der Exterritorialität für Ausländer, wurden erst 1943 durch bilaterale Vereinbarungen außer Kraft gesetzt, doch schon mit der japanischen Besetzung der Internationalen Niederlassung zwei Jahre zuvor war die Ära des kosmopolitischen Shanghai an ihr tatsächliches Ende gelangt.

Die Niederlage von 1945 beseitigte die japanische Gefahr. Sie – und nicht erst der Machtwechsel von 1949 – bedeutete die eigentliche »Befreiung« (*jiefang*) von einem Jahrhundert äußerer Aggression. In den Jahren danach hatten die westlichen Großmächte weder die Möglichkeiten noch die Absicht, zum Vorkriegsimperialismus zurückzukehren. Die USA, in den Augen der neuen kommunistischen Machthaber durch ihre (allerdings durchaus halbherzige) Unterstützung für Chiang Kai-shek im Bürgerkrieg diskreditiert, verloren ihren Einfluß auf ein China, das sich 1950 außenpolitisch an die Seite der Sowjetunion stellte. Die verbliebenen britischen und amerikanischen Wirtschaftsinteressen wurden in den frühen fünfziger Jahren aus der Volksrepublik verdrängt.[72] 1954 verzichtete schließlich die Sowjetunion auf die letzten Privilegien, die sie sich aus zaristischen Zeiten erhalten hatte.

Die *nationalen* Ziele der Protestierer vom 4. Mai 1919 und vom 30. Mai 1925 waren damit weitgehend erreicht und zugleich auch die frühesten Programmpunkte der KPCh verwirklicht worden, die schon 1922 den Kampf gegen den »Imperialismus« neben dem Sturz der Warlords zu ihrer wichtigsten Aufgabe erklärt hatte.[73] Andere Ziele der frühen Revolutionäre waren freilich von ihrer Verwirklichung weiter denn je entfernt. Der gesamte Traditionsstrang des konstitutionellen Denkens seit Kang Youweis Plan von 1898, China durch die allmähliche Demokratisierung seiner Institutionen politisch zu modernisieren[74], und all jener Richtungen, die für die Freiheitsrechte des Individuums eintraten, fiel einer übermächtigen Allianz des Illiberalismus zum Opfer, welche die beiden tödlich verfeindeten Bürgerkriegsgegner GMD und KPCh weit über 1949 hinaus verband. Erst in den achtziger Jahren entwickelten sich Ansätze zu Rechtsstaatlichkeit und Demokratie – vorerst aber nur in Taiwan. Ein weiteres Ziel, das fürs erste auf der Strecke blieb, war der alte Traum, China nicht nur stark und unabhängig, sondern auch reich zu machen. Zwischen diesen beiden Zielen schien ein unlösbarer Widerspruch zu bestehen. Wie konnte man wirtschaftlich prosperieren, ohne den verhaßten »Imperialismus« abermals ins Land zu lassen? Mehr als ein Vierteljahrhundert lang versuchte die Führung in Peking erfolglos, das Dilemma durch »Vertrauen auf die eigene Kraft« und die brachiale Nutzung eigener menschlicher und materieller Ressourcen zu lösen. Erst als man sich nach dem Tode Mao Zedongs 1976 und einer wirren Übergangszeit zu einer wirtschaftlichen Öffnung zum Weltmarkt und zur Reduzierung eines extremen Staatsinterventionismus entschloß, endete die Epoche der kommunistischen Mobilisierung der chinesischen Bevölkerung. Ob damit auch die chinesische Revolution zum Abschluß kam, ist eine Frage des Standpunkts und der Definition. Die Forderungen der Reformer von 1898 nach Rechtsstaatlichkeit, der Kulturrevolutionäre von 1915 bis 1920 nach Demokratie und der protestierenden Studenten von 1925 nach Freiheit von staatlicher Willkür bleiben auf dem chinesischen Festland jedenfalls weiter unerfüllt.

Anmerkungen

Shanghai, 30. Mai 1925

1 Frank Ashton-Gwatkin, Aktennotiz vom 26. 1. 1926. Zit. in Nicholas R. Clifford, Spoilt Children of Empire. Westerners in Shanghai and the Chinese Revolution of the 1920s. Hannover, London 1991, S. 106.

2 Zur frühen Geschichte Shanghais als »offener Hafen« vgl. Linda Cooke Johnson, Shanghai. From Market Town to Treaty Port, 1074–1858. Stanford 1995, Kap. 7–12; für spätere Perioden: Tang Zhenchang u.a., Shanghai shi [Geschichte Shanghais]. Shanghai 1989; Marie-Claire Bergère, »The Other China«. Shanghai from 1919 to 1949. In: Christopher Howe (Hg.), Shanghai. Revolution and Development in an Asian Metropolis. Cambridge 1981, S. 1–34; sowie Jürgen Osterhammel, China und die Weltgesellschaft. Vom 18. Jahrhundert bis in unsere Zeit, München 1989, passim. Dort auch eine umfassende Darstellung des internationalen Kontextes der chinesischen Revolution, der im vorliegenden Buch nur skizziert werden kann, sowie ausführliche Hinweise auf die ältere Chinaliteratur. Informativ zu den (vor allem kleineren) ausländischen Gebietsenklaven in China: Fei Chengkang, Zhongguo zujie shi [Geschichte der Konzessionen in China]. Shanghai 1991, bes. S. 147 ff.; Zhang Hongxiang, Jindai Zhongguo tongshang kou'an yu zujie [Treaty Ports und Konzessionen im modernen China]. Tianjin 1993.

3 Zur Geographie immer noch: Rhoads Murphey, Shanghai. Key to Modern China. Cambridge / Mass. 1953.

4 Ma Xiaoqi u.a., Shanghai gangshi [Geschichte des Hafens von Shanghai]. Bd. 1, Peking 1990, S. 289; Zhang Zhongli u.a., Jindai Shanghai chengshi yanjiu [Forschungen zur Stadtgeschichte Shanghais, ca. 1840–1949]. Shanghai 1990, S. 67.

5 Ebd., S. 782; Shanghai shehui kexueyuan lishi yanjiusuo [Historisches Forschungsinstitut der Akademie der Sozialwissenschaften zu Shanghai] (Hg.), Wusa Yundong shiliao [Quellen zur Bewegung vom 30. Mai 1925]. Bd. 1, Shanghai 1981, S. 198, 208–210.

6 Zou Yiren, Jiu Shanghai renkou bianyi de yanjiu [Untersuchungen zum Bevölkerungswandel im alten Shanghai]. 2. Aufl., Shanghai 1983, S. 90 (Tab. 1), 141 (Tab. 46).

7 Clifford, Spoilt Children, S. 21. Vgl. auch Jürgen Osterhammel, Britischer Imperialismus im Fernen Osten. Methoden der Durchdringung und einheimischer Widerstand auf dem chinesischen Markt 1932–1937. Bochum 1982, S. 116–127.

8 Vgl. Thomas B. Stephens, Order and Discipline in China. The Shanghai Mixed Court 1911–1927. Seattle, London 1992, S. 48–65.

[9] Zhang Zhongli u.a., Jindai Shanghai, S. 436–441.

[10] Vgl. ebd., S. 475–508; Kerrie L. Macpherson, A Wilderness of Marshes. The Origins of Public Health in Shanghai, 1843–1893. Hongkong 1987.

[11] Vgl. Robert A. Bickers u. Jeffrey N. Wasserstrom, Shanghai's »Dogs and Chinese Not Admitted« Sign. Legend, History and Contemporary Symbol. In: CQ 142 (1995), S. 445 f.

[12] Vgl. Rudolf G. Wagner, The Role of the Foreign Community in the Chinese Public Sphere. In: CQ 142 (1995), S. 423–443.

[13] Zhang Zhongli u.a., Jindai Shanghai, S. 674.

[14] Zu Ma Xiangpo (Ma Liang): BD, Bd. 2, S. 471–473.

[15] Yeh Wen-hsin, The Alienated Academy. Culture and Politics in Republican China, 1919–1937. Cambridge / Mass., London 1990, S. 136–165; Jeffrey N. Wasserstrom, Student Protests in Twentieth-Century China. The View from Shanghai. Stanford 1991, S. 40–46.

[16] Das Folgende nach ebd., S. 96–124; Nicholas R. Clifford, Shanghai 1925. Urban Nationalism and the Defense of Foreign Privilege. Ann Arbor 1979; ders., Spoilt Children, S. 97–143; Fu Daohui, Wusa Yundong [Die Bewegung vom 30. Mai 1925]. Shanghai 1985; Ren Jianshu u. Zhang Quan, Wusa Yundong jianshi [Einführung in die Geschichte der Bewegung vom 30. Mai 1925]. Shanghai 1985; Richard W. Rigby, The May 30 Movement: Events and Themes. Canberra 1980.

[17] Vgl. Joseph T. Chen, The May Fourth Movement in Shanghai. Leiden 1971.

[18] ZXZX, Bd. 2, S. 194 f.

[19] Ren u. Zhang, Wusa Yundong, S. 73.

[20] Genaue Angaben in Shanghai shehui kexueyuan..., Wusa Yundong, S. 720 f.

[21] Lincoln Li, Student Nationalism in China. New York 1994, S. 30. Vgl. auch C. Martin Wilbur, The Nationalist Revolution 1923–1928. In: CHOC, Bd. 12 (1983), S. 551 f.

[22] Vgl. P. D. Coates, The China Consuls. British Consular Officers, 1843–1943. Hongkong 1988, S. 457–467.

[23] Die Ausweitung der Bewegung über Shanghai hinaus wird vorwiegend in der chinesischen Literatur behandelt, z. B. Ren u. Zhang, Wusa Yundong, S. 108–126.

[24] Sherman G. Cochran, Big Business in China. Sino-Foreign Rivalry in the Cigarette Industry, 1890–1930. Cambridge / Mass., London 1980, S. 178.

[25] Vgl. Qu Qiubai xuanji [Ausgewählte Werke Qu Qiubais]. Peking 1985, S. 226 ff.

[26] Vgl. Xu Dingxin u. Qian Xiaoming, Shanghai Zongshanghui shi (1902–1929) [Geschichte der Allgemeinen Handelskammer zu Shanghai]. Shanghai 1991, S. 352.

[27] Ebd., S. 342.

[28] Ebd., S. 335–339; englischer Text in North China Herald, 13. Juni 1925, S. 413.

[29] Harumi Goto-Shibata, Japan and Britain in Shanghai, 1925–1931. Basingstoke, London 1995, S. 21 ff., 40.

[30] Shi Yuanhua, Zhonghua Minguo waijiaoshi [Geschichte der Außenpolitik der chinesischen Republik]. Shanghai 1994, S. 240–242.

[31] Vgl. die Kurzfassung des Johnson-Berichts bei Rigby, May 30 Movement, S. 196 ff.

Kapitel 1

[1] So Chalmers Johnson, Revolutionary Change. 2. Aufl. London 1982, S. 126. Zur Deutung Chinas in der historischen Revolutionstheorie vgl. auch Theda Skocpol, States and Social Revolutions. A Comparative Analysis of France, Russia and China. Cambridge 1979; dies., Social Revolutions in the Modern World. Cambridge 1994.

[2] Don C. Price, Russia and the Roots of the Chinese Revolution, 1896–1911. Cambridge / Mass. 1974, S. 91.

[3] Vgl. Wolfgang Lippert, Entstehung und Entwicklung einiger chinesischer marxistischer Termini. Der lexikalisch-begriffliche Aspekt der Rezeption des Marxismus in Japan und China. Wiesbaden 1979, S. 143 f.

[4] Liang Qichao, Zhongguo lishi shang geming zhi yanjiu [Untersuchungen zur Revolution in der chinesischen Geschichte], zuerst 1904. In: Zhang Nan u. Wang Renzhi (Hg.), Xinhai Geming qian shinianjian shilun xuanji [Ausgewählte Aufsätze aus den letzten zehn Jahren vor der Revolution von 1911]. Bd. 2, Peking 1960, S. 803.

[5] Xiao Chaoran u. Sha Jiansun, Zhongguo geming shigao [Historischer Abriß der chinesischen Revolution]. Peking 1984, S. 418.

[6] Vgl. Mary C. Wright (Hg.), China in Revolution. The First Phase. New Haven, London 1968; Marianne Bastid-Bruguière, Currents of Social Change. In: CHOC, Bd. 11 (1980), S. 536–602.

[7] Michael S. Kimmel, Revolution. A Theoretical Interpretation. Oxford 1990, S. 6.

[8] Jack A. Goldstone, An Analytical Framework. In: Ders., Ted R. Gurr u. Farrokh Moshiri (Hg.), Revolutions of the Late 20th Century. Boulder / Col. 1991, S. 37.

[9] Vgl. vor allem das vorletzte Buch des Altmeisters der amerikanischen Chinahistoriker: John K. Fairbank, The Great Chinese Revolution, 1800–1985, New York 1986, bezeichnenderweise übersetzt unter dem Titel Geschichte des modernen China 1800–1985. München 1989. In seinem letzten Werk verwendet Fairbank (1907–1991) den Revolutionsbegriff nur-

mehr für die Zeit ab 1911: China. A New History. Cambridge / Mass., London 1992, S. 235 ff.

[10] Michael C. Meyer u. William L. Sherman, The Course of Mexican History. 4. Aufl. New York, Oxford 1991, S. 552.

[11] R.J. Rummel, China's Bloody Century. Genocide and Mass Murder Since 1900. New Brunswick / N.J., London 1991, S. 6 f., 27 (Tab. 1.A., »medium estimates«), 208 (Tab. 8.1.), 248.

[12] Fairbank, China, S. 216.

[13] Vgl. Jürgen Osterhammel, Modernisierungstheorie und die Transformation Chinas 1800–1949. In: Saeculum 35 (1984), S. 31–72. Ein relativ undogmatischer chinesischer Beitrag ist Xu Jilin u. Chen Dakai (Hg.), Zhongguo xiandaihua shi. Diyijuan, 1800–1949 [Geschichte der chinesischen Modernisierung]. Bd. 1, Shanghai 1995.

[14] Johann Gottfried Herder, Werke in zehn Bänden. Hrsg. von Martin Bollacher u.a. Bd. 6, Frankfurt a.M. 1989, S. 440.

[15] Eine präzise Beschreibung der Organisationsstruktur gibt Charles O. Hucker, A Dictionary of Titles in Imperial China. Stanford 1985, S. 83–96.

[16] Benjamin I. Schwartz, The Primacy of the Political Order in East Asian Societies. Some Preliminary Generalizations. In: Stuart R. Schram (Hg.), Foundations and Limits of State Power in China. London, Hongkong 1987, S. 1–10.

[17] Dieses Konzept steht im Mittelpunkt bei John E. Schrecker, The Chinese Revolution in Historical Perspective. New York 1991.

[18] Vgl. Beatrice S. Bartlett, Monarchs and Ministers. The Grand Council in Mid-Ch'ing China (1723–1820). Berkeley, Los Angeles, Oxford 1991.

[19] Vgl. Benjamim A. Elman, Political, Social and Cultural Reproduction via Civil Service Examinations in Late Imperial China. In: JAS 50 (1991), S. 7–28; ders., Changes in Confucian Civil Service Examinations from the Ming to the Ch'ing Dynasty. In: ders. u. Alexander Woodside (Hg.), Education and Society in Late Imperial China, 1600–1900. Berkeley 1994, S. 111–149.

[20] Thomas A. Metzger, The Internal Organization of the Ch'ing Bureaucracy. Legal, Normative and Communications Aspects. Cambridge / Mass. 1973, S. 23.

[21] Frederic Wakeman, Jr., The Fall of Imperial China. New York, London 1975, S. 36 (Anm. 7).

[22] Klassisch in diesem Sinne: Chang Chung-li, The Chinese Gentry. Studies on their Role in Nineteenth-Century Chinese Society. Seattle, London 1955. Eine interessante soziologische Analyse stammt von Wang Xianming, in: Qiao Zhiqiang u.a., Zhongguo jindai shehuishi [Neuere chinesische Sozialgeschichte]. Peking 1992, S. 170–177, 198–204.

[23] Vgl. Ch'ü T'ung-tsu, Local Government in China under the Ch'ing. Stan-

ford 1962; John R. Watt, The District Magistrate in Late Imperial China. New York 1972.

24 R. Keith Schoppa, Xiang Lake. Nine Centuries of Chinese Life. New Haven, London 1989, S. 160.

25 Wang Xianming, Zhongguo jindai shenshi jieceng de shehui liudong [Die soziale Mobilität der Gentry-Schicht im neuzeitlichen China]. In: LSYJ 1993/2, S. 85.

26 Richard J. Smith, China's Cultural Heritage. The Qing Dynasty, 1644–1912. 2. Aufl. Boulder/Col. 1994, S. 81.

27 So der terminologische Vorschlag bei Joseph W. Esherick u. Mary Backus Rankin, Introduction. In: Dies. (Hg.), Chinese Local Elites and Patterns of Dominance. Berkeley 1990, S. 11 f. Chinesische Historiker sprechen neuerdings von »Gentry-Kaufmannschaft« (shenshang), zum Beispiel Wang Xianming, Zhongguo jindai shenshi jieceng..., S. 88, sowie die vorzügliche Studie: Ma Min, Guan shang zhijian: shehui jubian zhong de jindai shenshang [Die neuzeitliche Gentry-Kaufmannschaft im spannungsreichen Wandel der Gesellschaft]. Tianjin 1995, bes. S. 64 ff.

28 Siehe unten Kapitel 5.

29 Vgl. Evelyn S. Rawski, Problems and Prospects. In: David Johnson, Andrew Nathan u. Evelyn S. Rawski (Hg.), Popular Culture in Late Imperial China. Berkeley 1985, S. 403.

30 Zu den Funktionen der Heirat im 19. Jahrhundert vgl. Mechthild Leutner, Geburt, Heirat und Tod in Peking. Volkskultur und Elitekultur vom 19. Jahrhundert bis zur Gegenwart. Berlin 1989, S. 139–184.

31 Der korrekte terminus technicus wäre »lineage«, ein Begriff, für den sich keine deutsche Übersetzung eingebürgert hat. »Klan« mag näherungsweise genügen. Zur anthropologischen Theorie der chinesischen »lineage« vgl. David Faure, The Structure of Chinese Rural Society. Lineage and Village in the Eastern New Territories, Hong Kong. Hongkong 1986, S. 1–11. Eine ausführliche historische Analyse bei Qiao Zhiqiang u.a., Zhongguo jindai shehuishi, S. 109–124.

32 Zum Folgenden Susan Naquin u. Evelyn S. Rawski, Chinese Society in the Eighteenth Century. New Haven, London 1987, S. 138–216. Den theoretischen Hintergrund liefert G. William Skinner (Hg.), The City in Late Imperial China. Stanford 1977.

33 Vgl. Wu Chengming, Yangwu Yundong yu guonei shichang [Die Verwestlichungsbewegung und der Binnenmarkt]. In: Wen Shi Zhe 1994/6, S. 26–30.

34 Vgl. Guo Songyi, Qingdai renkou liudong yu bianjiang kaifa [Bevölkerungsbewegungen und die Erschließung der Grenze in der Qing-Zeit]. In: Ma Ruoheng u. Ma Dazheng (Hg.), Qingdai bianjiang kaifa yanjiu [Forschungen zur Grenzerschließung in der Qing-Zeit]. Peking 1990, S. 10–51.

[35] Vgl. die musterhafte Untersuchung John R. Shepherd, Statecraft and Political Economy on the Taiwan Frontier, 1600–1800. Stanford 1993.

[36] Madeleine Zelin, The Structure of the Chinese Economy during the Qing Period. Some Thoughts on the 150th Anniversary of the Opium War. In: Kenneth Lieberthal u.a. (Hg.), Perspectives on Modern China. Four Anniversaries. Armonk / N.Y. 1991, S. 52.

[37] Herbert Franke, The Role of the State as a Structural Element in Polyethnic Societies. In: Schram (Hg.), Foundations and Limits of State Power. S. 87–112. Vgl. auch die historischen Abschnitte in Colin Mackerras, Chinese Minorities. Integration and Modernization in the 20th Century. Hongkong 1994.

[38] Zur Struktur des Reiches vgl. Sabine Dabringhaus, Das Qing-Imperium als Vision und Wirklichkeit. Tibet in Laufbahn und Schriften des Song Yun (1752–1835). Stuttgart 1994, S. 23–42, 228–238.

[39] Lloyd E. Eastman, Family, Fields, and Ancestors. Constancy and Change in China's Social and Economic History, 1550–1949. New York, Oxford 1988, S. 5.

[40] Zur ökologischen Krise: Pierre-Etienne Will, De l'ère des certitudes à la crise du système. In: BBD, S. 25–28.

[41] Vgl. die musterhafte Analyse bei Joseph W. Esherick, The Origins of the Boxer Uprising. Berkeley, Los Angeles, London, S. 173 ff.

[42] Zu Hong Liangji vgl. Ho Ping-ti, Studies on the Population of China, 1368–1953. Cambridge / Mass. 1959, S. 271–273.

[43] Vgl. Conrad Totman, The Green Archipelago. Forestry in Pre-Industrial Japan. Berkeley, Los Angeles, London 1988, S. 81 ff.

[44] Vgl. Susan Mann Jones u. Philip A. Kuhn, Dynastic Decline and the Roots of Rebellion. In: CHOC, Bd. 10 (1978), S. 107–162, bes. 113 ff.

[45] So James M. Polachek, The Inner Opium War. Cambridge / Mass., London 1992.

[46] Vgl. Jonathan D. Spence, God's Chinese Son. The Taiping Heavenly Kingdom of Hong Xiuquan. New York 1996.

[47] Vgl. Franz Michael u. Chang Chung-li, The Taiping Rebellion. History and Documents. Bd. 3, Seattle, London 1971, S. 748–776.

[48] Wang Heming u. Shi Liye, Anhui jindai jingji guiji [Der Kurs der neuzeitlichen Wirtschaft von Anhui]. Hefei 1991, S. 31 f.

[49] Mary Backus Rankin, Elite Activism and Political Transformation in China. Zhejiang Province, 1865–1911. Stanford 1986, S. 61 f.

[50] Vgl. Philip Kuhn, Rebellion and Its Enemies in Late Imperial China. Militarization and Social Structure, 1796–1864. Cambridge / Mass. 1970, S. 64 ff.

[51] Vgl. Liu Kwang-ching, The Beginnings of Chinese Modernization. In: Samuel C. Chu u. Liu Kwang-ching (Hg.), Li Hung-chang and China's

Early Modernization. Armonk/N.Y. 1994, S.3–14; David Pong, Shen Pao-chen and China's Modernization in the Nineteenth Century. Cambridge 1994. Eine detaillierte Gesamtdarstellung ist Xia Dongyuan, Yangwu Yundong shi [Geschichte der Bewegung für westliche Angelegenheiten]. Shanghai 1992.

52 Das Bild geht auf die kritische chinesische Fernsehserie Heshang (›Elegie vom Fluß‹) aus dem Jahre 1988 zurück. Vgl. zur Bedeutung des Gegensatzes zwischen maritimem und kontinentalem China auch Lucian W. Pye, How China's Nationalism was Shanghaied. In: AJCS 29 (Januar 1993), S. 107–133.

53 Vgl. Paul A. Cohen, Christian Missions and their Impact to 1900. In: CHOC, Bd. 10 (1978). S. 543–590, bes. 569–573. Zahlreiche Fälle werden geschildert in Zhang Li u. Liu Jiantang, Zhongguo jiao'an shi [Geschichte der Missionszwischenfälle und Kirchenprozesse in China]. Chengdu 1987.

54 Joseph W. Esherick, Reform and Revolution in China. The 1911 Revolution in Hunan and Hubei. Berkeley 1976, S. 23.

55 Zu Vorbereitung und Verlauf der Revolution in den einzelnen Provinzen: Lin Jiayou u.a., Xinhai Geming yundong shi [Geschichte der Revolutionsbewegung von 1911]. Kanton 1990, S. 423–473.

Kapitel 2

1 Vgl. etwa die 1914 unterdrückte Bewegung des »Weißen Wolfs« in Henan, Anhui und Shaanxi. Vgl. Edward Friedman, Backward Toward Revolution. The Chinese Revolutionary Party. Berkeley, Los Angeles, London 1974, S. 144–164.

2 Zur historiographischen Entdeckung von »Öffentlichkeit« in China vgl. mehrere Beiträge in MC 19:2 (April 1993).

3 Dies betont die neue maßgebende Biographie: Marie-Claire Bergère, Sun Yat-sen. Paris 1994. S. vii, 58, 79 ff. u.ö.

4 Vgl. Chan Lau Kit-ching, China, Britain and Hong Kong 1895–1945. Hongkong 1990, Kap. 1 u. 2.

5 Vgl. Marius B. Jansen, Japan and the Chinese Revolution of 1911. In: CHOC, Bd. 11 (1980), S. 348 ff.

6 Vgl. Gilbert Rozman u.a., The Modernization of China. New York 1981, S. 160.

7 Vgl. Zhu Ying, Xinhai Geming shiqi xinshi shangren shetuan yanjiu [Kaufmannsorganisationen neuen Stils zur Zeit der Revolution von 1911]. Peking 1991, S. 32–43.

8 Vgl. William T. Rowe, Modern Chinese Social History in Comparative Perspective. In: Paul S. Ropp (Hg.), Heritage of China. Contemporary

Perspectives on Chinese Civilization. Berkeley, Los Angeles, Oxford 1990, S. 244, 246 f., 259.

9 Vgl. William T. Rowe, Hankow. Conflict and Community in a Chinese City, 1796–1895. Stanford 1989, S. 91 ff.

10 So das Resümee bei William T. Rowe, Hankow. Commerce and Society in a Chinese City, 1796–1889. Stanford 1984, S. 341.

11 Vgl. Chan Wai Kwan, The Making of Hong Kong Society. Three Studies of Class Formation in Early Hong Kong. Oxford 1991, Kap. 3 u. 4; Tsai Jung-fang, Hong Kong in Chinese History. Community and Social Unrest in the British Colony, 1842–1913. New York 1993, S. 64 ff.

12 Vgl. Huang Yifeng, Jiu Zhongguo de maiban jieji [Die Kompradorenklasse in China vor 1949]. Shanghai 1982, S. 5–15.

13 Vgl. Hao Yen-p'ing, The Commercial Revolution in Nineteenth-Century China. The Rise of Sino-Western Mercantile Capitalism. Berkeley 1986, S. 212 ff.

14 Jin Shixuan u. Xu Wenshu, Zhongguo tielu fazhanshi (1876–1949) [Entwicklungsgeschichte der chinesischen Eisenbahnen]. Peking 1986, S. 583.

15 J.B.R. Whitney, China. Area, Administration, and Nation-Building. Chicago 1970, S. 4.

16 Chang Jui-te, Technology Transfer in Modern China. The Case of Railway Enterprise (1876–1937). In: MAS 27 (1993), S. 290.

17 Immer noch wichtig: Frank M. Tamagna, Banking and Finance in China. New York 1942.

18 Vgl. das ungeheuer materialreiche Werk: Frank H. H. King, The History of the Hongkong and Shanghai Banking Corporation. 4 Bde, Cambridge 1987–1991.

19 Du Xuncheng, Minzu ziben zhuyi yu jiu Zhongguo zhengfu (1840–1927) [Der nationale Kapitalismus und die Regierungen des alten China]. Shanghai 1991, S. 200.

20 Vgl. Parks M. Coble, The Shanghai Capitalists and the Nationalist Government, 1927–1937, Cambridge / Mass. 1980, S. 161–207.

21 Xu Dixin, Wu Chengming u. a., Jiu minzhuzhuyi geming shiqi de Zhongguo zibenzhuyi [Der chinesische Kapitalismus in der Zeit der altdemokratischen Revolution]. Peking 1990, S. 1047.

22 Vgl. Wellington K. K. Chan, Merchants, Mandarins and Modern Enterprise in Late Qing China. Cambridge / Mass. 1977, S. 61–65.

23 Huang Yiping, Jindai Zhongguo jingji bianqian [Wirtschaftliche Wandlungen im modernen China]. Shanghai 1992, S. 376.

24 Kang Chao, The Development of Cotton Textile Production in China. Cambridge / Mass. 1977, S. 301 (Tabelle 40).

25 Vgl. Peter Duus, Zakaibô. Japanese Cotton Mills in China, 1896–1936. In:

Ders., Ramon H. Myers u. Mark R. Peattie (Hg.), The Japanese Informal Empire in China, 1895–1937. Princeton 1989, S. 65–100, bes. 79–81.

[26] Vgl. William C. Kirby, China Unincorporated. Company Law and Business Enterprise in Twentieth-Century China. In: JAS 54 (1995), S. 51 f.; Jürgen Osterhammel, State Control of Foreign Trade in Nationalist China, 1927–1937. In: Clive Dewey (Hg.), The State and the Market. New Delhi 1987, S. 209–237.

[27] Luo Shuwei u.a., Jindai Tianjin chengshi shi [Geschichte der Stadt Tianjin vor 1949]. Peking 1993, S. 637 f.

[28] Huang Liren, Kang-Ri Zhanzheng shiqi gongchan neiqian de kaocha [Untersuchung über die Verlagerung von Fabriken ins Landesinnere während des Widerstandskrieges gegen Japan]. In: LSYJ 1994/4, S. 128.

[29] Thomas G. Rawski, Economic Growth in Prewar China. Berkeley 1989, S. 9.

[30] Z.B. Edmond Lee, A Bourgeois Alternative? The Shanghai Arguments for a Chinese Capitalism. The 1920s and the 1980s. In: Brantley Womack (Hg.), Contemporary Chinese Politics in Historical Perspective. Cambridge 1991, S. 90–126.

[31] Marie-Claire Bergère, L'âge d'or de la bourgeoisie chinoise 1911–1937. Paris 1986, S. 69.

[32] Dies., The Shanghai Bankers' Association, 1915–1927. Modernization and the Institutionalization of Local Solidarities. In: Frederic Wakeman, Jr. u. Yeh Wen-hsin (Hg.), Shanghai Sojourners. Berkeley 1922, S. 16, 21, 26.

[33] Vgl. Susan Mann Jones, The Ningpo pang and Financial Power at Shanghai. In: Mark Elvin u. G. William Skinner (Hg.), The Chinese City between Two Worlds. Stanford 1974, S. 73–96; sowie umfassend Bryna Goodman, Native Place, City and Nation. Regional Networks and Identities in Shanghai, 1853–1937. Berkeley 1995, bes. Kap. 5–9.

[34] Vgl. S. Gordon Redding, The Spirit of Chinese Capitalism. Berlin, New York 1990. Am Beispiel des Überseechinesen.

[35] Vgl. Christian Henriot, Shanghai 1927–1937. Elites locales et modernisation dans la Chine nationaliste. Paris 1991, S. 69–82.

[36] Vgl. etwa Pi Mingxiu u.a., Jindai Wuhan shengshi shi [Geschichte der Wuhan-Städte, 1840–1949]. Peking 1993, S. 357 ff.; Edward Bing-shuey Lee, Modern Canton. Shanghai 1936.

[37] Sidney Gamble, Peking. A Social Survey. New York 1921, S. 39.

[38] Vgl. z. B. David D. Buck, Urban Change in China. Politics and Development in Tsinan, Shantung, 1890–1949. Madison/Wisc. 1978, S. 130–140.

[39] Vgl. Paul A. Cohen, Between Tradition and Modernity. Wang T'ao and Reform in Late Ch'ing China. Cambridge/Mass. 1974.

[40] Mary Backus Rankin, »Public Opinion« and Political Power. Qingyi in Late Nineteenth-Century China. In: JAS 41/42 (1981/82), S. 453.

[41] Vgl. am Beispiel der von Liang Qichao gegründeten Tageszeitung ›Shibao‹: Joan Judge, Public Opinion and the New Politics of Contestation in the Late Qing, 1904–1911. In: MC 20 (1994), S. 64–91; dies., The Factional Function of Print. Liang Qichao, Shibao, and the Fissures in the Late Qing Reform Movement. In: LIC 16 (1995), S. 120–140.

[42] Vgl. Barry C. Keenan, Imperial China's Last Classical Academies. Social Change in the Lower Yangzi, 1864–1911. Berkeley 1994, S. 97 ff.

[43] Vgl. Hiroshi Abe, Borrowing from Japan. China's First Modern Educational System. In: Ruth Hayhoe u. Marianne Bastid (Hg.), China's Education and the Industrialized World. Studies in Cultural Transfer. Armonk / N.Y. 1987, S. 57–80.

[44] Vgl. Paul Bailey, Reform the People. Changing Attitudes towards Popular Education in Early 20th Century China. Edinburgh 1990, S. 69–84.

[45] Ann Waswo, The Transformation of Rural Society. In: Peter Duus (Hg.), The Cambridge History of Japan. Bd. 6. Cambridge 1988, S. 560.

[46] Vgl. Charles W. Hayford, To the People. James Yen and Village China. New York 1990, S. 111 ff.

[47] Paula Harrell, Sowing the Seeds of Change. Chinese Students, Japanese Teachers, 1895–1905. Stanford 1992, S. 2, 215.

[48] Saneto Keishu, Zhongguoren liuxue Riben shi [Geschichte der in Japan studierenden Chinesen]. Übers. a. d. Japanischen. Peking 1983, S. 204 ff.

[49] Vgl. Paul Bailey, The Chinese Work-Study Movement in France. In: CQ 115 (1988), S. 441–461.

[50] Vgl. Sun Zhaoran u.a., Beijing Daxue xiaoshi (1898–1949) [Geschichte der Peking-Universität]. Shanghai 1981, S. 11, 26 ff.

[51] E-tu Zen Sun, The Growth of the Academic Community. In: CHOC, Bd. 13 (1986), S. 372.

[52] Chang Yu-fa, Societal Change in Modern China, 1890s-1980s. In: Bulletin of the Institute of Modern History, Academia Sinica (Taibei) 19 (1990), S. 191.

[53] Vgl. Wang Guilin u. Zhu Hanguo, Zhongguo baokan cidian (1815–1949) [Lexikon chinesischer Periodika]. Taiyuan 1992.

[54] Vgl. Jon L. Saari, Legacies of Childhood. Growing up Chinese in a Time of Crisis, 1890–1920. Cambridge / Mass., London 1990, S. 61 ff.

[55] Chen Duxiu, Jinggao qingnian [Aufruf an die Jugend]. In: Xin Qingnian 1:1 (15. 9. 1915), S. 6. Vgl. auch Lin Yü-sheng, The Crisis of Chinese Consciousness. Radical Antitraditionalism in the May Fourth Era. Madison / Wisc. 1979, S. 65.

[56] Vgl. Yeh Wen-hsin, The Alienated Academy. Culture and Politics in Republican China, 1919–1937. Cambridge / Mass., London 1990, S. 186 ff.

[57] Wu Chengming, Lun eryuan jingji [Über Dualwirtschaft]. In: LSYJ 1994 / 2, S. 105.

[58] Vgl. Emily Honig, Creating Chinese Ethnicity. Subei People in Shanghai, 1850–1980. New Haven, London 1992, S. 63.
[59] Elizabeth J. Perry, Shanghai on Strike. The Politics of Chinese Labor. Stanford 1993, S. 46.
[60] Einige Daten in: Robin Porter, Industrial Reformers in Republican China. Armonk / N.Y. 1994, S. 16–22, 179–183.
[61] Emily Honig, Sisters and Strangers. Women in the Shanghai Cotton Mills, 1919–1949. Stanford 1986, S. 60.
[62] Das ist das Thema bei Jean Chesneaux, The Chinese Labor Movement, 1919–1927. Übers. von H. M. Wright. Stanford 1968.
[63] Vgl. Alain Roux, Grèves et politique à Shanghai. Les désillusions. Paris 1995, S. 167–251.
[64] Vgl. Gail Hershatter, The Workers of Tianjin, 1900–1949. Stanford 1986, S. 227–229.
[65] Vgl. Frankfurter Allgemeine Zeitung vom 18. Mai 1995.
[66] Vgl. Marianne Bastid, L'évolution de la société chinoise à la fin de la dynastie des Qing 1873–1911. Paris 1979, S. 78 f.
[67] Das Folgende nach David Strang, Rickshaw Beijing. City People and Politics in the 1920s. Berkeley 1989, S. 20–64; Tim Wright, Shanghai Imperialists versus Rickshaw Racketeers. The Defeat of the 1934 Rickshaw Reforms. In: MC 17 (1991), S. 76–111. Eine berühmte Milieuschilderung gibt Lao She in seinem Roman ›Rikschakuli‹ (Luotuo Xiangzi, 1936).
[68] Vgl. Gail Hershatter, Prostitution and the Market in Women in Early Twentieth-Century Shanghai. In: Rubie S. Watson u. Patricia Ebrey (Hg.), Marriage and Inequality in Chinese Society. Berkeley 1991, S. 265 f. Vgl. auch dies., Modernizing Sex, Sexing Modernity. Prostitution in Early Twentieth-Century Shanghai. In: Christina K. Gilmartin u.a. (Hg.), Engendering China. Women, Culture, and the State. Cambridge / Mass. 1994, S. 147–174.
[69] Brian G. Martin, The Origins of the Green Gang and Its Rise in Shanghai, 1850–1920. In: EAH 2 (1991), S. 84. Vgl. auch ders., The Green Gang and the Guomindang State. Du Yuesheng and the Politics of Shanghai, 1927–37. In: JAS 54 (1995), S. 64–91.
[70] Ders., »The Pact with the Devil«. The Relationship between the Green Gang and the French Concession Authorities, 1925–1935. In: Wakeman u. Yeh (Hg.), Shanghai Sojourners, S. 266–304, bes. 300 ff. Vgl. auch ders., The Shanghai Green Gang. Politics and Organized Crime, 1919–1937. Berkeley 1996.
[71] Sidney H. Chang u. Ramon H. Myers (Hg.), The Storm Clouds Clear over China. The Memoir of Ch'en Li-fu, 1900–1993. Stanford 1994, S. 63.
[72] Frederic Wakeman, Jr., Policing Shanghai 1927–1937, Berkeley 1995, S. 254.
[73] Ebd., S. 263 f.
[74] Zit. ebd., S. 272.

[1] Fünf Typen von Konfuzianismus unterscheidet Gilbert Rozman, Comparisons of Modern Confucian Values in China and Japan. In: Ders. (Hg.), The East Asian Region. Confucian Heritage and Its Modern Adaptation. Princeton 1991, S. 161.

[2] Jerome Ch'en, China and the West. Society and Culture 1815–1937. London 1979, S. 103.

[3] Jerome B. Grieder, Intellectuals and the State in Modern China. A Narrative History. New York, London 1981, S. 146.

[4] Nakamura Shigeru, Academic and Scientific Traditions in China, Japan and the West. Tokyo 1984, S. 208.

[5] Benjamin I. Schwartz, In Search of Wealth and Power. Yan Fu and the West. Cambridge/Mass. 1964, S. 99. Als »Literaten« oder »Literati« bezeichnet die westliche Chinaliteratur seit der frühen Neuzeit die Beamtengelehrten.

[6] Vgl. ausführlicher Jürgen Osterhammel, Die erste chinesische Kulturrevolution. Intellektuelle in der Neuorientierung (1915–1924). In: Ders. (Hg.), Asien in der Neuzeit. Sieben historische Stationen. Frankfurt a.M. 1994, S. 125–142.

[7] Vgl. Li Zehou, Chinas Aufklärung – Weg und Ziel. Entwurf für eine Rede zur Siebzigjahrfeier des 4. Mai. In: Karl-Heinz Pohl, Gudrun Wacker u. Liu Huiru (Hg.), Chinesische Intellektuelle im 20. Jahrhundert. Zwischen Tradition und Moderne. Hamburg 1993, S. 31.

[8] Vera Schwarcz, The Chinese Enlightenment. Intellectuals and the Legacy of the May Fourth Movement of 1919. Berkeley, Los Angeles, London 1986, S. 3.

[9] Peter Buck, American Science and Modern China, 1876–1936. Cambridge 1980, S. 91.

[10] Vgl. Ma Jinke u. Hong Jingling, Zhongguo jindai shixue fazhan xulun (1840–1949) [Die Entwicklung der neueren chinesischen Geschichtswissenschaft]. Peking 1994, S. 178 ff. Bettina Gransow, Geschichte der chinesischen Soziologie. Frankfurt a.M., New York 1992, S. 57 ff.

[11] Barry Keenan, The Dewey Experiment in China. Educational Reform and Political Power in the Early Republic. Cambridge/Mass., London 1977, S. 30.

[12] John Dewey, zit. nach Jerome B. Grieder, Hu Shih and the Chinese Renaissance. Liberalism in the Chinese Revolution, 1917–1937. Cambridge/Mass. 1970, S. 328.

[13] Noch weiter als Hu Shi ging der Soziologe Chen Xujing. Vgl. Klaus Birk, Totale Verwestlichung. Eine chinesische Modernisierungsdebatte der dreißiger Jahre. Bochum 1991, bes. S. 71–75.

[14] Zu Konkretisierungsversuchen vgl. Hermann Halbeisen, Demokratie ohne Volksherrschaft. Aspekte des politischen Denkens chinesischer Liberaler in der Nanking-Zeit, 1927–1937. Bochum 1991, S. 187 ff.

[15] Zit. in Milton J.T. Shieh (Hg.), The Kuomintang. Selected Historical Documents, 1894–1969. O.O. 1970, S. 81.

[16] Frederic J. Spar, Human Rights and Political Engagement. Luo Longji in the 1930s. In: Roger B. Jeans (Hg.), Roads Not Taken. The Struggle of Opposition Parties in Twentieth-Century China. Boulder / Col. 1992, S. 65. Zur Frage der Menschenrechte im chinesischen Denken vgl. umfassend: Harro von Senger, Chinese Culture and Human Rights. In: Wolfgang Schmale (Hg.), Human Rights and Cultural Diversity. Goldbach 1993, S. 281–333.

[17] Chow Tse-tsung, The May Fourth Movement. Intellectual Revolution in Modern China. Cambridge / Mass. 1960, S. 359.

[18] Zum Fehlen eines Nationalbewußtseins unter der Bevölkerung von Shanghai im 19. Jahrhundert vgl. Ye Xiaoqing, Shanghai before Nationalism. In: EAH 3 (1992), S. 33–52.

[19] Vgl. Chang Hao, Liang Ch'i-ch'ao and Intellectual Transition in China, 1890–1907. Cambridge / Mass. 1971, S. 165 f., 254, 256.

[20] Vgl. den ideengeschichtlichen Abriß bei Michael H. Hunt, Chinese National Identity and the Strong State. The Late Qing-Republican Crisis. In: Lowell Dittmer u. Samuel S. Kim (Hg.), China's Quest for National Identity. Ithaca, London 1993, S. 62–79.

[21] Vgl. Philip C.C. Huang, Liang Ch'i-ch'ao and Modern Chinese Liberalism. Seattle, London 1972, S. 64–67.

[22] Vgl. Wong Young-tsu, Search for Modern Nationalism. Zhang Binglin and Revolutionary China. Hongkong 1989, S. 61–66.

[23] Vgl. Frank Dikötter, The Discourse of Race in Modern China. London 1992, S. 97.

[24] Vgl. Sabine Dabringhaus, Ethnische Identitäten im modernen China. In: Wolfgang Reinhard (Hg.), Die fundamentalistische Revolution. Partikularistische Bewegungen der Gegenwart und ihr Umgang mit der Geschichte. Freiburg i. Br. 1995, S. 70–111; Michael H. Hunt, The Genesis of Chinese Communist Foreign Policy. New York 1996, S. 116–120. Verfassungstext in: William L. Tung, The Political Institutions of Modern China. 2. Aufl., Den Haag 1968, S. 368.

[25] Vgl. Charlotte Furth, Culture and Politics in Modern Chinese Conservatism. In: Dies. (Hg.), The Limits of Change. Essays on Conservative Alternatives in Republican China. Cambridge / Mass., London 1976, S. 34.

[26] Zu Qian Mu vgl. Hu Chang-tze, Deutsche Ideologie und politische Kultur Chinas. Eine Studie zum Sonderwegsdenken der chinesischen Bildungselite 1920–1940. Bochum 1983, S. 118–153.

[27] Vgl. Werner Meißner, China zwischen nationalem »Sonderweg« und universaler Modernisierung. Zur Rezeption westlichen Denkens in China. München 1994, S. 147 ff.

[28] Ein anderer ähnlich facettenreicher Vertreter eines kulturellen Nationalismus war der Philosoph Liang Shuming (1893–1988). Vgl. Guy S. Alitto, The Last Confucian. Liang Shu-ming and the Chinese Dilemma of Modernity. Berkeley, Los Angeles, London 1979, S. 82 ff.

[29] 1935 kam es darüber zu einer direkten Kontroverse, vgl. Wm. Theodore de Bary u.a. (Hg.), Sources of Chinese Tradition. Bd. 2, New York, London 1964, S. 192–195.

[30] Vgl. grundlegend: Michael Gasster, Chinese Intellectuals and the Revolution of 1911. The Birth of Modern Chinese Radicalism. Seattle, London 1969.

[31] Eine deutsche Übersetzung fehlt. Vgl. Frank W. Price (Übers.), San Min Chu I. The Three Principles of Sun Yat-sen. Shanghai 1927. Den Inhalt der Vorträge resümiert C. Martin Wilbur, Sun Yat-sen. Frustrated Patriot. New York 1976, S. 197–207.

[32] Sun Zhongshan quanji [Sämtliche Werke Sun Yat-sens]. Bd. 9, Peking 1986, S. 185.

[33] Vgl. zu dieser oft zitierten sog. »Ti-yong-Formel« den besonders originellen Kommentar eines koreanischen Gelehrten: Min Tu-ki, National Polity and Local Power. The Transformation of Late Imperial China. Cambridge / Mass., London 1989, S. 51–88.

[34] Sun Zhongshan quanji. Bd. 9, S. 282.

[35] Vgl. Hu Chunhui, Minchu de difangzhuyi yu liansheng zizhi [Regionalismus und föderale Provinzautonomie in der frühen Republik]. Taibei 1983.

[36] Vgl. Li Zehou, Zhongguo jindai sixiangshi lun [Essays zur neueren chinesischen Ideengeschichte]. Peking 1979, S. 344.

[37] Vgl. Michael R. Godley, Socialism with Chinese Characteristics. Sun Yatsen and the International Development of China. In: Jonathan Unger (Hg.), Using the Past to Serve the Present: Historiography and Politics in Contemporary China. Armonk / N. Y., London 1993, S. 239–259.

[38] Vgl. Michael Godley, Fascismo e nazionalismo cinese, 1931–1938. In: Storia contemporanea 4 (1973), S. 739–777.

[39] Vgl. Charlotte Furth, Ting Wen-chiang. Science and China's New Culture. Cambridge / Mass. 1970, S. 214–220; Shen Qinglin, Ding Wenjiang de zhengzhi sixiang [Das politische Denken Ding Wenjiangs, 1887–1936]. In: JDSYJ 1993 / 5, S. 176–188, bes. 185 ff.

[40] So Bruce A. Elleman, Soviet Diplomacy and the First United Front in China. In: MC 21 (1995), S 450.

[41] Vgl. C. Martin Wilbur u. Julie Lien-ying How, Missionaries of Revolution. Soviet Advisers and Nationalist China, 1920–1927. Cambridge /

Mass., London 1989, S. 79–139; Dieter Heinzig, Sowjetische Militärberater bei der Kuomintang 1923–1927. Baden-Baden 1978; Dan N. Jacobs, Borodin. Stalin's Man in China. Cambridge / Mass. 1981. Jetzt auch neue Dokumente in Kuo Heng-yü u.a. (Hg.), RKP(B), Komintern und die national-revolutionäre Bewegung in China. Dokumente. Bd. 1: 1920–1925. Paderborn 1996.

[42] Die bislang überzeugendste Grundlage dafür ist Arif Dirlik, The Origins of Chinese Communism. New York, Oxford 1989.

[43] Zu Kang Youwei und seinem ›Datongshu‹ vgl. Wolfgang Bauer, China und die Hoffnung auf Glück. Paradiese, Utopien, Idealvorstellungen. München 1971, S. 412–452.

[44] Vgl. Peter Zarrow, Anarchism and Chinese Political Culture. New York 1990, S. 255 f.; Arif Dirlik, Anarchism in the Chinese Revolution. Berkeley, Los Angeles, Oxford 1991, S. 78 ff.

[45] Vgl. Ip Hung-yok, The Origins of Chinese Communism. A New Interpretation. In: MC 20 (1994), S. 34–63.

[46] Maurice Meisner, Li Ta-chao and the Origins of Chinese Marxism. Cambridge / Mass. 1967, S. 63 f.

[47] ›Tan zhengzhi‹, in: Chen Duxiu xuanji [Ausgewählte Werke Chen Duxius]. Tianjin 1990, S. 117–127, bes. 122; Tang Baolin u. Lin Maosheng, Chen Duxiu nianpu [Lebenschronik Chen Duxius]. Shanghai 1988, S. 124.

[48] Sehr schön am Fall Qu Qiubais: Jonathan Spence, Das Tor des Himmlischen Friedens. Die Chinesen und ihre Revolution 1895–1980. München 1985, S. 144 ff.

[49] Vgl. Michael Y.L. Luk, The Origins of Chinese Bolshevism. An Ideology in the Making, 1920–1928. Hongkong 1990, S. 206–210.

[50] Vgl. insbes. Tony Saich, The Origins of the First United Front in China. The Role of Sneevliet (alias Maring). 2 Bde, Leiden 1991.

[51] Vgl. Arif Dirlik, Revolution and History. The Origins of Marxist Historiography in China, 1919–1937. Berkeley, Los Angeles, London 1978, S. 57 ff.; Germaine A. Hoston, The State, Identity, and the National Question in China and Japan. Princeton / N.J. 1994, S. 293–324.

Kapitel 4

[1] Vgl. dazu Pierre-Etienne Will, Bureaucracy and Famine in 18th-Century China. Stanford 1990; ders. u. R. Bin Wong, Nourish the People. The State Civilian Granary System in China, 1650–1850. Ann Arbor 1991.

[2] Max Weber, Die Wirtschaftsethik der Weltreligionen. Konfuzianismus und Taoismus. Hg. von Helwig Schmidt-Glintzer u. Petra Kolonko, Tübingen 1989 (= MWG I / 19), S. 175.

[3] So Douglas R. Reynolds, China 1898–1912. The Xinzheng Revolution and Japan. Cambridge / Mass. 1993, S. 193 und passim.

[4] Stephen R. MacKinnon, Power and Politics in Late Imperial China. Yuan Shi-kai in Beijing and Tianjin, 1901–1908. Berkeley, Los Angeles, London 1980, S. 90.

[5] Ralph L. Powell, The Rise of Chinese Military Power, 1895–1912. Princeton 1955, S. 288.

[6] Ichiko Chûzô, Political and Institutional Reform, 1901–11. In: CHOC, Bd. 11 (1980), S. 385 f.

[7] Vgl. Edmund S.K. Fung, The Military Dimension of the Chinese Revolution. The New Army and Its Role in the Revolution of 1911. Vancouver, London 1980, S. 252–256.

[8] Vgl. Ernest P. Young, The Presidency of Yuan Shih-k'ai. Liberalism and Dictatorship in Early Republican China. Ann Arbor 1977, S. 51–55.

[9] Die Privatisierungsthese bei Zhang Kaiyuan u. Luo Fuhui, Bijiao zhong de shenshi. Zhongguo zaoqi xiandaihua yanjiu [Im vergleichenden Blick. Untersuchungen zur frühen Modernisierung Chinas]. Hangzhou 1993, S. 707.

[10] Vgl. Arthur Waldron, The Warlord. Twentieth-Century Chinese Understandings of Violence, Militarism, and Imperialism. In: American Historical Review 96 (1991), S. 1080.

[11] Vgl. Donald G. Gillin, Warlord. Yen Hsi-shan in Shansi Province, 1911–1949. Princeton 1967.

[12] Vgl. James E. Sheridan, Chinese Warlord. The Career of Feng Yu-hsiang. Stanford 1966; Odoric Y. K. Wu, Militarism in Modern China. The Career of Wu P'ei-fu, 1916–1939. Dawson 1978.

[13] Siehe oben S. 44 ff.

[14] Edward A. McCord, The Power of the Gun. The Emergence of Modern Chinese Warlordism. Berkeley, Los Angeles, London 1993.

[15] Ch'i Hsi-sheng, Warlord Politics in China, 1916–1928. Stanford 1976, S. 78.

[16] Diana Lary, Warlord Soldiers. Chinese Common Soldiers, 1911–1937. Cambridge 1985, S. 35.

[17] Wang Fangzhong, 1920–1930 nianjian junfa hunzhan dui jiaotong he gongshangye de pohuai [Die zerstörerischen Folgen der Warlord-Kriegswirren für Verkehr, Industrie und Handel]. In: JDSYJ 1994 / 5, S. 137.

[18] Vgl. Eugene William Levich, The Kwangsi Way in Kuomintang China, 1931–1939. Armonk / N.Y., London 1993. Vorsichtiger im Urteil: Diana Lary, Region and Nation. The Kwangsi Clique in Chinese Politics, 1925–1937. Cambridge 1974.

[19] Vgl. Liu Guoliang, Zhongguo gongyeshi (jindai juan) [Geschichte der chinesischen Industrie, 1840–1949]. Peking 1992, S. 213–215.

[20] Vgl. Arthur Waldron, From War to Nationalism. China's Turning Point, 1924–1925. Cambridge 1995, S. 73 ff.

[21] Phil Billingsley, Bandits in Republican China. Stanford 1988, S. 1. Dort S. 205 ff. über »Soldatenbanditen« (*bingfei*).

[22] Vgl. Parks M. Coble, Facing Japan. Chinese Politics and Japanese Imperialism, 1931–1937. Cambridge / Mass., London 1991, S. 241 ff.

[23] Vgl. William C. Kirby, Germany and Republican China. Stanford 1984, S. 95–99, 206–217.

[24] Vgl. Liu Meisheng u.a., Zhongguo jindai wenguan zhidu shi [Geschichte der Zivilbürokratie im neuzeitlichen China]. Kaifeng 1994, S. 113 f., 117.

[25] Vgl. Julia C. Strauss, Symbol and Reflection of the Reconstituting State. The Examination Yuan in the 1930s. In: MC 20 (1994), S. 234.

[26] Tsai Wen-hui, Patterns of Political Elite Mobilization in Modern China, 1912–1949. Taibei 1983, S. 242.

[27] Vgl. R. Keith Schoppa, Chinese Elites and Political Change. Zhejiang Province in the Early Twentieth Century. Cambridge / Mass., London 1982, S. 32 ff.; Yuan Xucheng u.a., Zhonghua Minguo zhengzhi zhidu shi [Geschichte des politischen Systems der Republik China]. Wuhan 1991, S. 245.

[28] Vgl. die zeitgenössischen Stimmen aus der Bevölkerung in: Sherman G. Cochran u. Andrew C.K. Hsieh (Übers. u. Hg.), One Day in China. May 21, 1936. New Haven, London 1983, S. 76–137.

[29] So Tien Hung-mao, Government and Politics in Kuomintang China, 1927–1937. Stanford 1972, S. 11, 45–72, 178. Über den Charakter des Nanjing-Regimes wird seit Jahren heftig diskutiert, vgl. William C. Kirby u. Stephen C. Averill, More States of the Field. In: RC 18 (1992), S. 206–224.

[30] Vgl. Susan Mann, Local Merchants and the Chinese Bureaucracy, 1750–1950. Stanford 1987, S. 169 f.

[31] Vgl. Robert A. Kapp, Szechwan and the Chinese Republic. Provincial Militarism and Central Power, 1911–1938. New Haven, London 1973, S. 105–120; William Wei, Counterrevolution in China. The Nationalists in Jiangxi during the Soviet Period. Ann Arbor 1985, S. 126–153.

[32] Siehe oben S. 69 f.

[33] Vgl. Tim Wright, Coping with the World Depression. The Nationalist Government's Relations with Chinese Industry and Commerce, 1932–1936. In: John Fitzgerald (Hg.), The Nationalists and Chinese Society 1923–1937. Melbourne 1989, S. 152–154.

[34] Zum Begriff der Staatsklasse vgl. Hartmut Elsenhans, Abhängiger Kapitalismus oder bürokratische Entwicklungsgesellschaft. Versuch über den Staat in der Dritten Welt. Frankfurt a.M., New York 1981.

[35] Vgl. Lee-hsia Hsu Ting, Government Control of the Press in Modern China, 1900–1949. Cambridge / Mass. 1974, S. 79–125.

[36] Vgl. Bernd Martin, Das Deutsche Reich und Guomindang-China. In: Kuo Heng-yü (Hg.), Von der Kolonialpolitik zur Kooperation. Studien zur Geschichte der deutsch-chinesischen Beziehungen. München 1986, S. 325–375.

[37] Vgl. Philip A. Kuhn, The Development of Local Government. In: CHOC, Bd. 13 (1986), S. 339f.

[38] Vgl. Prasenjit Duara, Culture, Power, and the State. Rural North China, 1900–1942. Stanford 1988, S. 61–65, 159, 180.

[39] Vgl. Hsiao Kung-chuan, Rural China. Imperial Control in the Nineteenth Century. Seattle, London 1960, S. 43–83.

[40] Vgl. Michael R. Dutton, Policing and Punishment in China. From Patriarchy to »the People«. Cambridge 1992, S. 177, 181.

Kapitel 5

[1] Albert Feuerwerker, Economic Trends, 1912–49. In: CHOC, Bd. 12 (1983), S. 35; Patrick O'Brien u. Çaglar Keyder, Economic Growth in Britain and France. Two Paths to the 20th Century. London 1978, S. 94.

[2] Vgl. Evelyn S. Rawski, Education and Popular Literacy in Ch'ing China. Ann Arbor 1979, S. 1–5.

[3] John Lossing Buck, Land Utilization in China. Bd. 1, Nanjing 1937, S. 373.

[4] »The most detailed theoretical and fieldwork studies that have ever been done by anyone in China«: Joshua A. Fogel, The Cultural Dimensions of Sino-Japanese Relations. Armonk / N.Y. 1995, S. 134.

[5] Zum Beispiel Chen Han-seng, Landlord and Peasant in China. A Study of the Agrarian Crisis in South China. New York 1937.

[6] Zhu Yuxiang u. Liu Peiping, Lun »Jiuyiba« shibian hou Dongbei diqu de guannei yimin [Migranten aus China Proper in die Mandschurei nach dem Zwischenfall vom 18. 9. 1931]. In: JDSYJ 1992/3, S. 178.

[7] Lloyd E. Eastman, Family, Friends and Ancestors. Constancy and Change in China's Social and Economic History, 1550–1949. New York, Oxford 1988, S. 64.

[8] Über diese und andere Kontroversen vgl. David Little, Understanding Peasant China. Case Studies in the Philosophy of Social Science. New Haven, London 1989.

[9] Richard H. Tawney, Land and Labour in China. London 1932, S. 77.

[10] Judith Banister, China's Changing Population. Stanford 1987, S. 6.

[11] Yip Ka-che, Health and Nationalist Reconstruction. Rural Health in Nationalist China, 1928–1937. In: MAS 26 (1992), S. 397f.

[12] Joseph W. Esherick, Number Games. A Note on Land Distribution in Prerevolutionary China. In: MC 7 (1981), S. 405 (Tab. 8).

[13] Feuerwerker, Economic Trends, S. 82 (Tab. 16).

[14] Vgl. zur Pacht die Übersichten bei Lucien Bianco, La société rurale. In: BBD, S. 272–275; Joachim Durau, Die Krise der chinesischen Agrarökonomie. In: Richard Lorenz (Hg.), Umwälzung einer Gesellschaft. Zur Sozialgeschichte der chinesischen Revolution (1911–1949). Frankfurt a.M. 1977, S. 137–152.

[15] Fei Hsiao-t'ung, Peasant Life in China. A Field Study of Country Life in the Yangtze Valley. London, New York 1939, S. 106–109, 189. Fei zufolge verschärfte die Weltwirtschaftskrise aber die sozialen Konflikte.

[16] Die drei Beispiele nach: David Faure, The Rural Economy of Pre-Liberation China. Trade Expansion and Peasant Livelihood in Jiangsu and Guangdong, 1870 to 1937. Hongkong 1989, S. 177–187.

[17] Vgl. Fei Hsiao-t'ung u. Chang Chih-i, Earthbound China. A Study of Rural Economy in Yunnan. London 1948, S. 82 ff.

[18] Anschauliche Beschreibungen südchinesischer Klans (»lineages«) finden sich bei: Sulamith Heins Potter u. Jack M. Potter, China's Peasants. The Anthropology of a Revolution. Cambridge 1990, S. 1–16; Rubie S. Watson, Corporate Property and Local Leadership in the Pearl River Delta, 1898–1941. In: Joseph W. Esherick u. Mary Backus Rankin (Hg.), Chinese Local Elites and Patterns of Dominance. Berkeley 1990, S. 239–260.

[19] Vgl. Dian Murray, Migration, Protection and Racketeering. The Spread of the Tiandihui within China. In: David Ownby u. Mary Somers Heidhues (Hg.), »Secret Societies« Reconsidered. Perspectives on the Social History of Early Modern South China and Southeast Asia. Armonk / N.Y., S. 177–189.

[20] Vgl. ZXZX, Bd. 4 (1989), S. 113 (Tab. 4).

[21] Vgl. Ramon Myers, The Chinese Peasant Economy. Agricultural Development in Hopei and Shantung, 1890–1949. Cambridge / Mass. 1970, S. 232.

[22] Vgl. Dwight H. Perkins, Agricultural Development in China, 1368–1968. Chicago 1969, S. 114, 136.

[23] So besonders nachdrücklich Loren Brandt, Commercialization and Agricultural Development. Central and Eastern China, 1870–1937. Cambridge 1989.

[24] Philip C.C. Huang, The Peasant Economy and Social Change in North China. Stanford 1985; ders., The Peasant Family and Rural Development in the Yangzi Delta, 1350–1988. Stanford 1990.

[25] Vgl. als neue Fallstudie: Lynda S. Bell, Farming, Sericulture, and Peasant Rationality in Wuxi County in the Early 20th Century. In: Thomas G. Rawski u. Lillian M. Li (Hg.), Chinese History in Economic Perspective. Berkeley 1992, S. 207–242, bes. 222.

[26] Vgl. Jerome Ch'en, The Highlanders of Central China. A History 1895–1937. Armonk / N.Y., London 1992, S. 23, 45.

[27] Klassisch dazu: Ho Ping-ti, Studies in the Population of China, 1368–

1953. Cambridge/Mass. 1959, S. 227–256. Nur die Jahre 1840 bis 1919 umfaßt eine vorbildliche Datensammlung: Li Wenhai u.a., Jindai Zhongguo zaihuang jinian [Chronik der Hungersnöte im modernen China]. Changsha 1990.

[28] Vgl. Kenneth Pomeranz, The Making of a Hinterland. State, Society, and Economy in Inland North China, 1853–1937. Berkeley 1993, S. 212 ff.

[29] Vgl. Eduard B. Vermeer, Economic Development in Provincial China. The Central Shaanxi since 1930. Cambridge 1988, S. 28–46.

[30] Wang Wenchang, 20 shiji 30 niandai qianqi nongmin licun wenti [Das Problem der bäuerlichen Landflucht in der ersten Hälfte der 1930er Jahre]. In: LSYJ 1993/2, S. 98.

[31] Vgl. Li Yuping, Yijiusanling niandai shijie jingji da konghuang dui Zhongguo jingji zhi chongji [Die Einwirkung der Weltwirtschaftskrise der 1930er Jahre auf die chinesische Wirtschaft]. In: Lishi xuebao 22 (Juni 1994), S. 315–347, bes. 322 ff.

[32] Lillian M. Li, China's Silk Trade. Traditional Industry in the Modern World, 1842–1937. Cambridge/Mass. 1981, S. 81–95; Robert Y. Eng, Economic Imperialism in China. Silk Production and Exports, 1861–1932. Berkeley 1986, S. 157–162; Robert Gardella, Harvesting Mountains. Fujian and the China Tea Trade, 1757–1937. Berkeley 1994, S. 110–141.

[33] Lloyd E. Eastman, The Abortive Revolution. China under Nationalist Rule, 1927–1937. Cambridge/Mass. 1974, S. 199; vgl. auch Huang, Peasant Economy. S. 280 ff.

[34] Modifiziert nach: Prasenjit Duara, Culture, Power, and the State. Rural North China, 1900–1942. Stanford 1988, S. 73 f.

[35] Vgl. Helen F. Siu, Agents and Victims in South China. Accomplices in Rural Revolution. New Haven, London 1989, S. 88 f.

[36] Vgl. Kathryn Bernhardt, Rents, Taxes, and Peasant Resistance. The Lower Yangzi Region, 1840–1950. Stanford 1992, S. 165 ff., 219.

Kapitel 6

[1] Sehr bedenkenswert zum Thema dieses Kapitels: Joseph W. Esherick, Ten Theses on the Chinese Revolution. In: MC 21 (1995), S. 45–76.

[2] Vgl. Odd Arne Westad, Cold War and Revolution. Soviet-American Rivalry and the Origins of the Chinese Civil War, 1944–1946. New York 1993, S. 166.

[3] So zuletzt Fu Zhengyuan, Autocratic Tradition and Chinese Politics. Cambridge 1993; W.J.F. Jenner, Chinas langer Weg in die Krise. Die Tyrannei der Geschichte. Stuttgart 1993.

[4] Sie ist nachlesbar in Jonathan Spence, Chinas Weg in die Moderne. München 1995, Kap. 13–18.

[5] Hans van de Ven, From Friend to Comrade. The Founding of the Chinese Communist Party, 1920–1927. Berkeley 1991, S. 162, 160.

[6] Vgl. Michael Summerhill, China on the Western Front. Britain's Chinese Work Force in the First World War. London 1982.

[7] Vgl. Elizabeth J. Perry, Shanghai on Strike. The Politics of Chinese Labor. Stanford 1993, S. 84.

[8] Die genaueste Beschreibung der dramatischen Ereignisse in Shanghai im Frühjahr 1927 jetzt bei Alain Roux, Grèves et politique à Shanghai. Les désillusions (1927–1932). Paris 1995, S. 47–76.

[9] Vgl. Angus W. McDonald, The Urban Origins of Rural Revolution. Elites and the Masses in Hunan Province, China, 1911–1927. Berkeley 1978, S. 179, 195, 258.

[10] Vgl. Lucien Bianco, Peasant Movements. In: CHOC, Bd. 13 (1986), S. 301–305, dort S. 288 ff. eine Typologie von Fällen. Wichtig ist auch Elizabeth J. Perry, Rebels and Revolutionaries in North China, 1845–1945. Stanford 1980, S. 48 ff.

[11] Bianco, Peasant Movements, S. 304.

[12] Es gibt keine westliche Biographie Mao Zedongs vor 1949, die die heute zugängliche Quellenfülle berücksichtigt. Vgl. einführend daher immer noch Jerome Ch'en, Mao and the Chinese Revolution. New York 1965; Tilemann Grimm, Mao Tse-tung in Selbstzeugnissen und Bilddokumenten. Reinbek 1968. Vgl. jetzt die editorischen Einführungen in Stuart R. Schram u.a. (Hg.), Mao's Road to Power. Revolutionary Writings, 1912–1949. Armonk / N.Y. 1992 ff. (bisher 3 Bde.)

[13] Mao Zedong ji [Gesammelte Werke Mao Zedongs]. Hg. von Takeuchi Minoru, 10 Bde, Tokio 1970–1972, hier Bd. 1, S. 175. Der Text ist in den offiziellen »Ausgewählten Werken« nicht enthalten.

[14] Zu einer viel weniger bekannten frühen Bauernbewegung in Nordost-Jiangxi vgl. Kamal Sheel, Peasant Society and Marxist Intellectuals in China. Fang Zhimin and the Origin of a Revolutionary Movement in the Xinjiang Region. Princeton 1989, bes. S. 136 ff.

[15] Werner Meißner, Das rote Haifeng. Peng Pais Bericht über die Bauernbewegung in Südchina. München 1987, S. 89. Der Band enthält eine Übersetzung von Peng Pais Bericht (1926) sowie eine vorzügliche Einleitung.

[16] Fernando Galbiati, P'eng P'ai and the Hai-Lu-Feng Soviet. Stanford 1985, S. 334. Dieses umfassende Werk ersetzt die Darstellung bei Roy Hofheinz, Jr., The Broken Wave. The Chinese Communist Peasant Movement, 1922–1928. Cambridge / Mass. 1977.

[17] Die Ähnlichkeiten wären einmal vergleichend zu untersuchen. Vgl. für Europa Winfried Schulze (Hg.), Europäische Bauernrevolten der frühen Neuzeit. Frankfurt a.M. 1982.

[18] Vgl. Robert B. Marks, Rural Revolution in South China. Peasants and the

Making of History in Haifeng County, 1570–1930. Madison/Wisc. 1984, S. 257.

[19] »yumin wuchanjieji«: Mao Zedong ji, Bd. 2, S. 37.

[20] Zum politischen System der Sowjets vgl. Ilpyong J. Kim, The Politics of Chinese Communism. Kiangsi under the Soviets. Berkeley 1973, S. 27 ff.

[21] In der wegweisenden »Gutian-Resolution«. Text in: Hektor Meyer, Die Entwicklung der kommunistischen Streitkräfte in China von 1927 bis 1949. Dokumente und Kommentar. Berlin, New York 1982, S. 83–104.

[22] Zit. nach Hsiao Tso-liang, The Land Revolution in China, 1930–1934. A Study of Documents. Seattle, London 1969, S. 187.

[23] Vgl. Mao Zedong, Report from Xunwu. Translated by Roger R. Thompson. Stanford 1990, S. 45 ff. Über Maos frühe Lokalstudien vgl. Brantly Womack, The Foundations of Mao Zedong's Political Thought, 1917–1935. Honolulu 1982, S. 114–134.

[24] Zum Fall des Jiangxi-Sowjets zusammenfassend: Gregor Benton, Mountain Fires. The Red Army's Three-Year War in South China, 1934–1938. Berkeley 1992, S. 9–26.

[25] Mao Zedong ji, Bd. 1, S. 213.

[26] Die beste Darstellung ist Harrison E. Salisbury, Der lange Marsch. Frankfurt a.M. 1985. Umstritten ist Benjamin Yang, From Revolution to Politics. Chinese Communists on the Long March. Oxford 1990.

[27] Zu den Etappen von Maos Aufstieg in der Partei vgl. Thomas Kampen, The Zunyi Conference and Further Steps in Mao's Rise to Power. In: CQ 117, S. 118–134.

[28] Grundlegend dazu: Lyman Van Slyke, The Chinese Communist Movement during the Sino-Japanese War, 1937–1945. In: CHOC, Bd. 13 (1986), S. 609–722, sowie James C. Hsiung u. Steven I. Levine (Hg.), China's Bitter Victory. The War with Japan. 1937–1945. Armonk/N.Y. 1992 (vgl. aber die Kritik von Susanne Weigelin-Schwiedrzik. In: Periplus 4 [1994], S. 199–204).

[29] Vgl. W. G. Beasley, Japanese Imperialism 1894–1945. Oxford 1987.

[30] Zhang Qifu, Zhonghua Minguo waijiao shigang [Abriß der Geschichte der Außenpolitik der Chinesischen Republik]. Peking 1995, S. 247

[31] Den Kurswechsel Chiang Kai-sheks betont Sun Youli, China and the Origins of the Pacific War, 1931–1941. New York 1993, S. 90.

[32] Wu T'ien-wei, The Chinese Communist Movement. In: Hsiung u. Levine (Hg.), China's Bitter Victory, S. 79.

[33] Vgl. John Israel u. Donald W. Klein, Rebels and Bureaucrats. China's December 9ers. Berkeley 1976.

[34] Shum Kui-kwong, The Chinese Communists' Road to Power. The Anti-Japanese National United Front, 1935–1945. Hongkong 1988, S. 16 ff.

[35] Vgl. Wu T'ien-wei, The Sian Incident. A Pivotal Point in Modern Chinese History. Ann Arbor 1976.

[36] Vgl. S. Bernard Thomas, Season of High Adventure. Edgar Snow in China. Berkeley 1996.

[37] Zahlen nach Ch'i Hsi-sheng, The Military Dimension, 1942–1945. In: Hsiung u. Levine (Hg.), China's Bitter Victory, S. 179; Gerhard L. Weinberg, A World at Arms. A Global History of World War II. Cambridge 1994, S. 894.

[38] Vgl. etwa Anthony B. Chan, Arming the Chinese. The Western Armaments Trade in Warlord China, 1920–1928. Vancouver 1982.

[39] Vgl. Odoric Y.K. Wou, Mobilizing the Masses. Building Revolution in Henan. Stanford 1994, S. 219.

[40] Vgl. Lloyd E. Eastman, Facets of an Ambivalent Relationship. Smuggling, Puppets, and Atrocities during the War, 1937–1945. In: Iriye Akira (Hg.), The Chinese and the Japanese. Essays in Political and Cultural Interactions. Princeton 1980, S. 284 f. Vgl. vorzüglich zur Psychologie der Kollaboration: Poshek Fu, Passivity, Resistance and Collaboration. Intellectual Choices in Occupied Shanghai, 1937–1945. Stanford 1993, S. 110–154.

[41] Vgl. Lincoln Li, The Japanese Army in North China. Problems of Political and Economic Control. Tokio 1975, Kap. 4–7.

[42] Vgl. Wou, Mobilizing the Masses, S. 180 (jetzt das beste Buch über die KPCh im Krieg!).

[43] Vgl. Chalmers Johnson, Peasant Nationalism and Communist Power. The Emergence of Revolutionary China, 1937–1945. Stanford 1963, S. 5, 12.

[44] Kathleen Hartford, Repression and Communist Success. The Case of Jin-Cha-Ji, 1938–1943. In: Dies. u. Steven M. Goldstein (Hg.), Single Sparks. China's Rural Revolutions. Armonk / N.Y., London 1989, S. 108.

[45] Vgl. Lee Chong-sik, Revolutionary Struggle in Manchuria. Chinese Communism and Soviet Interests, 1922–1945. Berkeley 1983, S. 268–306.

[46] Vgl. David M. Paulson, Nationalist Guerillas in the Sino-Japanese War. The »Die-Hards« of Shandong Province. In: Hartford u. Goldstein (Hg.) Single Sparks, S. 146 f.

[47] Vgl. Werner Meißner, Philosophie und Politik in China. Die Kontroverse über den dialektischen Materialismus in den dreißiger Jahren. München 1986. S. 11 f. und passim. Vgl. auch Raymond F. Wylie, The Emergence of Maoism. Mao Tse-tung, Ch'en Po-ta and the Search for Chinese Theory, 1935–1945. Stanford 1980.

[48] Zu deren Methoden vgl. Harro von Senger, Einführung in das chinesische Recht. München 1994, S. 207 ff.

[49] Vgl. Mao Zedong ji, Bd. 9, S. 25–31; dt.: »Einige Fragen der Führungsme-

thoden«. In: Mao Tse-tung, Ausgewählte Werke. Bd. 3, Peking 1969, S. 135–141. Vgl. auch Stuart R. Schram, Mao Tse-tung's Thought to 1949. In: CHOC, Bd. 13 (1986), S. 821 ff.

50 Vgl. Peter J. Seybolt, Terror and Conformity. Counterespionage, Campaigns, Rectification, and Mass Movements, 1942–1943. In: MC 12 (1986), S. 39–73.

51 Vgl. als Überblick: Lucien Bianco, Peasant Responses to CCP Mobilization Policies, 1937–1945. In: Tony Saich u. Hans van de Ven (Hg.), New Perspectives on the Chinese Communist Revolution. Armonk / N.Y., London 1995, S. 175–187.

52 Vgl. anschaulich Chen Yung-fa, Making Revolution. The Communist Movement in Eastern and Central China, 1937–1945. Berkeley 1976, S. 162–222.

53 Vgl. Chen Yung-fa u. Gregor Benton, Moral Economy and the Chinese Revolution. Amsterdam 1986, bes. S. 12–61, eine weitgehend berechtigte Kritik an Ralph Thaxton, China Turned Rightside Up. Revolutionary Legitimacy in the Peasant World. New Haven, London 1983.

54 Vgl. David S. G. Goodman, JinJiLuYu in the Sino-Japanese War. The Border Region and the Border Region Government. In: CQ 140 (Dezember 1994), S. 1019 f.

55 Vgl. Mark Selden, The Yenan Way in Revolutionary China. Cambridge / Mass. 1971 (Neuausgabe: China in Revolution. The Yenan Way Revisited. Armonk / N.Y. 1995), sowie in nüchterner Bewertung vor allem Peter Schran, Guerilla Economy. The Development of the Shensi-Kansu-Ninghsia Border Region, 1937–1945. Albany / N.Y. 1976.

56 Vgl. Pauline Keating, The Ecological Origins of the Yan'an Way. In: AJCA 32 (Juli 1994), S. 123–153.

57 Mao Zedong ji. Bd. 9, S. 219.

58 Zit. nach Lloyd E. Eastman, Seeds of Destruction. Nationalist China in War and Revolution, 1937–1949. Stanford 1984, S. 203.

59 Sidney H. Chang u. Ramon H. Myers (Hg.), The Storm Clouds Clear over China. The Memoir of Ch'en Li-fu, 1900–1993. Stanford 1994, S. 102 f., 114, 179 f.

60 Lloyd E. Eastman, Nationalist China during the Sino-Japanese War 1937–1945. In: CHOC, Bd. 13 (1986), S. 590 f.

61 Vgl. Joseph K. S. Yick, Making Urban Revolution in China. The CCP-GMD Struggle for Beiping-Tianjin, 1945–1949. Armonk / N.Y. 1995, S. 45–52.

62 Vgl. George H. Kerr, Formosa Betrayed. Boston 1965, S. 254–310.

63 Vgl. Suzanne Pepper, Civil War in China. The Political Struggle, 1945–1949. Berkeley 1978, S. 132 f.

64 ZXZX. Bd. 6, S. 181.

[65] Vgl. Steven I. Levine, Anvil of Victory. The Communist Revolution in Manchuria, 1945–1948. New York 1987, S. 202.

[66] Frederick C. Teiwes, Establishment and Consolidation of the New Regime. In: CHOC, Bd. 14 (1987), S. 87.

[67] Vgl. die Erklärung Mao Zedongs und Liu Shaoqis vom 8. Mai 1946. In: ZXZX. Bd. 6, S. 507 f.

[68] Einen plastischen Eindruck von der Landreform gibt die westliche Dokumentar- und Reportageliteratur, zum Beispiel William Hinton, Fanshen. Dokumentation über die Revolution in einem chinesischen Dorf. Frankfurt a.M. 1972; Isabel and David Crook, Revolution in a Chinese Village. Ten Mile Inn. London 1959, S. 109–159.

[69] Vgl. Philip C.C. Huang, Rural Class Struggle in the Chinese Revolution. In: MC 21 (1995), S. 116.

[70] Vgl. Edward Friedman, Paul G. Pickowicz u. Mark Selden, Chinese Village, Socialist State. New Haven, London 1991, S. 51, 81.

[71] Vgl. Edmund S. Fung, The Diplomacy of Imperial Retreat. Britain's Southern China Policy, 1924–1931. Oxford 1991; Jürgen Osterhammel, Imperialism in Transition. British Business and the Chinese Authorities, 1931–1937. In: CQ 98 (1984), S. 260–286.

[72] Vgl. Beverley Hooper, China Stands Up. Ending the Western Presence, 1948–1950. Sydney 1986; Shao Wenguang, China, Britain, and Businessmen. Political and Commercial Relations, 1949–57. Basingstoke 1991, Kap. 1–2.

[73] ZXZX. Erg.-Bd. 1, S. 153–155.

[74] So die Interpretation Kangs bei Hsiao Kung-chuan, A Modern China and a New World. K'ang Yu-wei, Reformer and Utopian, 1858–1927. Seattle, London 1975, S. 234.

Abkürzungen

AJCA	Australian Journal of Chinese Affairs (Canberra)
BBD	La Chine au XXe siècle. Bd. 1: D'une révolution à l'autre (1895–1949). Hg. von Marie-Claire Bergère, Lucien Bianco u. Jürgen Domes. Paris 1989.
BD	Biographical Dictionary of Republican China. 4 Bde, hg. von Howard L. Boorman u. Richard C. Howard, New York 1967–1971.
CHOC	Cambridge History of China. Hg. von John K. Fairbank u. Denis Twitchett. Cambridge, Bde. 10 (1978), 11 (1980), 12 (1983), 13 (1986), 14 (1987).
CQ	China Quarterly (London)
EAH	East Asian History (Canberra)
GMD	Guomindang (Kuomintang, Nationalpartei)
JAS	Journal of Asian Studies (Ann Arbor)
JDSYJ	Jindaishi yanjiu [Forschungen zur neueren Geschichte] (Peking)
KPCh	Kommunistische Partei Chinas (Gongchandang)
LIC	Late Imperial China (Los Angeles)
LSYJ	Lishi yanjiu [Historische Forschung] (Peking)
MAS	Modern Asian Studies (Cambridge)
MC	Modern China (Beverley Hills)
PFEH	Papers on Far Eastern History (Canberra, später: EAH)
RC	Republican China (Urbana, Ill.)
SMC	Shanghai Municipal Council
VBA	Volksbefreiungsarmee
ZXZX	Zhongguo xiandaishi ziliao xuanji [Ausgewählte Quellen zur neuesten Geschichte Chinas]. Hg. von Peng Ming u.a., 6 Bde, Peking 1987–1989; 6 Ergänzungsbände (bubian), Peking 1991–1993.
ZYJYJ	Zhongguo yanjiuyuan jindaishi yanjiusuo jikan [Bulletin des Instituts für Neuere Geschichte an der Academia Sinica] (Taibei).

Es wird generell die heute allgemein übliche offizielle Umschrift der Volksrepublik China verwendet (Hanyu Pinyin). Ausnahmen sind Peking (Beijing), Kanton (Guangzhou), Chiang Kai-shek (Jiang Jieshi) und Sun Yat-sen (Sun Wen, Sun Yixian, Sun Zhongshan). Die vorübergehende Umbenennung Pekings in »Peiping« wird nicht berücksichtigt.

Zeittafel

um 1790	Beginnender Niedergang der Qing-Dynastie
1842	Chinesische Niederlage im Opiumkrieg. Beginn der Öffnung von »Treaty Ports« und des Aufbaus eines Systems rechtlicher Privilegien für Ausländer
1850–64	Taiping-Rebellion
1860–95	Anfänge einer vorsichtigen Modernisierungspolitik im Zeichen bürokratischer »Selbststärkung«
1895	Chinesische Niederlage im Krieg gegen Japan
1898	Gescheiterte konstitutionelle Reformbewegung
1900	Boxeraufstand und Intervention der acht Mächte
1901–10	Reformen der späten Qing-Zeit
1911–12	Sturz der Dynastie (Xinhai-Revolution) und Gründung der Chinesischen Republik
1912–16	Diktatur Yuan Shikais
1915	Beginn der Bewegung für Neue Kultur
1915–23	»Goldenes Zeitalter« der chinesischen Bourgeoisie
1916–28	Warlord-Zeit
1919	Massenproteste während der 4. Mai-Bewegung
1920	Ankunft erster sowjetischer Agenten in China
1921	Gründung der Kommunistischen Partei Chinas (KPCh)
1923–24	Reorganisation der Guomindang (GMD) und Bildung der Ersten Einheitsfront zwischen GMD und KPCh
1925–27	»Große Revolution« in den Städten und Anfänge einer kommunistisch geführten Bauernbewegung
1927	Bruch der Einheitsfront durch die GMD und Verfolgung der Linken in ganz China. Aufstieg Chiang Kai-sheks zum führenden Staatsmann Chinas
1928–37	Periode der Nationalregierung der GMD in Nanjing
1931–32	Okkupation der Mandschurei und Angriff auf Shanghai durch die japanische Armee
1931–35	Auswirkungen der Weltwirtschaftskrise auf China
1931–34	Territorialherrschaft und Revolutionspolitik der KPCh in den Basisgebieten Süd- und Zentralchinas
1934–35	Langer Marsch der KPCh von Jiangxi nach Shaanxi. Aufstieg Mao Zedongs zum *primus inter pares* in der Parteiführung
1937	Invasion Chinas durch die japanische Armee. Beginn des Japanisch-Chinesischen Krieges. Bildung der Zweiten Einheitsfront zwischen KPCh und GMD
1941	Krieg zwischen Japan und den Westmächten. Besetzung Hongkongs und der Internationalen Niederlassung in Shanghai

1945	Niederlage Japans im Pazifischen Krieg
1946–49	Bürgerkrieg zwischen GMD und KPCh
1946–48	Radikale Landrevolution in Nordchina
1949	Gründung der Volksrepublik China (VRCh). Flucht Chiang Kai-sheks und der GMD-Regierung nach Taiwan

Karten

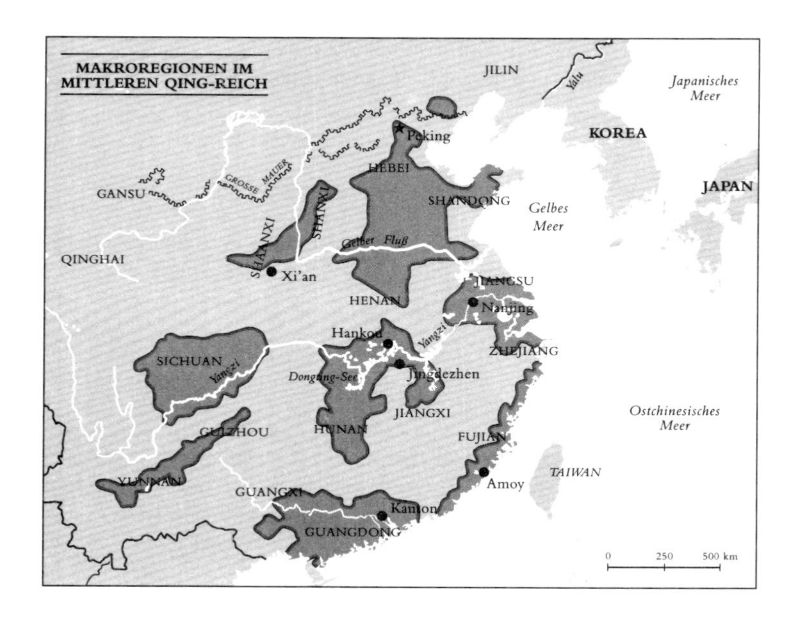

MAKROREGIONEN IM MITTLEREN QING-REICH
JILIN
Yalu
Japanisches Meer
KOREA
JAPAN
Peking
HEBEI
GROSSE MAUER
GANSU
SHANXI
SHAANXI
SHANDONG
Gelbes Meer
Gelber Fluß
QINGHAI
Xi'an
JIANGSU
HENAN
Nanjing
Hankou
Yangzi
ZHEJIANG
SICHUAN
Dongting-See
Jingdezhen
JIANGXI
Ostchinesisches Meer
GUIZHOU
HUNAN
FUJIAN
Amoy
TAIWAN
YUNNAN
GUANGXI
Kanton
GUANGDONG
0
250
500 km

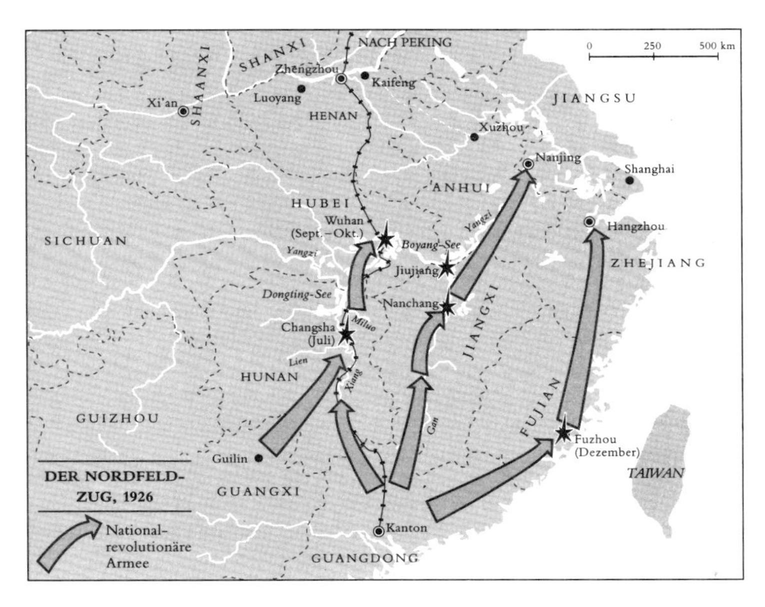
DER NORDFELD-
ZUG, 1926
National-
revolutionäre
Armee
0 250 500 km
NACH PEKING
SHANXI
SHAANXI
Zhengzhou
Kaifeng
Xi'an
Luoyang
HENAN
JIANGSU
Xuzhou
Nanjing
Shanghai
ANHUI
HUBEI
Wuhan
(Sept.–Okt.)
Hangzhou
SICHUAN
Yangzi
Boyang-See
Jiujiang
ZHEJIANG
Dongting-See
Nanchang
JIANGXI
Changsha
(Juli)
Miluo
Lien
HUNAN
Xiang
Gan
FUJIAN
GUIZHOU
Fuzhou
(Dezember)
Guilin
TAIWAN
GUANGXI
Kanton
GUANGDONG

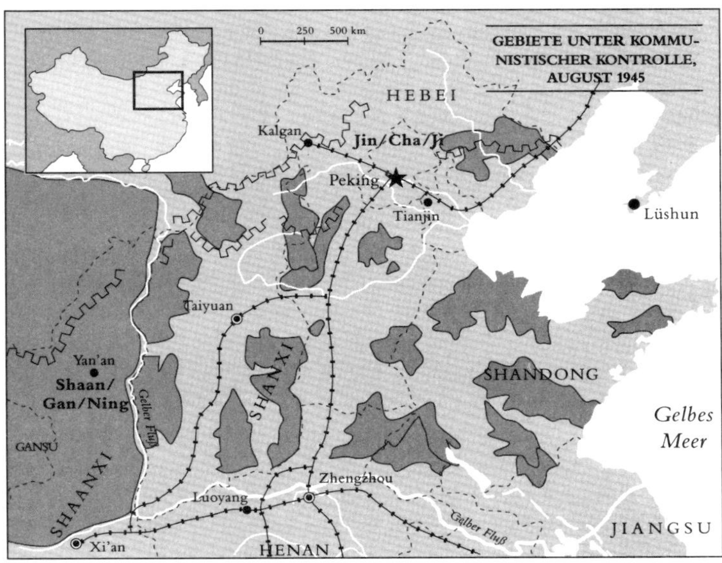
GEBIETE UNTER KOMMU-
NISTISCHER KONTROLLE,
AUGUST 1945
0 250 500 km
HEBEI
Kalgan
Jin/Cha/Ji
Peking
Tianjin
Lüshun
Taiyuan
Yan'an
Shaan/
Gan/Ning
SHANXI
SHANDONG
Gelber Fluß
GANSU
SHAANXI
Gelbes
Meer
Zhengzhou
Luoyang
Xi'an
HENAN
JIANGSU

Literatur

1. Grundliteratur

Bartke, Wolfgang, Die großen Chinesen der Gegenwart. Ein Lexikon 100 bedeutender Persönlichkeiten Chinas im 20. Jahrhundert. Frankfurt a.M. 1985.

Bary, William Theodore de, Wing-tsit Chan u. Burton Watson (Hg.), Sources of Chinese Tradition. Bd. 2, New York 1960 (*Quellenauszüge zur Ideengeschichte*).

Bergère, Marie-Claire, Lucien Bianco u. Jürgen Domes (Hg.), La Chine au XXe siècle. Bd. 1: D'une révolution à l'autre (1895–1949). Paris 1989 (*die beste einbändige Geschichte der Republikzeit*).

Bianco, Lucien, Les Origines de la révolution chinoise, 1915–1949. 2. Aufl. Paris 1987 (*immer noch die interessanteste westliche Interpretation des Revolutionsprozesses*).

Boorman, Howard L. u. Richard C. Howard (Hg.), Biographical Dictionary of Republican China. 4 Bde, New York 1967–1971 (*unentbehrlich*).

Ch'en, Jerome, China and the West. Society and Culture 1815–1937. London 1979 (*vorzügliche Sozial- und Kulturgeschichte*).

Chevrier, Yves, La Chine moderne. 2. Aufl. Paris 1992 (*als Interpretation neben Bianco zu lesen*).

Eastman, Lloyd E., Family, Field, and Ancestors. Constancy and Change in China's Social and Economic History, 1550–1949. New York, Oxford 1988 (*ausgezeichneter wirtschaftsgeschichtlicher Überblick*).

Ebrey, Patricia B. (Hg.), Chinese Civilization. A Sourcebook. 2. Aufl. New York 1993 (*Quellentexte aus allen Lebensbereichen*).

Ebrey, Patricia B., China. Eine illustrierte Geschichte. Aus dem Amerikanischen von Udo Rennert. Frankfurt a.M., New York 1996 (*neben Gernet die beste Einführung in die ältere Geschichte Chinas*).

Fairbank, John K., Geschichte des modernen China 1800–1985. Aus dem Amerikanischen von Walter Theimer. München 1989 (*narrativer Überblick, inzwischen z.T. durch Spence, Chinas Weg in die Moderne, ersetzt*).

Fairbank, John K., China. A New History. Cambridge/Mass., London 1992 (*Fairbanks letztes Buch, betont die tragischen Aspekte der chinesischen Geschichte*).

Fairbank, John K. u. Denis Twitchett (Hg.), The Cambridge History of China. Cambridge, Bde. 10 (1978), 11 (1980), 12 (1983), 13 (1986), 14 (1987) (*eine unerschöpfliche Fundgrube*).

Franke, Wolfgang u. Brunhild Staiger (Hg.), China-Handbuch, Düsseldorf 1974 (*obwohl veraltet, immer noch unentbehrlich*).

Gernet, Jacques, Die chinesische Welt. Die Geschichte Chinas von den Anfängen bis zur Jetztzeit. Aus dem Französischen von Regine Keppler. 5. Aufl. Frankfurt a. M. 1987 (*das Standardwerk zum »alten« China*).

Guillermaz, Jacques, Histoire du parti communiste chinois (1921–1949). Paris 1968; engl. Fassung: A History of the Chinese Communist Party. London 1972 (*veraltet, aber noch nicht ersetzt*).

Guo Tingyi, Jindai Zhongguo shigang [Abriß der neueren Geschichte Chinas, ca. 1830–1950]. Hongkong 1979 (*ausführliche Darstellung durch einen namhaften taiwanesischen Historiker*).

Klein, Donald W. u. Anne B. Clark (Hg.), Biographic Dictionary of Chinese Communism, 1921–1965. 2 Bde, Cambridge/Mass. 1971 (*Ergänzung zu Boorman u. Howard, s.o.*).

Mackerras, Colin, Modern China. A Chronology from 1842 to the Present. London 1982.

Osterhammel, Jürgen, China und die Weltgesellschaft. Vom 18. Jahrhundert bis in unsere Zeit. München 1989 (*strukturgeschichtliche Darstellung der politischen und wirtschaftlichen Außenbeziehungen Chinas*).

Qiao Zhiqiang u.a., Zhongguo jindai shehuishi [Neuere chinesische Sozialgeschichte]. Peking 1992 (*hochinteressante postmarxistische Geschichtsschreibung*).

Rozman, Gilbert, u.a., The Modernization of China. New York 1981 (*betont Kontinuitäten seit dem 18. Jahrhundert*).

Saich, Tony (Hg.), The Rise to Power of the Chinese Communist Party. Documents and Analysis. Armonk/N.Y., London 1996 (*umfangreiche Dokumentensammlung zur Geschichte der KPCh 1921–1949*).

Schmidt-Glintzer, Helwig, Das alte China. Von den Anfängen bis zum 19. Jahrhundert. München 1995 (*zur ersten Orientierung über die Geschichte der Dynastien*).

Spence, Jonathan D., Das Tor des Himmlischen Friedens. Die Chinesen und ihre Revolution 1895–1980. Aus dem Amerikanischen von Ulrike Unschuld, München 1985 (*die Revolution im Spiegel der Biographien einiger Intellektueller*).

Spence, Jonathan D., Chinas Weg in die Moderne. Aus dem Amerikanischen von Gerda Kurz u. Siglinde Summerer, München, Wien 1995 (*ausführlichste und beste narrative Darstellung; analytisch aber konventioneller als z. B. Bianco*).

2. Sonstige Nachschlagewerke, Handbücher, Gesamtdarstellungen und Sammelbände

Bartke, Wolfgang, Biographical Dictionary and Analysis of China's Party Leadership, 1922–1988. München 1990.

Bauer, Wolfgang, China und die Hoffnung auf Glück. Paradiese – Utopien – Idealvorstellungen. München 1971.
Brandt, Conrad, Benjamin I. Schwartz u. John K. Fairbank (Hg.), Der Kommunismus in China. Eine Dokumentargeschichte. Aus dem Amerikanischen von Margarete Montgelas. München 1955.
Chesneaux, Jean, François Le Barbier u. Marie-Claire Bergère, China from the 1911 Revolution to Liberation. New York 1977.
Crespigny, Rafe de, China this Century. Hongkong 1992.
Dreyer, Edward L., China at War, 1901–1949. Harlow 1995.
Embree, Ainslie T. (Hg.), Encyclopaedia of Asian History. 4 Bde, New York 1988.
Franke, Wolfgang, Das Jahrhundert der chinesischen Revolution 1851–1949. 2. Aufl. München 1980.
Gasster, Michael, China's Struggel. Revolution and Modernization, 1860 to the Present. 3. Aufl. New York 1996.
Gentzler, J. Mason (Hg.), Changing China. Readings in the History of China from the Opium War to the Present. New York 1977.
Gray, Jack, Rebellions and Revolutions. China from the 1800s to the 1980s. Oxford 1990.
Grieder, Jerome B., Intellectuals and the State in Modern China. A Narrative History. New York 1981.
Harrison, John Pickney, The Long March to Power. A History of the Chinese Communist Party 1921–72. New York 1972 (gekürzte Übersetzung: Der lange Marsch zur Macht. Stuttgart, Zürich 1978).
Hoffmann, Rainer, Der Untergang des konfuzianischen China. Vom Mandschureich zur Volksrepublik. Wiesbaden 1980.
Hook, Brian (Hg.), The Cambridge Encyclopedia of China. Cambridge 1991.
Hsü, Immanuel C.Y., The Rise of Modern China. 5. Aufl. New York, Oxford 1995.
Leung, Edwin Pak-wah (Hg.), Historical Dictionary of Revolutionary China, 1839–1976. New York, Westport/Ct., London 1992.
Lieberthal, Kenneth u.a. (Hg.), Perspectives on Modern China. Four Anniversaries. Armonk/N.Y., London 1991.
Lorenz, Richard (Hg.), Umwälzung einer Gesellschaft. Zur Sozialgeschichte der chinesischen Revolution (1911–1949). Frankfurt a.M. 1977.
Osterhammel, Jürgen (Hg.), Asien in der Neuzeit. Sieben historische Stationen. Frankfurt a.M. 1994.
Ropp, Paul S. (Hg.), Heritage of China. Contemporary Perspectives on Chinese Civilization. Berkeley, Los Angeles, Oxford 1990.
Scalapino, Robert A. u. George T. Yu, Modern China and Its Revolutionary Process. Recurrent Challenges to the Traditional Order, 1850–1920. Berkeley, Los Angeles, London 1985.

Scharping, Thomas, Mao-Chronik. Daten zu Leben und Werk. München 1976.
Schmidt-Glintzer, Helwig, Geschichte der chinesischen Literatur. Bern, München, Wien 1990.
Schram, Stuart R., The Thought of Mao Tse-tung. Cambridge 1989 (Auszug aus Bd. 13 der Cambridge History of China).
Schram, Stuart R. (Hg.), Mao's Road to Power. Revolutionary Writings, 1912–1949. Armonk/N.Y., London 1992 ff.
Sheridan, James E., China in Disintegraton. The Republican Era in Chinese History, 1912–1949. New York 1975.
Smith, Richard J., China's Cultural Heritage. The Qing Dynasty, 1644–1912. 2. Aufl. Boulder, San Francisco, Oxford 1994.
Tung, William L., The Political Institutions of Modern China. Den Haag 1964.
United Kingdom. Naval Intelligence Division, China Proper. 3 Bde, London 1945 (*beste geographische Beschreibung des republikanischen China*).
Wakeman, Frederic, The Fall of Imperial China. New York 1975.
Welsh, Frank, A History of Hong Kong. New York, London 1993.

Register

Der Autor

Jürgen Osterhammel, geb. 1952, war am German Historical Institute London und an der Universität Freiburg i. Br. tätig und ist seit 1990 Professor für Neuere Geschichte an der Fernuniversität Hagen. Veröffentlichungen u. a.: ›Britischer Imperialismus im Fernen Osten‹ (1983); ›China und die Weltgesellschaft‹ (1989); ›Kolonialismus‹ (1995).

20 Tage im 20. Jahrhundert

Herausgegeben von Norbert Frei, Klaus-Dietmar Henke und Hans Woller

20 Tagesereignisse aus den letzten hundert Jahren bilden den Ausgangspunkt für eine umfassende Darstellung der historischen, gesellschaftlichen und kulturellen Entwicklung vom Beginn des Jahrhunderts bis zum Ende des Jahrtausends. Als Ergebnis liegt damit eine Bilanz des 20. Jahrhunderts vor.

Volker R. Berghahn
Sarajewo, 28. Juni 1914
Der Untergang des alten Europa
dtv 30601 (1997)

Dietrich Beyrau
Petersburg, 25. Oktober 1917
Die russische Revolution und der Aufstieg des Kommunismus
dtv 30602 (1998)

Hans Woller
Rom, 28. Oktober 1922
Die totalitäre Herausforderung
dtv 30603 (1998)

Jürgen Osterhammel
Shanghai, 30. Mai 1925
Die chinesische Revolution
dtv 30604 (1997)

Ulrich Herbert
Auschwitz, 17. Juli 1942
Rassenideologie, Genozid und Ausrottungspolitik
dtv 30605 (1998)

Jost Dülffer
Jalta, 4. Februar 1945
Der Zweite Weltkrieg und die Entstehung der bipolaren Welt
dtv 30606 (1998)

Detlef Bald
Hiroshima, 6. August 1945
Die nukleare Bedrohung
dtv 30607 (1998)

Dietmar Rothermund
Delhi, 15. August 1947
Das Ende kolonialer Herrschaft
dtv 30608 (1998)

Franz Knipping
Rom, 25. März 1957
Die Einigung Europas
dtv 30609 (1998)

Robert D. Johnson
Washington, 20. Januar 1961
Der amerikanische Traum
dtv 30610 (1998)

Helmut Mejcher
Sinai, 5. Juni 1967
Krisenherd Naher und Mittlerer Osten
dtv 30611 (1998)

Norbert Frei
Paris, 13. Mai 1968
Kulturprotest und Gesellschaftsreform
dtv 30612 (1998)

Brigitte Röthlein
Mare Tranquillitatis, 20. Juli 1969
Die wissenschaftlich-technische Revolution
dtv 30613 (1997)

Wilfried Loth
Helsinki, 1. August 1975
Entspannung und Abrüstung
dtv 30614 (1998)

Harold James
Rambouillet, 15. November 1975
Die Globalisierung der Wirtschaft
dtv 30615 (1997)

Mária Huber
Moskau, 10. März 1985
Die Auflösung des sowjetischen Imperiums
dtv 30616 (1998)

Franz J. Brüggemeier
Tschernobyl, 26. April 1986
Die ökologische Herausforderung
dtv 30617 (1998)

Klaus-Dietmar Henke
Berlin, 9. November 1989
Die deutsche Frage
dtv 30618 (1998)

Walther L. Bernecker
Port Harcourt, 10. November 1995
Aufbruch und Elend in der Dritten Welt
dtv 30619 (1997)

Lutz Niethammer
Boston, 26. Dezember 2000
Schöne neue Welt: Erwartung und Erfahrung
dtv 30620 (1998)

Deutsche Geschichte der neuesten Zeit im dtv

Herausgegeben von Martin Broszat, Wolfgang Benz und Hermann Graml in Verbindung mit dem Institut für Zeitgeschichte, München.

Peter Burg
Der Wiener Kongreß
dtv 4501

Wolfgang Hardtwig
Vormärz
dtv 4502

Hagen Schulze
Der Weg zum Nationalstaat
dtv 4503

Michael Stürmer
Die Reichsgründung
dtv 4504

Wilfried Loth
Das Kaiserreich
dtv 4505

Richard H. Tilly
Vom Zollverein zum Industriestaat
dtv 4506

Helga Grebing
Arbeiterbewegung
dtv 4507

Hermann Glaser
Bildungsbürgertum und Nationalismus
dtv 4508

Michael Fröhlich
Imperialismus
dtv 4509

Gunther Mai
Das Ende des Kaiserreichs
dtv 4510

Klaus Schönhoven
Reformismus und Radikalismus
dtv 4511

Horst Möller
Weimar
dtv 4512

Peter Krüger
Versailles
dtv 4513

Corona Hepp
Avantgarde
Moderne Kunst, Kulturkritik und Reformbewegungen nach der Jahrhundertwende
dtv 4514

Fritz Blaich
Der Schwarze Freitag
dtv 4515

Deutsche Geschichte der neuesten Zeit im dtv

Martin Broszat
Die Machtergreifung
dtv 4516

Norbert Frei
Der Führerstaat
dtv 4517

Bernd-Jürgen Wendt
Großdeutschland
Außenpolitik und Kriegsvorbereitung des Hitler-Regimes · dtv 4518

Hermann Graml
Reichskristallnacht
dtv 4519

Hartmut Mehringer
Emigration und Widerstand
dtv 4520

Lothar Gruchmann
Totaler Krieg
dtv 4521

Wolfgang Benz
Potsdam 1945
dtv 4522

Wolfgang Benz
Die Gründung der Bundesrepublik
dtv 4523

Dietrich Staritz
Die Gründung der DDR
dtv 4524

Kurt Sontheimer
Die Adenauer-Ära
dtv 4525

Ludolf Herbst
Option für den Westen
dtv 4527

Peter Bender
Die »Neue Ostpolitik« und ihre Folgen
Vom Mauerbau bis zur Vereinigung
dtv 4528

Thomas Ellwein
Krisen und Reformen
Die Bundesrepublik seit den sechziger Jahren
dtv 4529

Helga Haftendorn
Sicherheit und Stabilität
Außenbeziehungen der Bundesrepublik zwischen Ölkrise und NATO-Doppelbeschluß
dtv 4530